STRATEGY

白话设计公司战略（修订版）

陈 阳 著

同济大学出版社
TONGJI UNIVERSITY PRESS

图书在版编目（CIP）数据

白话设计公司战略 / 陈阳著 . -- 上海：同济大学出版社，2015.5（2020.4 重印）

ISBN 978-7-5608-5815-9

Ⅰ . ①白… Ⅱ . ①陈… Ⅲ . ①建筑设计—建筑企业—战略管理—研究 Ⅳ . ① F407.96

中国版本图书馆 CIP 数据核字（2015）第 073479 号

白话设计公司战略（修订版）

陈　阳　著

出 品 人　华春荣

责任编辑　张　睿

责任校对　张德胜

封面设计　任雪琦

出版发行　同济大学出版社　www.tongjipress.com.cn

（地址：上海市四平路 1239 号邮编：200092 电话：021-65985622）

经　　销　全国各地新华书店

印　　刷　常熟市华顺印刷有限公司

开　　本　787mm × 1092mm　1/16

印　　张　16.5

印　　数　6 201—8 300

字　　数　436 000

版　　次　2015 年 5 月第 1 版　　2020 年 4 月第 4 次印刷

书　　号　ISBN 978-7-5608-5815-9

定　　价　69.00 元

序一
画龙点睛不点睛

导师是筑福集团给陈阳的新称呼，为什么不叫老师呢？“导师”和“老师”本质上还是有很大区别的：“老师”是传道授业解惑，而“导师”是在你的成长与发展之路上给你“点睛”，是点化你的人。如果老师教你的知识你不练习，就等于白教；如果练习了却还是不清楚问题的根源，这时就需要一个引导者点化你，令你“茅塞顿开、豁然开朗”。

以前的时代是“学生”选“导师”，然而在当前各类咨询公司卖方市场的形势下，“导师”也开始选择“学生”。我曾经好奇地问过陈阳，你为什么没有给某公司做管理咨询？他说，因为那个公司只是一家为老板挣一份家业的企业。他更愿意选择一家“干事业”的企业，在他看来，帮助这样的企业发展壮大可以体现他的价值，他希望尊重自己的劳动成果。

初识陈阳的时候，我们经常讨论的问题是印度甘地的“过程控制、成果自然”文化，而当今的社会多以“结果为导向”、“利润最大化”为管理指导思想。筑福经历十五年的风雨洗礼，行业历练，我们以“筑建幸福生活”为企业精神，以“为建筑更安全”为社会使命，我们追求的不是利润最大化，而是利润合理化、价值贡献最大化。正是因为筑福是一家有社会责任感的企业，所以陈阳和ADU才能够成为筑福发展的长期合作伙伴，将他的管理实践经验灌输到筑福的企业管理中。

聚焦，是我经常被提醒的内容。当企业有了几百人、产值几亿元的时候，最常犯的错误就是横向宽了、竖向浅了，到处挖井，而不会聚焦一地深挖。经过多年的发展，在筑福摔过跟头、经历过坎坷后，我们重新审视自己，聚焦核心产品，努力学会在一个项目上从一次挣钱，到多次挣钱，再到长期挣钱的盈利模式。在从传统单项设计单位发展到鉴定、设计、工程、开发、投资、运营的产业型公司的转变过程中，我们得到了导师和ADU及时且不间断的指点和帮助。经过对产品体系、市场经营体系、客户定位、产品定价、市场细分的流程梳理后，筑福在既有建筑改造之路上，业绩不断攀升，路越走越宽。

近些年，我们见证了企业从中国制造到中国创造的提升发展。2013 年，我们从资源—流程的二轴模型，向着资源—流程—产品三轴化模型转变，设定了公司五大产品系列，然而产品经理的概念却很模糊。经过两年的摸索，产品轴的管理方向逐渐清晰。如今，筑福在老旧住宅综合改造这一单个产品上成功“卖出”三百多个小区，每年设计单项产值过亿元，相关销售额达到几亿元。在这个过程中，我们感受到了“产品轴”带给我们的无限力量。在建筑改造市场拓展中，筑福树立了产品与企业的品牌，完成了企业制造到创造，再到品牌树立的全过程。实现了当生产过剩时，社会对产品精神需求的满足。

筑福汲取了陈阳很多管理学的“系统”，特别是他独创的“资源—流程—产品”的“三轴管理模式”，这一模式也可以说是解决当今中国企业管理问题的一剂良方。当前，我国大多数企业都仍处于资源轴的时代。我与一家著名民营设计企业的管理者有过四年的交流，筑福的成长之道是，我们有销售和营销体系，在流程轴上有建设，他感到很羡慕，因为他还处在领导接活、团队干活的阶段。当我们建立了运营和研发体系后，标准的可复制化使我们的成本有效降低，管理质量大幅提升，企业发展之路一片光明。

筑福集团的成功不是偶然，是因为有方法和套路作指导，在实践中大胆尝试、勇于创新，将自身的企业特点与陈阳老师的管理理念相结合，才得以达成。在此，我再次对陈阳给予筑福集团的帮助表示由衷的感谢！

期待《白话设计公司战略》可以帮助更多设计企业的管理水平更上一层楼，并对中国企业管理提升起到借鉴作用。

北京筑福抗震集团总裁　董有

序二
管理三轴与战略转型

受宠若惊，八零后生受陈阳老师所托为《白话设计公司战略》作序，不胜惶恐。

我与陈老师结缘于路边烧烤摊，其时只为给我这位同济大师兄送行，故至今仍以师兄相称，但素以师礼相待。真算起来，三年来相见不过十面，但每次畅谈都能给我醍醐灌顶的感觉，若说达者为师，不外如是。后学不敢妄言为序，分享陈老师助我参破的几处关隘，与诸君共飨。

第一，管理不是管理。

管理的真义是组织，其实不仅管理的真义是组织，人类有别于其他物种的根源就在于组织。孱弱的个体人因组织的力量而强大无匹：无论是基于时间的代际分工，还是基于空间的社会分工，再到互联网时代的全球化大分工，组织红利一直是驱动人类进步的核心力量。也正是悟到了这一点才让我这不搞管理的人开始严肃对待陈阳老师的研究领域。企业的治理、城市的治理、社会的治理归根结底都是人的组织行为模型的设计，陈老师的研究对于我在城市规划领域的工作也大有裨益。

第二，三轴不是三轴。

大家都知道陈阳老师著名的资源—流程—产品三轴理论。其实最初聊到这三轴的时候我并没有非常惊艳的感觉。原因无它，这三轴翻译一下就是起点、终点，中间夹个路径，是最基础的方法论：放到任何一道数学题里就是条件、结论，中间夹个证明；放到任何一个设计项目里就是现状、任务，中间夹个方案；这简直就是常识嘛。直到陈老师受邀来为深圳市城市规划设计研究院做管理培训的课程过半，我突然明白：三轴哪里是什么三轴，三轴的真义是语言。这套共同的语言让组织内的成员拥有了探讨管理问题的平台，让理解和共识成为可能。

第三，战略不是战略。

在过去相当长的一个时期内，企业将战略视为一种自由选择，潜台词是：怎么去我不知道，难道想去哪儿我还不知道么？甚至直到今天，技术咨询是常态，管理咨询也常见，真的就战略问题问计于人的少之又少。而在陈阳老师的研究体系中，战略篇足有半壁江山之多。究其原因，窃以为战略不仅是战略，战略的背后是价值观，战略是企业价值观的直接映射。而在互联网全面瓦解信息不对等的今天，企业的生存逻辑有且只有一个——创造更大的社会价值。市场的基于技术变革的长期的理性回归则必然倒逼企业的战略决策也要理性回归。一旦回归理性，战略，很可能是没有选择的选择。

第四，转型不是转型。

无论主动还是被动，研读此书的诸位多为求变而来。无论是规划行业还是建筑行业，城镇化初期的建设狂潮已过，积极转型本是应有之义。但以我个人的了解，陈阳老师却绝非企业转型的吹鼓手，反而一直保持着一份超然的冷静和审慎。在与他共同研讨的过程中发现，与其说他在指导一个企业怎么样转型，不如说他在协助一个企业识别怎么样转型不行。市场、技术、人才、文化，每个企业都有独一无二的资源本底，真正的转型是植根于脚下的土壤长出的新芽，而真正的园丁只会从旁修剪多余的枝杈。转型，更多的是不变中的变化。

从管理三轴到战略转型，说了四个“不是”，其实想讲的是“不是”中的“是”：站在组织协作的高度，借三轴理论平台来谋求共识，从企业战略入手来正本清源，以资源本底为根来唤醒新的活力。我想这就是这本《白话设计公司战略》的价值。

是为序。

深圳市城市规划设计研究院副总建筑师　郭晨

目录

第一章

设计企业的战略现状

2008 年之后，设计行业里谈及战略的管理者从无到有，越来越多。不过，越是谈战略，企业在战略上的问题似乎就越多。这里，除了战略本身合适与否之外，有几个现象值得注意：

1. 高管层在战略上的表述不一致。很多公司不止一个股东或合伙人，他们在战略问题上没有充分沟通，也没有达成共识。当然也有一种可能是不知道如何讨论战略问题。高层之间在战略上的不一致会导致企业运作的摇摆迟疑，员工们不清楚公司究竟要什么。

2. 同一个人在不同的时间表述不一致。有的公司老总今天听了这个专家的课，回到公司立马动手改革；过两天又看了本书，如梦方醒，第二天到公司又有了新主意。最有趣的是有位总经理上 EMBA，每月一次课程，每次听完课都像打鸡血似的，召集大家开会贯彻落实课堂上学到的管理方法。他没有想过这些管理学知识在公司的适用性问题，也没有考虑过各个管理模块之间的关联度问题，会不会有矛盾。后来时间长了，他醒过来了，自嘲当时的状态是老鼠掉在米缸里，发现有那么多米能吃，兴奋过度，以为找到了管理发展的捷径。这样的公司，每年推出一个所谓的战略发展计划是很常见的，理由是计划赶不上变化、这个世界永远不变的就是变化。当然，员工们也不把战略计划当真，知道过不了多久就会变。

3. 以为在谈战略，实际上谈的是运营。我在一些公司，旁听过各个层级的会议，发现层级和内容之间有时是错位的。高管层会议往往讨论执行层面的问题，基层员工的会议经常讨论战略问题。为什么呢？因为设计公司的管理者，往往是技术出身，从基层一步步干出来的。学而优则仕，设计做得好就成了管理者，思维视角还是纯技术的。即便知道仅从技术角度看管理问题已经不行了，但总是不得要领，无从下手。于是，高管会议把公司干活的事（运营）都安排妥当，员工们执行即可，如果执行中出现偏差，就是员工的问题。可员工们不这么认为，大伙开会时，觉得所谓执行有问题是因为战略不清晰导致的，比如经营策略有问题、品牌管理混乱、技术体系不完善、产品战略模糊等等，这些都属于战略层面问题。但是，员工们能把战略谈清楚吗？显然也不行。

不仅微观层面的企业如此，宏观层面的社会也是这样错位的。经常出去吃饭的话，可能会注意到一些有趣的现象。我有一次去洗手间的时候在大堂里走了一圈，发现好几桌都在谈论国家大事，这桌在讨论政治改革，那桌在讨论经济形势，旁边还有一桌在探讨外交问题，回到自己的桌上，话题正好转为法制与法治的区别。说实话，我觉得基本上都没谈到点子上，不得要领。原因很简单，我们缺乏这些领域的基本知识和信息。但为什么乐此不疲地谈论呢？因为我们觉得不舒服，因为该把这些（战略）事情搞好、有能力搞好的高层们没有履行职责。那些高层们在干什么呢？看看新闻联播就知道了，他们在规范我们的道德和日常行为准则，告诉我们要做什么事，不能做什么事，谈的都是运营问题。这就是错位。

4. 受外部力量驱使，尤其是遇到危机的时候才会考虑战略。这点不必解释了。开个玩笑，如果本书是您读的第一本管理类书籍，估计您属于此类管理者。

5. 片段而非系统。如何系统性思考战略管理问题，对设计公司的管理者确实是个难题。战略管理包括很多，战略定位、产品战略、组织架构、顶层设计是核心内容。在战略执行上，有市场营销、研发、人力资源、运营管理等等，而且这些模块之间必须高度契合才能有效发挥作用。一套整体方法如何分步落地，如何保证各模块相互之间匹配，而不是单方面冒进，这需要高层管理者对企业管理有一个系统性的认识。如果缺乏这个系统性认识，仅把某个局部做到位，反而可能会带来更大的麻烦。这就像建筑工程一样，应该先有规划、建筑设计再开工。

研究战略管理，学院派首先是要把战略的定义明确下来。

> 战略就是创造一种独特、有利的定位，涉及各种不同的运营活动；战略就是在竞争中作出取舍，其实质就是选择不做哪些事情。战略就是在企业的各项运营活动之间建立一种配称。
>
> ——迈克尔•波特

> 战略是一个企业用以确定在什么领域及怎样竞争以建立竞争优势的理念行动、资源配置的总体计划。
>
> ——BCG 管理咨询公司

> 战略是在特定环境下，为实现一定的长期目标而对资源和能力实施有效的配置和组合。
>
> ——曾鸣

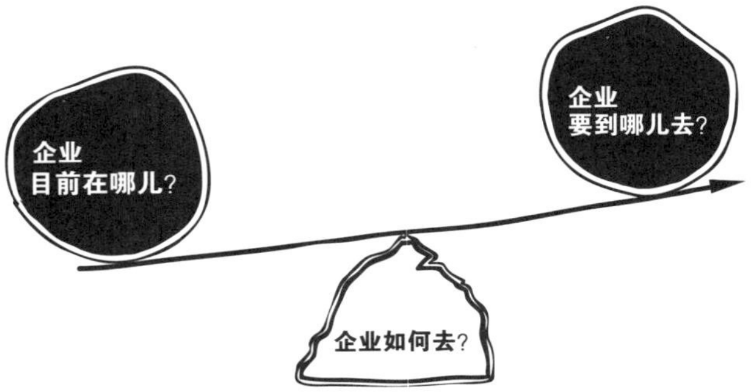

中外管理大师对战略的定义略有不同，定义各有侧重点。

本书仅从实战出发，认为战略的焦点就是“两点一线”，也就是我们目前在哪儿？我们要到哪儿去？如何去？就是这三个问题。

搞清楚“两点一线”，需要回答四个核心问题：战略定位、顶层设计、组织架构、产品战略。战略定位主要是解决“两点”（目前在哪儿？要到哪儿去？），顶层设计、组织架构和产品战略回答的则是“一线”。

第二章

战略定位

本章主要概念在《白话设计公司管理》一书中已有阐述，本书补充了很多案例，对理论予以进一步论证，并对未来趋势有所预测。相信老读者们仍然可以从中得到新的启发。

如何判断企业目前的状况和未来发展的方向呢？管理者必须在下图中为自己的企业标出两个点——现在和未来。

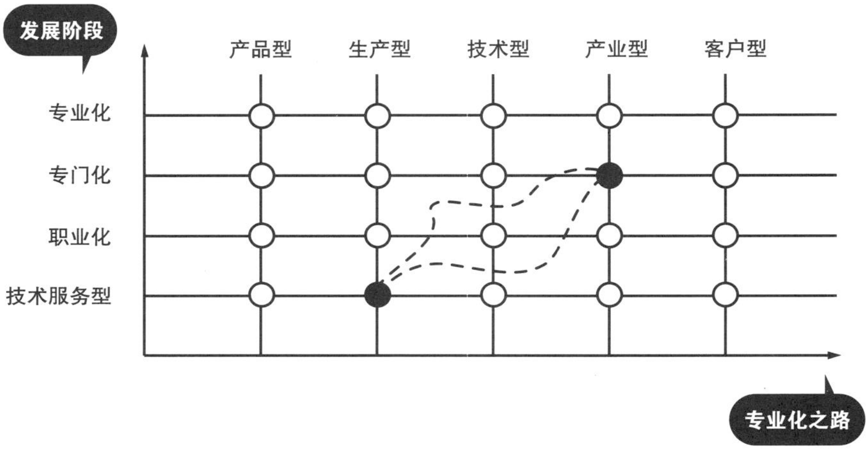

横轴是五种不同类型的设计公司，分别是产品型公司、生产型公司、技术型公司、产业型公司和客户型公司。纵轴是企业的四个发展阶段，分别是技术服务型、职业化、专门化、专业化。这样构成的矩阵可以帮助我们认识设计公司的现状和未来。

第一节　五种类型的设计公司

××公司成立于1952年，是省内成立最早、规模最大的国家甲级综合性建筑设计院，具有建筑行业（建筑工程）甲级、市政行业（给水工程、排水工程、热力工程）专业甲级、风景园林工程设计专项甲级、建筑工程咨询甲级、建筑工程项目管理甲级、工程监理甲级、一类审图机构、电力行业（变电工程）乙级、建筑行业（人防工程）乙级、城乡规划编制乙级等资质。承接省内外各类民用和工业建筑的设计、工程建设可行性研究、城市设计、控制性详细规划和修建性详细规划、景观设计、工程技术咨询、工程监理等业务。 公司在职职工300余人，其中获××省勘察设计大师称号的8人，具有正高级、高级职称的92人，国家一级注册建筑师、一级注册结构工程师、注册规划师、注册设备师、注册造价师、注册咨询工程师、注册监理工程师等各类注册工程技术人员118人。设有建筑、结构、电气、动力、电讯、采暖、空调、给排水、建筑经济、室内设计、城市景观设计、建筑节能、建筑智能化、工程咨询、工程监理等专业。	技术
公司设有三个土建综合设计所以及医疗设计所、机电设备设计所、规划景观设计所、建筑方案研究所、装饰设计所、工程咨询部、绿色建筑研究中心等设计科研部门；另外包括××图文有限责任公司、××施工图审查有限公司、××建院工程质量检测有限公司、××科信工程监理有限公司、××造价咨询有限公司等多家子公司。目前已经发展成为业务种类齐全、产业链较为全面的综合性设计公司。	管理
建院60年来，遵循“适用、经济、安全、美观”的设计方针，精心设计、竭诚服务，创作了一批构思新颖、功能合理、技术先进的优秀勘察设计作品，获省、部级优秀设计奖192项，省、部级科技进步奖及自然科学奖11项；公司在医院、城市综合体、文教体育、居住区规划和住宅单体等专项设计中积累了丰富的经验，形成了自己的特色产品。 公司立足本省、面向全国、开拓海外，作品分布国内多个省、直辖市、自治区，与美国、西班牙、法国、德国、澳大利亚等多家设计机构建立了合作与技术交流关系。	技术 市场

这是一家国有公司在企业网站上的自我介绍。有趣的是，版式和语气几乎和我在《白话设计公司管理》中引用的另一家地方国企设计院一模一样。这几百个字大致介绍了三个方面：一是技术能力，包括资质、人才、获奖等等；二是市场能力，如特色产品、业务范围、国外合作伙伴等；三是管理，包括部门设置、下属子公司等。

目前市场上活跃的主流民营建筑设计公司，基本成立于二十世纪九十年代中后期，有接近二十年的历史。在总结过去十几年的关键成功要素时，大致归于三个方面：环境好、服务好、老板还不错。环境好是外部条件，没有这个条件就不可能有民企的出现。服务好是民企创业之初的产品特色。老板还不错是什么意思呢？细化下来是三个意思：老板能接项目、老板能带着我们干活、老板有个人魅力。有的老板能力强，三样都行；也有的是几个人合伙，分工负责，有负责接项目的，也有带人干活的，管理上几个人一起商量。翻译成管理语言，接活能力是市场能力；干活能力是技术能力；个人魅力是管理能力。所以在总结民企的成长过程时，我们发现技术、市场、管理这三点是民企生存发展的关键。

再看看外企，大家都知道 SOM 是由三个人姓名的第一个字母组成的：S 是 Louis Skidmore，负责技术；O 是 Nathaniel Owings，负责管理；M 是 John O. Merrill，负责市场。KPF 同样如此：K 是 Eugene Kohn，负责市场；P 是 William Pedersen，负责技术；F 是 Sheldon Fox，负责管理。

由此看来，不论哪种性质的设计公司，都可以按照技术、市场、管理这三个方面来理解。

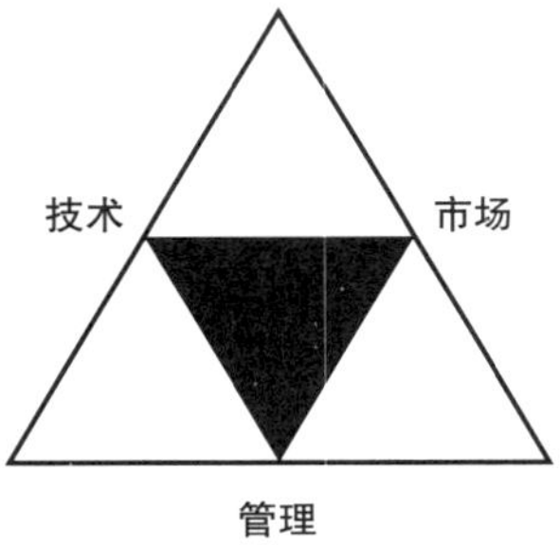

根据设计公司的三角，可以总结出五种设计企业专业化发展的导向：产品导向型公司、技术导向型公司、生产导向型公司、产业导向型公司和客户导向型公司。

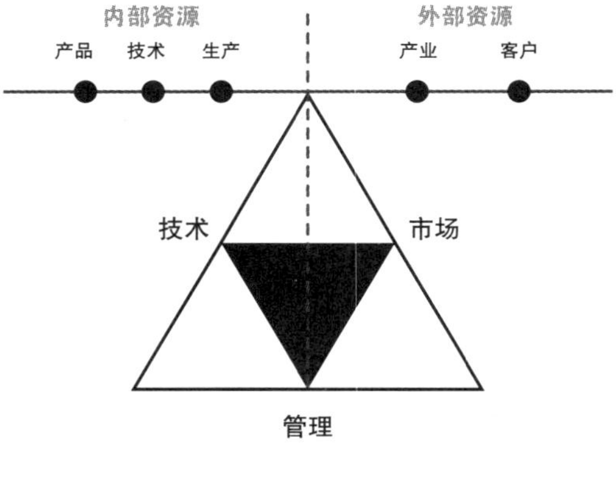

技术能力是设计公司最根本的内部资源能力，技术有三种发展倾向即产品、技术、生产，因此衍生出三种不同导向的公司。市场能力是企业的一种外部资源能力，外部资源侧重点的差异衍生出产业型、客户型两类公司。而管理能力不能衍生，管理的价值体现在通过有效的手段和体系方法让企业内部技术能力获得外部市场的认可，实现内外部资源的最佳衔接。如果缺乏有效的管理，有技术能力不一定能卖出好价钱，或者能接到项目却不一定有能力干好。

产品导向型公司

先看看一些建筑大师的案例。设计圈里的人对下页五个项目应该都很熟悉，其设计师都是公认的世界级建筑大师，不论你对他（她）的作品评价如何，都必须承认他们在建筑界有很高的知名度。如果做一个连线游戏的话，很多人可以把下面的建筑师与上面的作品一一对应起来。

很多大师的作品是地区乃至国家的标志性建筑（如悉尼歌剧院已成为澳大利亚的国家象征），在学术上可能是一种探索、一种创新，对社会产生思维冲击力。

但是，创新有成功和失败两种可能，要付出代价。上面列举的建筑在一定程度上算是成功的（尽管还有很多争议），至少建成了。更多的是半途夭折的，不过失败的案例不会广为流传，所以我们只知道大师们光鲜的一面。即便是建成的作品，也是有相当风险的，比如悉尼歌剧院，造价从预算的 700 万美元飞升到 1 亿美元，涨了十几倍，建设周期从 4 年变成 17 年，这意味着悉尼歌剧院差点成为澳大利亚标志性的半拉子工程。

功成名就的大师们可以名利双收，着实令人羡慕。当下非常活跃的世界顶级建筑大师们，拥有很高的社会地位，甚至可以跨界进入时尚领域，收费也非常高，可以拥有私人游艇、私人飞机。听说美国建筑大师法兰克 • 盖瑞（Frank Gehry）在香港为太古地产设计了一栋高级住宅楼，这是他在亚洲的首个住宅项目设计。方案设计收费每平方英尺 40 美元，即大约每平方米 400 美元，该项目 8000 平方米，总设计费 320 万美元，近 2000 万元人民币。

大师为什么能有这么高的收费？因为创意是稀缺资源，创意是智慧的体现，大师靠智慧而不是体力计费。

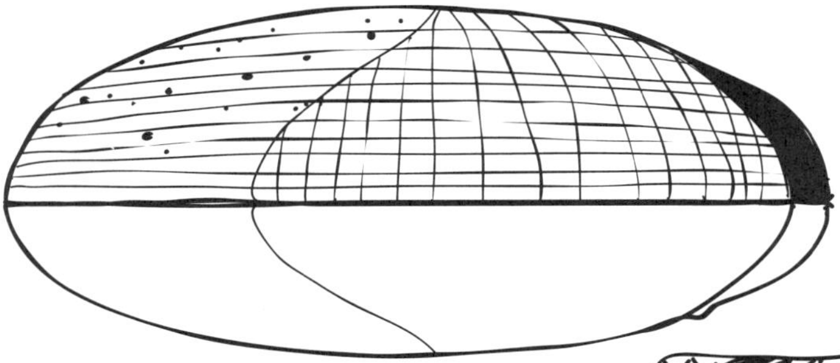

国家大剧院

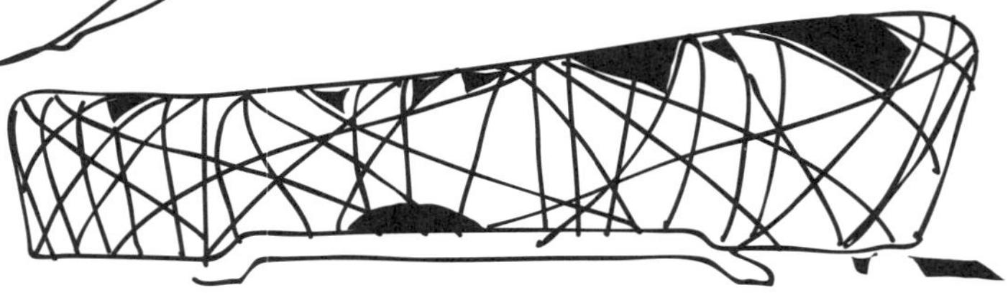

国家体育场

雷姆·库哈斯（Rem Koolhaas）

扎哈·哈迪德（Zaha Hadid）

约恩·乌松（Joslash Utzon）

中央电视台总部大楼

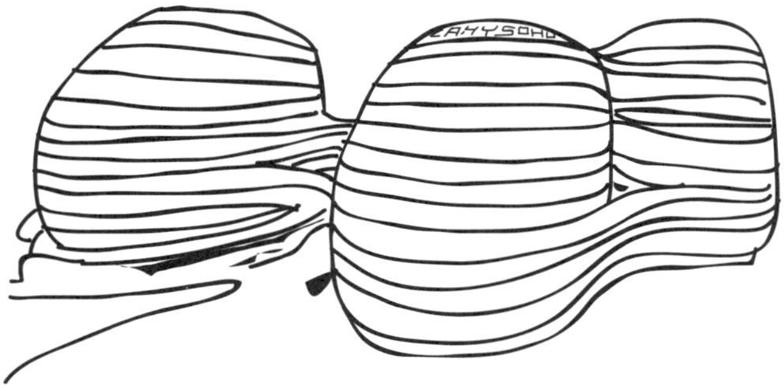

银河 SOHO

悉尼歌剧院

皮埃尔•德梅隆（Pierre de Meuron）

雅克•赫尔佐格（Jacques Herzog）

保罗•安德鲁（Paul Andreu）

学建筑学的毕业生不少人有“大师梦”，不一定是奔着赚钱，而是希望能有成就感。可惜，创意之所以是稀缺资源，大师之所以是大师，就是因为一万个建筑师里才能出一个大师，每个大师背后都躺着九千九百九十九个失败者，他们奋斗了，但没有成功。想成为大师，想有流传千古的作品，想赚这个钱，是极不容易的，可以怀有这样一个梦想，但绝大部分人成不了大师。据说美国九万多家设计公司的平均规模是三个人（远低于中国的上百人），其中有很多人就是抱着大师梦想上路的。尽管大部分人最多坚持三五年就关张，找地方打工或转行，但仍然有前赴后继的建筑师开自己的小型事务所。

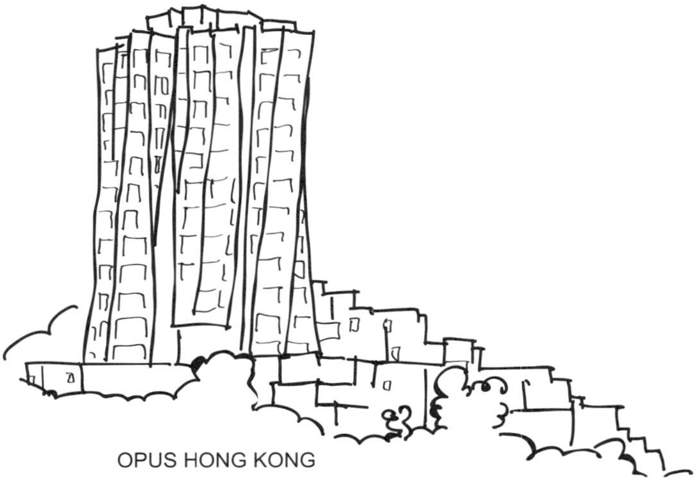
OPUS HONG KONG

法兰克•盖瑞（Frank Gehry）

大师的诞生除了个人潜质、个人努力之外，更需要社会条件的支持。2009年，被强行冠以“国学大师”之称的季羡林以98岁高龄去世，很多人说，此后再无大师。还有，钱学森之问：“为什么我们的学校培养不出杰出人才？”我想，这不是学校的问题，或者说教育问题只不过是表面现象，深层次的问题无法解决，中国的学校就不可能培养出杰出人才。虽然，2012年2月27日，中国建筑师王澍获得2012年度普利兹克奖，令人振奋，但并不意味着中国有大师成长的土壤。

功成名就的产品型公司往往是大师事务所，但那些遵循产品型发展理念和模式的小公司同样属于产品型公司。我的一个大学同窗柳亦春，在上海与人合伙开了一家建筑事务所——大舍，在业内（尤其是在学术圈）有相当知名度。事务所十几个人，项目也不少，收费也不算低，但付出的心血太多，时间成本比一般商业公司高很多，赚不了多少钱。以他的水平，如果走商品化设计的道路，甚至去打工，收入都会比现在高。但是，对他来说，能坚持这份追求是最重要的。

柳亦春

龙美术馆（西岸馆）

艾瑞克·欧文·莫斯（Eric Owen Moss）

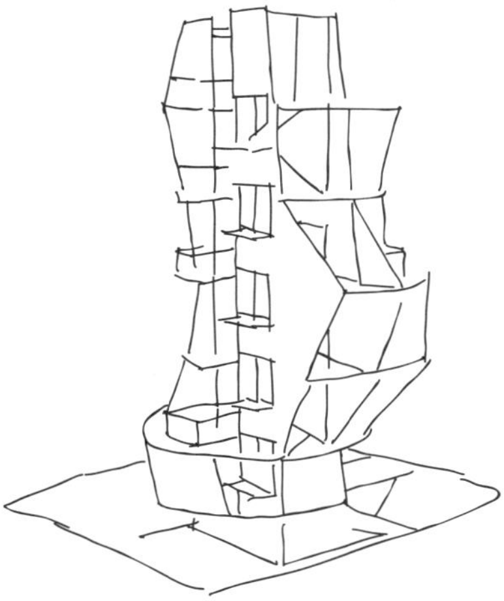

ERIC OWEN MOSS 事务所里的建筑模型

2015 年 1 月初，我在美国洛杉矶拜访了 ERIC OWEN MOSS 事务所。事务所位于 CULVER 市，大约二十人左右，三十年来的主要作品都在本地，尤其是在一个名为 CONJUCTIVE POINTS 的旧厂房改造的产业园区内。他告诉我，三十年来，同一个业主、同一个建筑师（即 MOSS 本人）、同一家施工单位，一直在深耕细作这个园区。就知名度而言，MOSS 还不是顶级大师，但他的那份执着和专业水准令人钦佩。

产品型公司的核心竞争力是什么？创意！这些公司非常强调自己对建筑的理解，甚至上升到哲学高度，并由此产生独特的建筑设计理念。打开这些公司的网站，会发现他们和其他设计公司不一样，从中可以读出对人生、对社会、对环境、对空间、对建筑艺术的独特见解。所以产品型公司的作品很多是独创的，往往不可复制。一件作品成功了，别人换个地方再抄袭一个，那是傻冒而不是大师。不仅别人难以仿冒，大师自己也不满足于沿袭自己以往的套路，而追求有所发展提高，新作品总要有所突破，阐述新的理念。相对而言，产品型公司一般规模比较小，大部分由大师或者明星建筑师领衔，他个人能够达到的高度就决定了事务所的现在和未来。比如，大名鼎鼎的贝聿铭事务所在贝先生年事已高、退隐江湖后，就逐渐不复当年的英名。不过，这并不代表贝聿铭先生对建筑艺术、技术的影响力就此消失，而是通过他的学术理念继续传承下去，只不过没有了企业这个载体，这一点是产品型公司与其他类型公司的不同之处。公认的现代建筑四位大师密斯•凡•德•罗（Ludwig Mies van der Rohe）、勒•柯布西耶（Le Corbusier）、瓦尔特•格罗皮乌斯（Walter Gropius）、弗兰克•劳埃德•赖特（Frank Lloyd Wright）在二十世纪五六十年代相继离世，他们的理论、作品至今仍是全世界建筑学教育中的必修课程。

我听说过一个故事，虽真伪不明，但倒反映大师的风采。中国的一个城市，想邀请一位德国建筑大师做一个项目，这位大师不像那些偏商业化的设计大师，属于隐士，不容易找到。政府打听到大师有一个中国弟子在国内，于是想通过这个弟子找到大师。弟子说，先不忙联系大师，要请大师做设计必须先答应三个条件，否则联系也是白搭。第一，花多少钱他说了算，大师很严谨，不会乱花钱，但为保证项目品质，造价必须他说了算；第二，用多长时间他说了算，大师做设计要找感觉，可能快，也可能慢，不能在合同上有明确的时间节点；第三，这块地做什么功能他说了算，比如，如果他认为，基于对城市肌理、历史、文化、环境等方面的分析，这块地的用途应该是公园绿地，那么就不能是办公或商业综合体。如果甲方答应这三个条件，弟子愿意联系大师。政府思来想去，说行，请大师。过了一段时间，弟子回话了,说大师两年之内不接活,因为他正在思考一个哲学问题,需要用两年的时间。

就商业角度而言，大师事务所的盈利是不稳定的，时好时坏，有点像坐过山车，波峰波谷非常明显。这可能是因为大师的设计属于奢侈品，经济危机一来，人们对奢侈品需求大幅下降，大师就没有用武之地了；经济形势一旦好转，大家又开始追逐奢侈品，大师应接不暇。

技术导向型公司

在中国，这类公司最典型的代表是建筑技术研究院，如中国建筑科学研究院（成为政府技术依托，引领行业技术进步）、上海市建筑科学研究院（集团）有限公司（使命——以最新的建筑科学成果为上海和全国城乡建设服务；愿景——成为一个在建设行业中推动科技进步、最具市场竞争力的大型现代咨询服务企业）、深圳建筑科学研究院（绿色城市建设技术服务商）。

技术导向型公司致力于解决工程建设中的技术问题，以某一种或多种建筑技术为主要研究对象，并将研发成果应用于具体工程。常规设计公司可能会在有工程技术挑战的项目中与他们合作。

技术型公司的核心价值在于工程技术领域（如建筑材料、绿色节能、结构技术、机电技术）的不断研发与应用。公司规模可大可小，根据它所专注的技术领域的需求来确定规模。2003 年夏天，曾经有一家奥地利的设计公司到当时我所在的 CCDI 上海公司进行交流，那家公司只有十几个人，聊了两个多小时，我也没弄明白他们是干什么的。现在回想起来，他们应该是属于研究绿色节能技术的专业公司，他们还编写了拥有自主产权的节能计算软件。那时，绿色节能概念在国内没有像现在这样炒得火热，我以为他们是常规的设计公司，期待看到他们的设计作品，结果很失望，他们介绍的技术我当时也听不懂。

技术型公司在经营上有一个非常重要的特征，就是项目毛利率（收入减去项目直接成本）很高。技术型公司必须首先做技术研发，形成一套技术体系后才能推向市场，承接订单。研发要投入大量的人力、财力以及设备，比如一家公司花 100 万元研发出一套既有多层住宅建筑节能改造技术，之后通过市场推广承接了不少咨询项目，每个项目咨询收费 20 万元，也就是把研发成果重复性地应用于多个同类型的具体项目中（当然，每个项目不会完全一样），干活变简单了，项目直接成本就很低，可能 5 万元就够了，项目毛利率高达 75%。如果只接到 1 个项目，研发成果没有被市场认可，就亏大了；如果接到 100 个项目，盈利就非常可观了，这也是一种规模效应。

在相当程度上，技术型公司构成了建筑产业的技术基础，在这方面的中外差距远大于在建筑设计水准上的差距。在很多产业中，我们没有自主技术，靠模仿、克隆、山寨，拿出来的东西质量虽比不上德国、日本，但也可能达到七八十分。而建筑技术因为具有很强的本土特性，无法简单模仿，必须靠自主研发形成体系。然而，正如中国没有大师成长的沃土一样，中国的自主研发能力也很低，这大概就是技术差距大的原因吧。不过，换一个角度来看，未来技术型公司的发展空间很大。过去十几年，老牌国有技术型公司几乎都“不务正业”，涉足建筑设计，未来他们的出路不是副业上如何突破，而是如何回归本源，寻求技术创新。

在 2014 年 6 月的“设计公司战略管理实战训练营”中，有一名学员创办的一家混凝土预应力公司就属于技术型公司。公司规模不大，只有十几个人，但年营业额近 2000 万元，效益卓著。

生产导向型公司

中国绝大部分民用建筑设计公司都属于此类。前面谈到过产品型公司那些被广为膜拜或引发争议的作品，设想一下，如果你目光所及的建筑都是大师设计的标志性建筑，你会有怎样的感受？我想你一定会崩溃的，当然，那样的话也无所谓标志性建筑了。任何一个理智的人，都希望有大师作品给我们带来的空间体验和视觉冲击，但是不能随时随地都是这种体验。我们见到的大量建筑是如右页图这样的。

第一行图是三个办公类建筑，不知道有没有人能根据照片说出项目名称，答案分别是广州的中信广场、北京的国贸大厦、上海的港汇广场。第二行图的几个建筑看起来就像酒店，但没人知道这是哪儿的酒店吧。第三行图显然是住宅，但即便照片中的建筑就是你家所在的那栋房子，估计你也不敢确认，因为类似的建筑太多了。

这些建筑虽然说没有什么特色，但给你的感觉还是比较舒适的，功能是比较合理的，至少是按照当时最合理的功能来设计的，质量是比较可靠的，技术是很成熟的，造价是合理的，建设周期也是合理的，是能够按计划实施的，风险不大。这些都是生产型公司设计的，他们设计生产了大批满足日常需求的建筑。

生产型公司与产品型公司的区别在哪里？以汽车行业打比方，产品型公司就像 F1 赛车，生产型公司就像量产车。这世界上开过 F1 赛车的人没多少，亲眼见过的也不多，除非你到赛车场，大街上肯定看不到。有个朋友去上海 F1 赛车场看过比赛，我问他现场看 F1 赛车是什么感觉？他说没看见，我很奇怪，你不是去看了吗？他说速度太快，嗖的一下车子就过去了，啥也没看到，只闻到轮胎的焦糊味。F1 赛车运动如此烧钱，除了本身的商业价值，对汽车行业的发展更是有深远意义。F1 自诞生之日起，就是汽车前瞻性技术发展的试验田，在赛道上经过千锤百炼的技术，会逐步应用到量产车上，如涡轮增压引擎、ESP、电子变速箱、牵引力控制系统等等。当然，不是每一项 F1 赛车技术都能应用到量产车上，大部分由于技术可靠性、稳定性的问题，不适合量产车；还有些技术因为暂时解决不了经济性问题，成本太高，

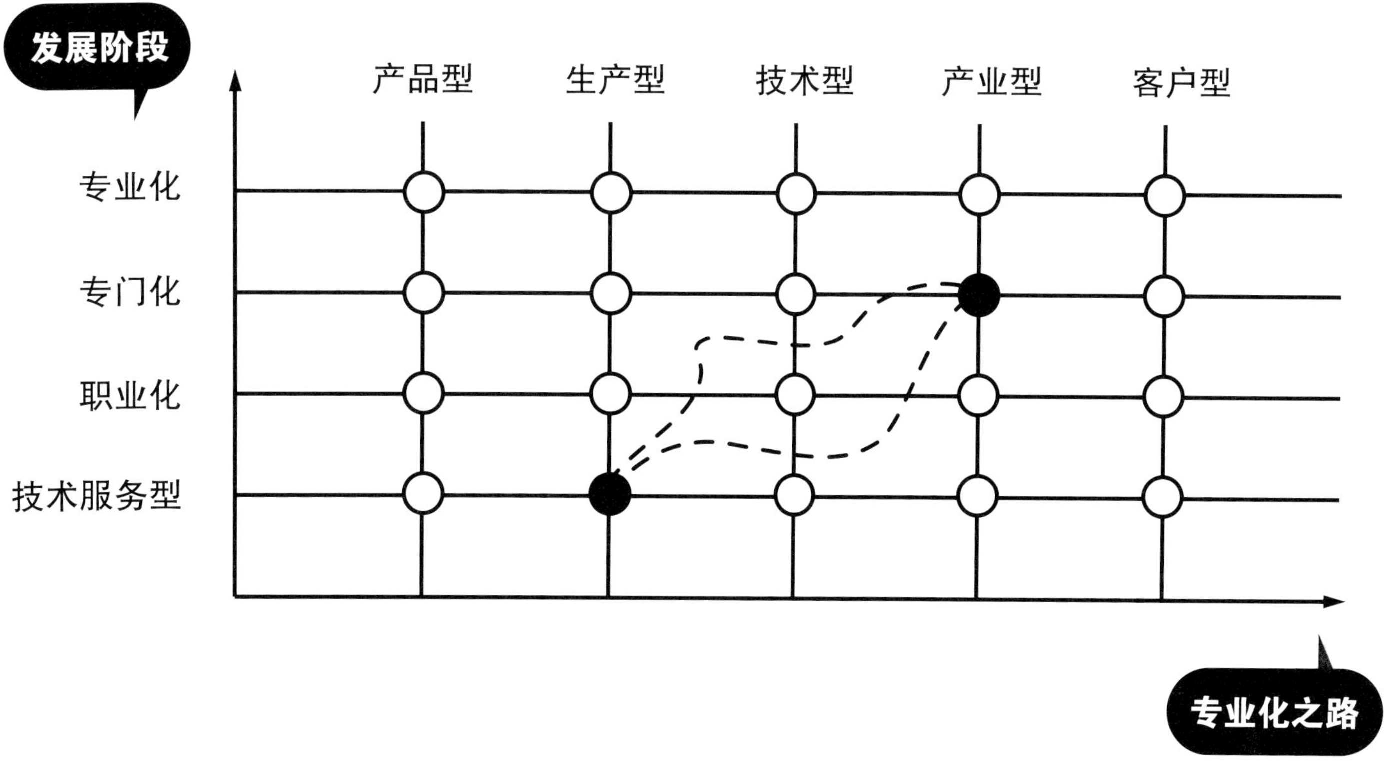

ADU 战略定位图

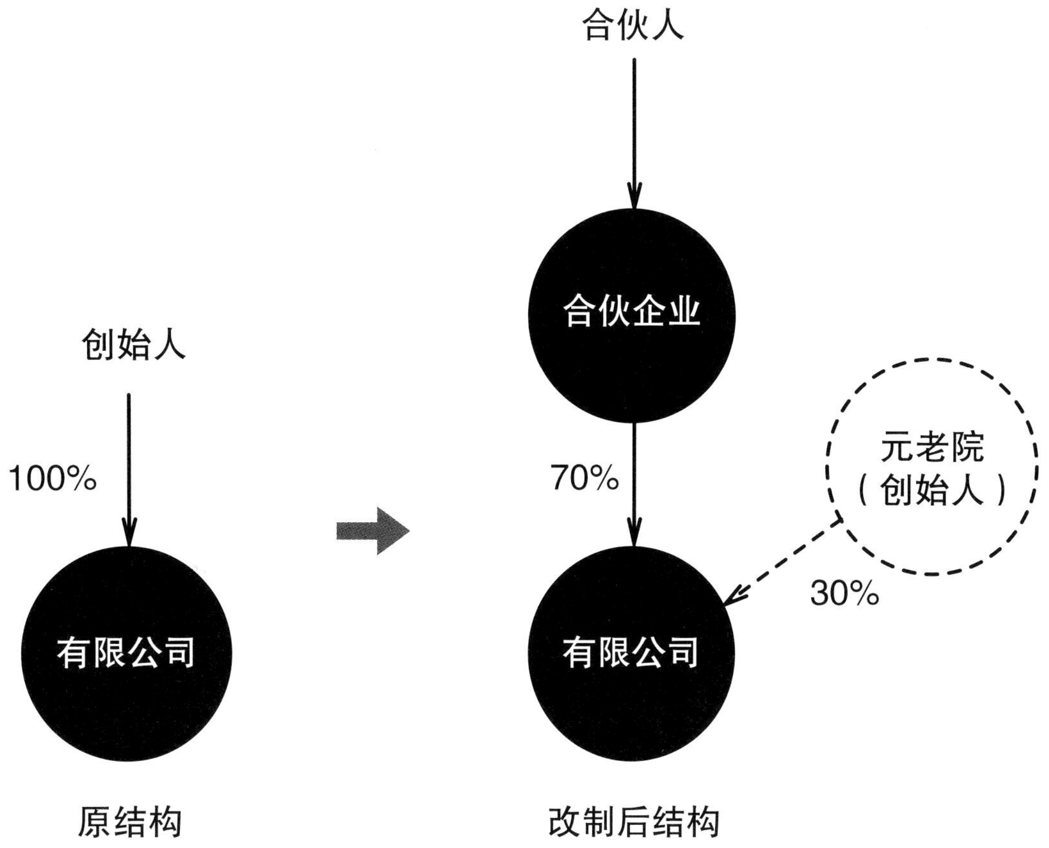

有限公司合伙制改制

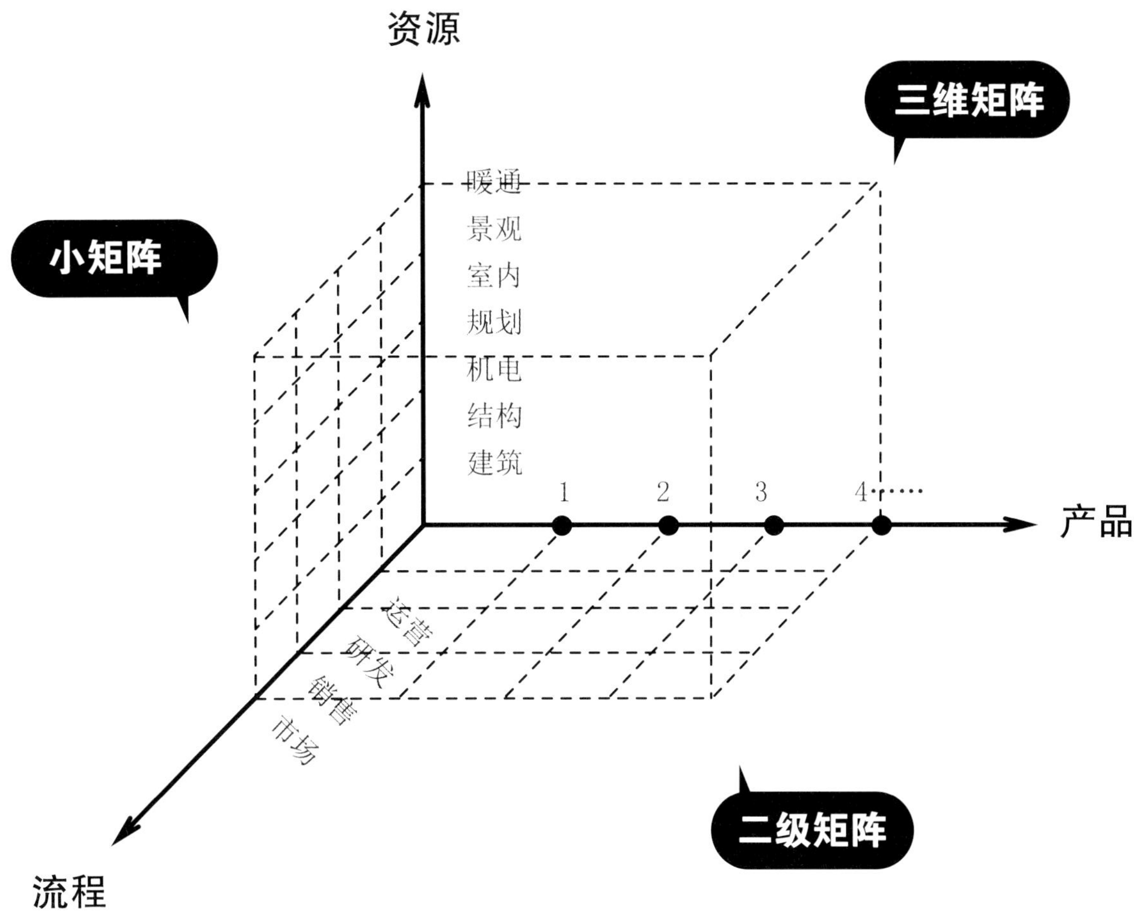

矩阵式组织架构

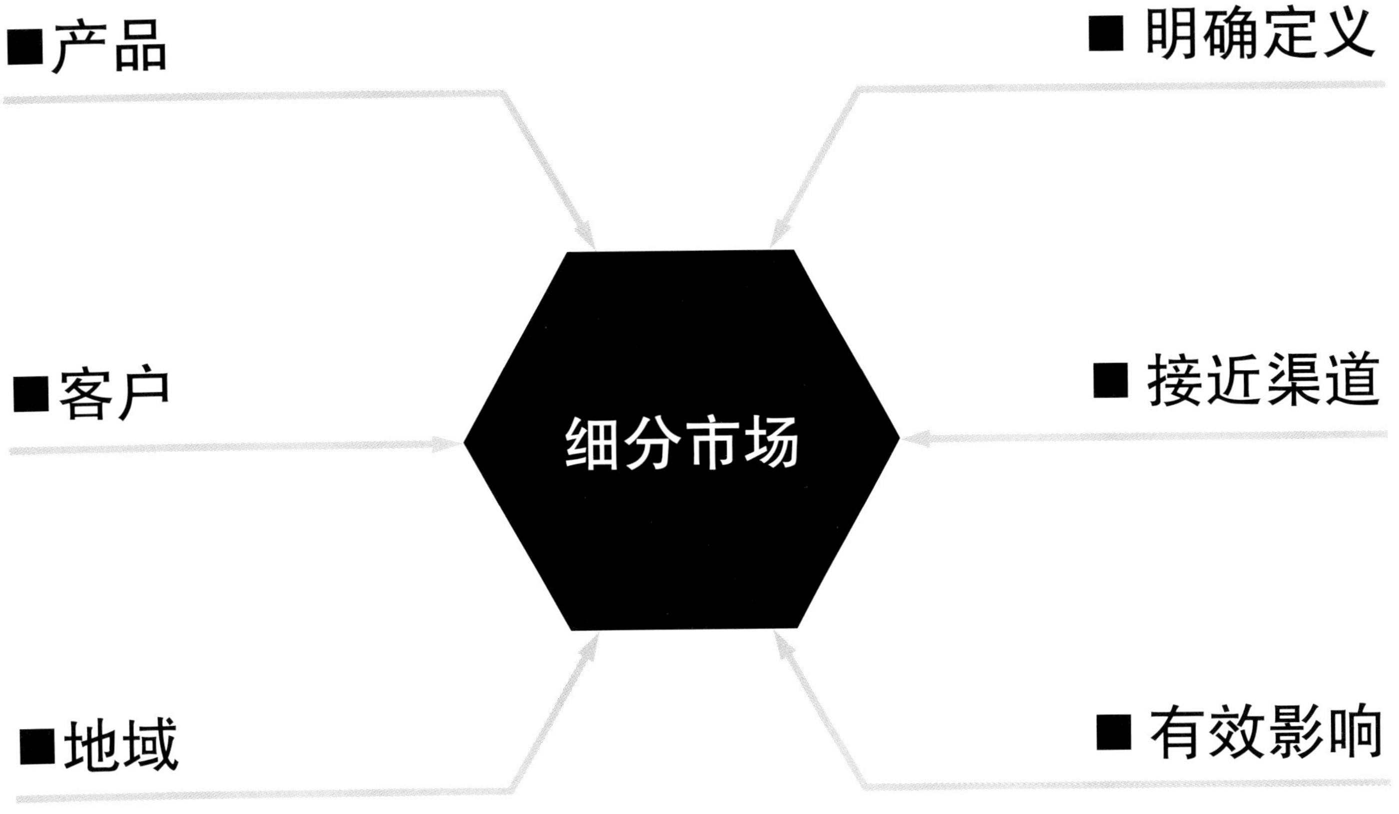

细分市场定义

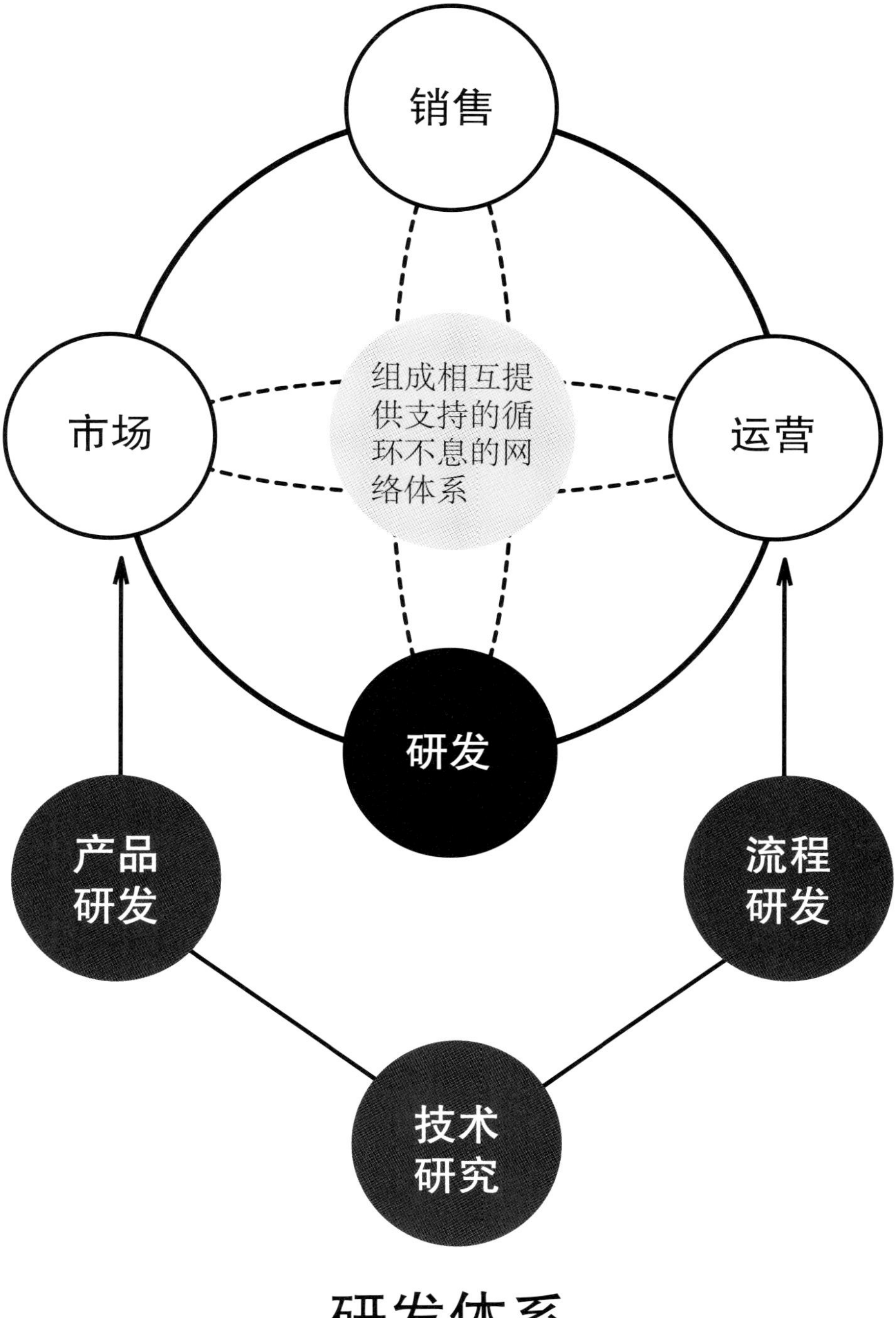

研发体系

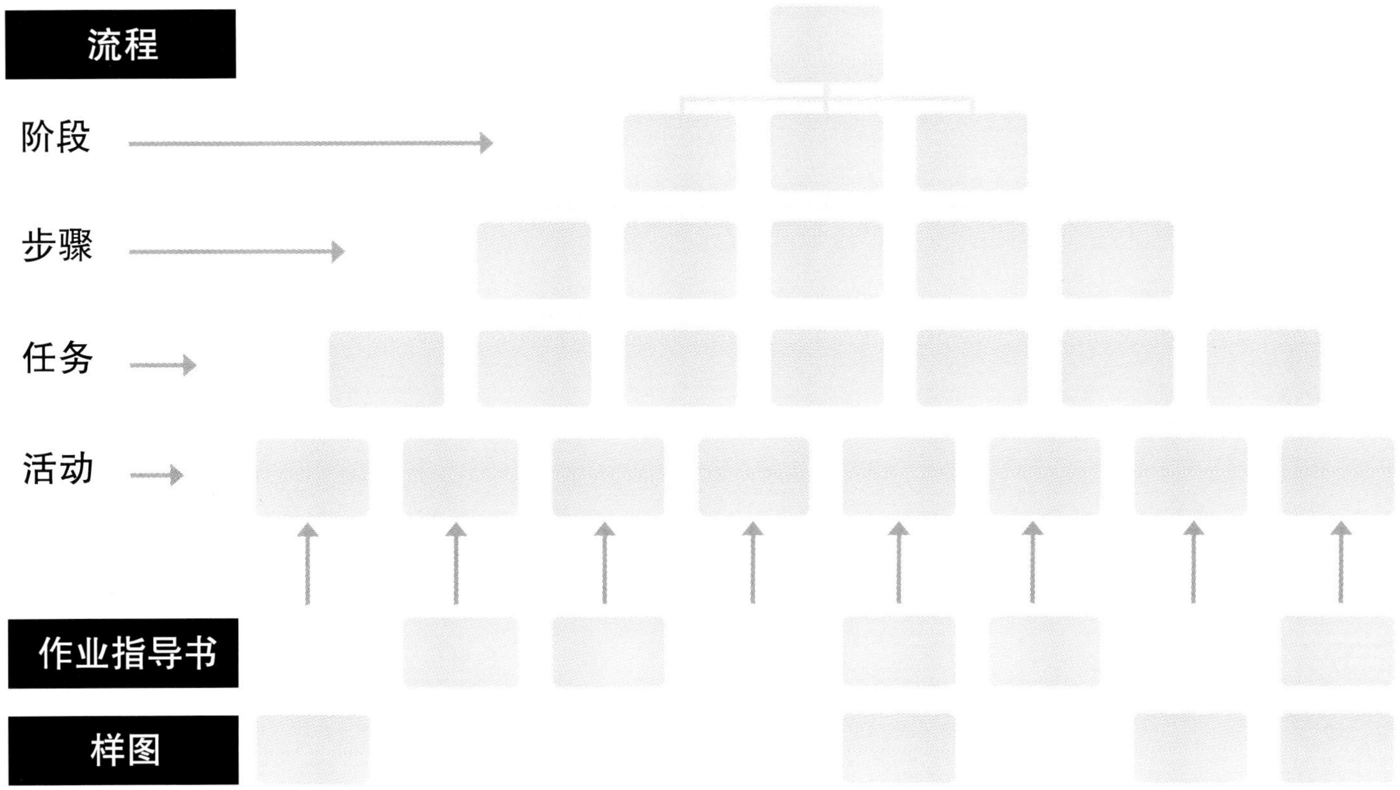

项目管理手册

职级序列——技术类

职级	助理设计师	设计师	主管设计师	副主任设计师	主任设计师	设计副总监	设计总监	设计副总裁	高级设计副总裁	设计总裁
10										设计总裁
9									高级设计副总裁	
8								设计副总裁		
7							设计总监			
6						设计副总监				
5					主任设计师					
4				副主任设计师						
3			主管设计师							
2		设计师								
1	助理设计师									
成长阶段	学习阶段	发展阶段		成熟阶段		专家阶段		卓越阶段		

职级体系

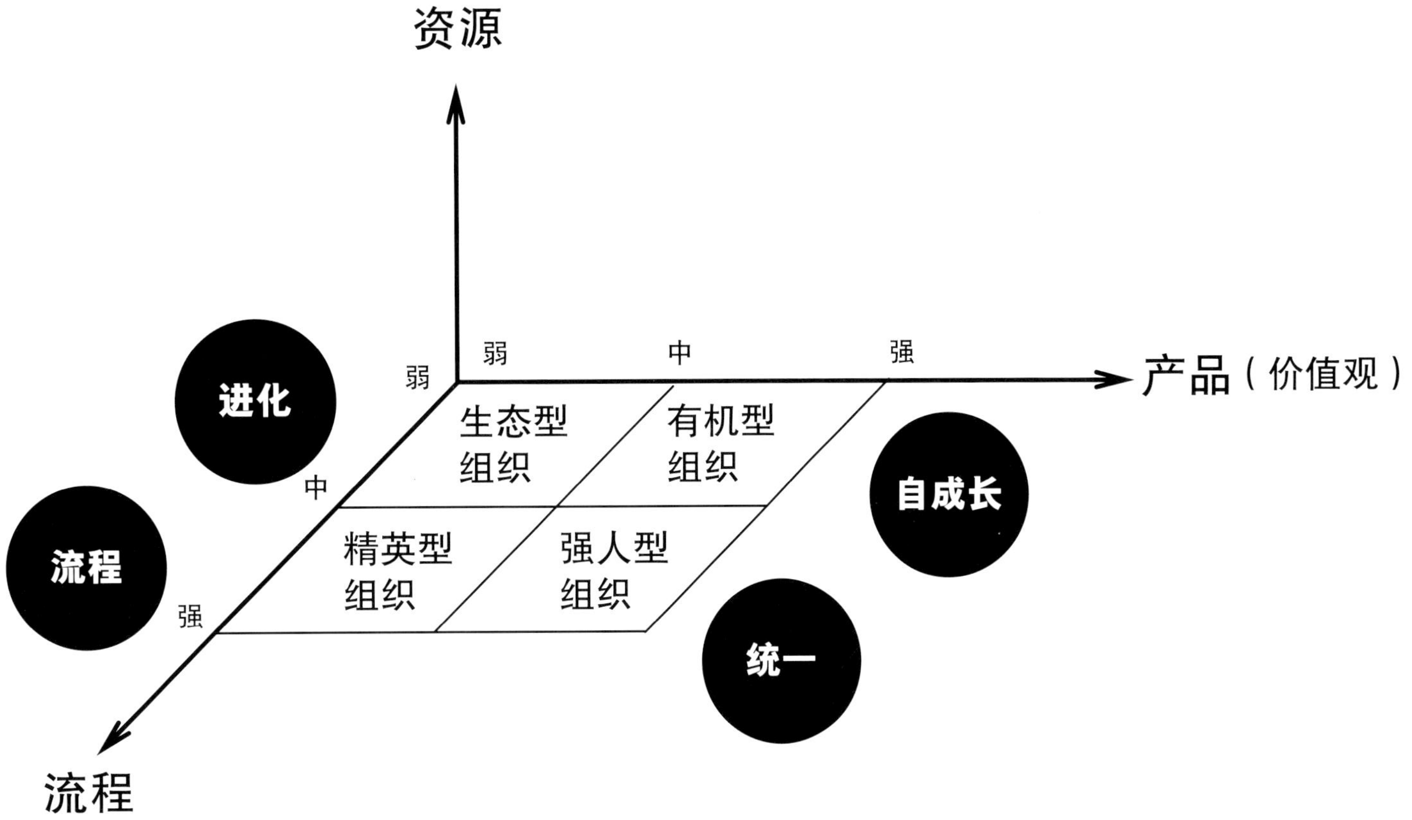

四种组织形态

也不适合量产车。据说 F1 赛车与量产车的技术转化率不到千分之一，但绝不能说这样的探索没有价值。而如果没有生产量产车的公司，估计大多数人到现在连汽车都没见过，更不要说坐车、开车了。所以，这两类公司都非常重要。

生产型公司的创新重点在于流程化，善于把常规建筑的设计过程进行有效的 WBS 工作分解，并通过流程化的设计过程控制，达到设计产出的质量可靠、技术成熟、造价可控、周期合理。设计过程更需要团队合作完成，所以，每个公司要根据自己的产品特点制订行之有效的作业流程。一般而言，作业流程主要包括三部分：流程、作业指导书、样图。相对于产品型公司的产出可以称为“作品”，生产型公司的产出可以称为“精品”。

生产型公司往往是大中型规模的公司，因为针对产品制订工作流程是一个研发过程，需要相当的投入，如果没有一定量的同类项目，这样的研发投入就很不经济。

1776年，英国经济学家亚当•斯密在其划时代意义的巨著《国富论》中，第一次提出劳动分工概念，阐述了分工对提高劳动生产率和增进国民财富的巨大作用。亚当•斯密在书中描述了分工对苏格兰扣针制作效率的影响：

> 一个劳动者，如果对于这职业（分工的结果，使扣针的制造成为一种专门职业）没有受过相当训练，又不知怎样使用这职业上的机械（使这种机械有发明的可能的，恐怕也是分工的结果），那么纵使竭力工作，也许一天也制造不出一枚扣针，要做二十枚，当然是绝不可能了。但按照现在经营的方法，不但这种作业全部已经成为专门职业，而且这种职业分成若干部门，其中有大多数也同样成为专门职业。一个人抽铁线，一个人拉直，一个人切截，一个人削尖线的一端，一个人磨另一端，以便装上圆头。要做圆头，就需要有两三种不同的操作。装圆头，涂白色，乃至包装，都是专门的职业。这样，扣针的制造分为十八种操作。有些工厂，这十八种操作，分由十八个专门工人担任。固然，有时一人也兼任两三门。我见过一个这种小工厂，只雇用十个工人，因此在这一个工厂中，有几个工人担任两三种操作。像这样一个小工厂的工人，虽很穷困，他们的必要机械设备，虽很简陋，但他们如果勤勉努力，一日也能成针十二磅。以每磅中等针有四千枚计，这十个工人每日就可成针四万八千枚，即一人一日可成针四千八百枚。如果他们各自独立工作，不专习一种特殊业务，那么，他们不论是谁，绝对不能一日制造二十枚针，说不定一天连一枚针也制造不出来。他们不但不能制出今日由适当分工合作而制成的数量的二百四十分之一，就连这数量的四千八百分之一，恐怕也制造不出来。

二十世纪初，福特汽车公司推出世界上第一条汽车生产流水线，把装配一辆车的728个工时降为T型车的12.5个工时，生产速度达到每十秒一辆车。

建筑设计是定制产品，虽然不像标准工业产品那样能大批量100%复制，但同样能借鉴这种思维方式。据统计，任何划时代意义的创新产品，98%以上依赖于已有技术，只有不到2%是全新技术。生产型公司就是能把这98%的现有技术解析做到极致。

中国设计企业平均规模超过一百人，基本上都是生产型公司，按道理项目管理的精细化程度应该是最高的，但实际情况可能恰恰相反。大部分公司没有产品意识，也没有及时的技术总结和工作分解，接到的每个项目都是“新”的，相当于每个项目都要研发一次，而且只用一回。简言之，收费是按量产车收的，活是按定制车干的，因此很累，甲方还不一定说你好。这些现象都是设计行业在过去二十年一直处于初级阶段的真实写照。

生产型公司同样受经济周期的影响，但相对于产品型公司的大起大落，其经营状况相对稳定。

产业导向型公司

先看看在业内广为人知的 AECOM：

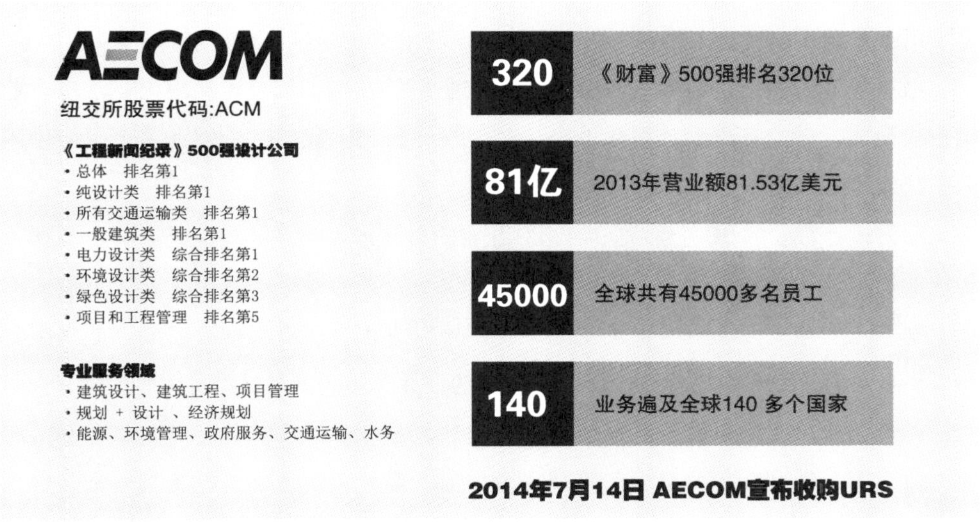

AECOM（纽约证券交易所代码：ACM）出道时间并不长，1990 年正式创立。AECOM 五个字母分别代表 Architecture（建筑设计）、Engineering（工程）、Consulting（咨询）、Operation（营运）、Maintenance（维护），这是典型的产业链思维。在中国，AECOM 把陆续兼并的多家公司（易道、城脉、茂盛等）的国内部分整合为一千多人的中国区团队，按专业市场分为轨道交通、建筑、规划 + 设计、能源、水务与市政发展、环境、建筑工程、项目管理 / 施工管理，采用矩阵式管理模式。2014 年 7 月 14 日，AECOM 宣布收购总部位于美国旧金山的 URS，合计人员规模近 10 万人，营业额近 200 亿美元。这两家世界级企业的强强联合，打造出了世界上最大的工程顾问集团，这一并购案，也是全世界工程领域迄今为止最大的一笔收购交易。

传统设计公司里的设计师认为自己是搞设计的，而产业型公司（一般称为工程公司）里的设计师应该被理解为是搞技术的。之所以在有些产业中需要工程公司提供全套服务，就是因为产业链中的其他环节对技术有很高的诉求。而一般来说，设计公司是产业链中对技术掌握程度最高的，因此，有些设计公司逐步演化为工程公司。换句话说，工程公司就是把它的技术能力不仅仅用于做设计，还用于其他环节（如可行性研究、投融资、策划咨询、项目管理、设备采购、安装调试、运营等等）上的服务。所以掌握产业链上的核心技术对工程公司来说至关重要，而不是设计（甚至可以不做设计）。当然，很多工程公司的设计业务板块代表了它对核心技术的掌握。实际上，专业出身的设计师都是有一定技术能力的，而传统设计公司就是把技术能力仅用于做设计，没有拓展到咨询、项目管理等上下游的其他环节。

由于行业管制，目前 AECOM 和其他产业型的外资工程公司在中国无法以产业化方式经营，只能开展设计咨询业务，貌似设计公司。我想它们都在苦苦等候中国市场开放的那一天。

勘察设计行业的 18 个分类中，相对开放的只有民用建筑设计领域，仅为 1/18，其他的诸如轨道交通、水利、市政、化工、煤炭、石油设计等分类名义上开放，实际上都存在“玻璃天花板”，民企和外企都难以进入。而对工程公司的产业型服务需求在余下的 17/18 中更明显，那些领域中的设计公司更容易转型为工程公司。

尽管如此，还是有民营设计公司在民用建筑领域尝试产业化转型，总部在上海的三益中国，经过几年的努力，已初步转型为在商业建筑领域具有策划咨询、规划设计、商业设计、建筑设计、项目管理、招商与销售、运营、资产管理等上下游全产业链的服务能力的企业。前年我在《白话设计公司管理》一书中，曾预测三益中国下一步的发展方向是推出“三益中国商业广场”的品牌，成为开发商，为商业地产投资商服务。后来得知，三益中国已推出多个自主品牌，如溢佰纷。其实，三益中国的转型之路始于 2008 年的金融危机，不过短短的六七年。他们意识到行业危机迟早到来，没有被随后而来的 4 万亿元救市冲昏头脑，坚持投入资源在商业地产这个产品上的研发、推广，才有了今天的三益中国。

上海风语筑展览有限公司也是一家民营的产业型公司，在城市规划展览馆建设领域拥有极高的市场份额。他们的业务模式是“设计领衔、跨界总包”，涵盖策划、设计、施工。风语筑的办公室很有趣，一层展厅就像一个微型规划展览馆，不断更新高科技技术，二层以上的办公室就像硅谷的互联网企业，可以打篮球、踢足球、打台球，还有滑滑梯，很好玩。他们还订购了中国第一批特斯拉中的一辆，停在公司，接送客户，也可以试驾，这与他们意图传递的高科技公司形象相呼应。

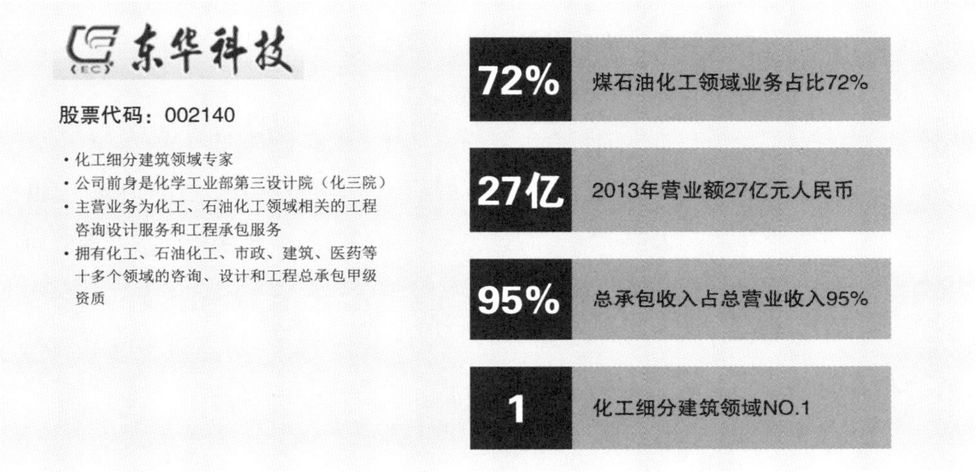

东华科技2007年在深交所上市，2013年营业额27亿元。东华科技前身是化工部第三设计院，典型的国有工业院，生产型公司，改制后上市转型为产业型公司。在其总营业额中，设计板块已不到5%，但最关键的恰恰是这个5%，因为设计业务浓缩了它的技术精华，才使其有能力延伸到煤化工产业的其他环节。

对产业型公司来说，需要持续创新的是对产业现状和发展的解读能力，以及实施落地能力。在其产品中，未必所有的事情都要亲力亲为，可以通过上下游的整合能力去分包，最重要的是整个产业链的一套游戏规则、运营方法，要不断推进这方面的发展，保持领先地位。有些设计公司对外宣称的一体化能力（包括规划、建筑、结构、景观、室内等等），属于设计的横向拓展而不是纵向拓展，是产业链的设计环节，而不是产业化能力。

还有些公司，特别是国有大设计院，各种横向、纵向的资质齐全，表面上看是产业型公司，但并没有产业型公司的实质。各业务板块之间是相互独立、财务上自负盈亏的利润中心，没有业务关联度，各自为战。

产业型公司往往都是大型甚至巨型公司。由于产业化发展对资本有比较高的需求，所以很多产业型公司通过上市来融资。相对于传统设计公司，产业型公司的营业额非常高，利润总额也高，但利润率不高，这是因为它的成本构成与传统设计公司有很大区别，收入中有相当比例是要转移支付给分包方的。

产业型公司的外表是很光鲜的，规模大，抗风险能力似乎很强。但实际上大鳄之间的竞争是你死我活的，结局往往遵循 R3 法则，即在一个细分市场中，只有位居前三名的公司才有可能存活下来：第一名占据较高的市场份额，活得滋润；第二名高不成低不就，过得一般般；第三名是难有利润可言的，所以最折腾，总在玩新花样试图上位，成了就坐二望一，不成就退出江湖。之所以是这样的竞争格局，我想可能是因为产业型公司与资本的契合度较高，这一点与传统的产品型、技术型、生产型公司是不同的。与资本的契合度高，有好的地方，可以实现快速扩张；但也有坏的地方，资本作用力越大的市场，越是你死我活，越是呈现寡头垄断竞争格局。现在行业形势不太好，不少设计公司在考虑转型为产业型公司，不过很少有人意识到未来的竞争格局。有志于这条转型道路的公司，最好思量一个问题：你有机会成为将来的寡头吗？

中国园林景观行业已有多家上市公司，走的都是产业型公司的路。目前它们的年营业额都是几十亿元，相互间竞争不激烈。估计五年后，当年营业额达到两三百亿元时，它们会在某些细分市场上出现激烈竞争，那个时候应该会出现类似 AECOM 与 URS 的并购案吧。前面提到的风语筑公司，据说在城市规划展览馆的市场中占据了 80% 的市场份额，第二名、第三名的日子可想而知。

意图转型为产业型公司的设计公司，还必须在产品的选择上慎之又慎。

产业链大体有三种业态。第一种是成熟行业完全竞争后的结果，产业链上的各环节相互独立，没有 1+1 ＞ 2 的现象，不需要产业型公司。第二种是完全的寡头垄断，少数企业垄断了产业链的全部上下游，外部合作统统内部化，最典型的是中国的“三桶油”，从地质勘探到加油站，全包了。第三种是出现了资源整合者，向上游采购，再整合部分产业链环节的资源，最终向下游客户提供产品或服务。比如过去二十年，房地产行业中的房地产商就扮演了资源整合者的角色，从政府手中采购土地，然后整合资本、设计、建材、施工等诸多资源，向消费者提供产品。这种资源整合者就是最常见的产业型公司。

若想转型为产业型公司，首先要问自己一个问题：凭什么由你来整合资源产业

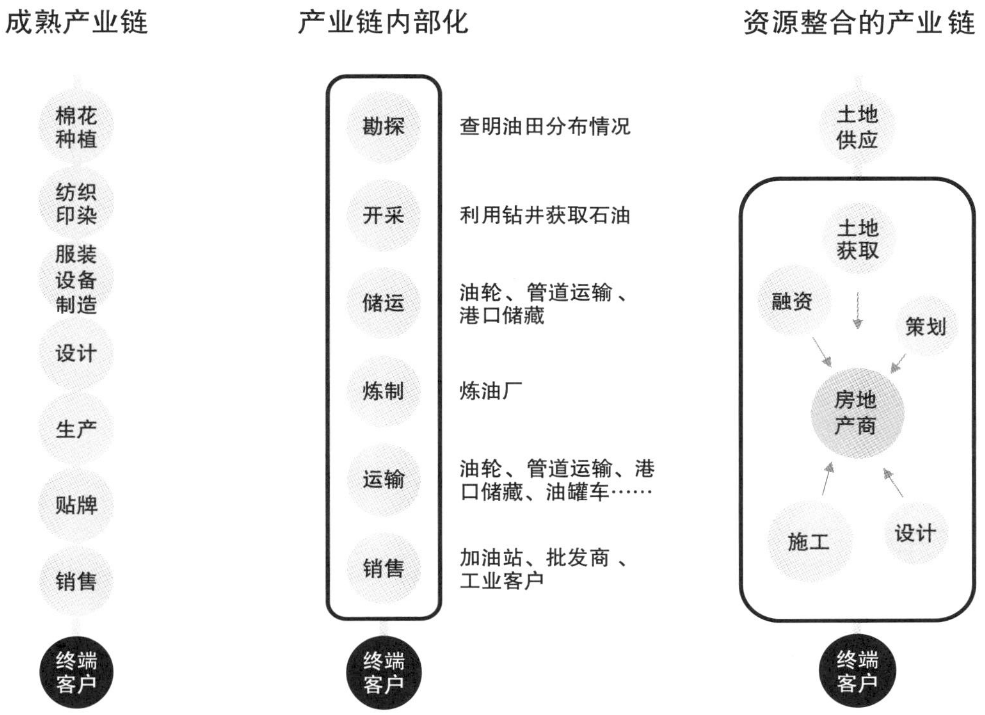

服装产业链示例　　中石油产业链示例　　房地产产业链示例

链？产业型公司的光鲜大家都知道，产业链上其他环节的公司都有发展成产业型公司的冲动，作为设计公司出身的你有什么优势呢？比钱多，你比不过搞资本的；比规模大，你比不过施工企业；比对市场的了解，你不如策划代理公司。仅靠脑子灵光的先发优势是不够的，弄不好给他人开了条路，自己成先烈了。

不是所有的细分市场都适合设计公司向产业型公司转型的。适合设计公司转型的细分市场应该是对技术有高依赖度，技术和智慧的稀缺性导致掌握技术的组织拥有资源整合的话语权，而不是他人。所以，要想清楚，你的技术优势在哪里？这个优势是否能够支撑你在产业链上的话语权？三益中国和风语筑能取得阶段性成功，原因之一就是它们以技术获得了产业链的主导地位。

产业型公司必须有产业型产品。能看到一些上市公司在试图推出产业型产品，比如东方园林的东方园林城、普邦园林的红枫公园，都是试图整合公司在资本、策划、设计、项目管理、施工、苗木等环节中的内外部资源，向市场推出的产业型产品。只有产业型产品才能让资本在这里找到获益点。千万不要认为有了上下游的几个资源团队就算产业型公司转型成功了。

简而言之，要转型为产业型公司，必须清楚三件事：产业型公司之间的竞争是惨烈的，必须拥有能主导产业链的技术，必须发展出产业型产品。

客户导向型公司

前面四种类型的公司，行业中都能找到明确的案例，很容易理解。最后一种公司——客户型公司，在2009年初我做理论研究时，还找不到这样的案例，只是觉得理论上应该是存在的。

IBM？这不是搞计算机的吗？和设计行业有什么关系呢？

IBM（International Business Machines Corporation）在1911年创立于美国，全球最大的信息技术和业务解决方案公司，全球雇员逾40万人，2011年营业收入1069亿美元。在一百年的企业发展历程中，IBM多次成功实现商业模式转型。2002年，IBM以35亿美元收购了普华永道的咨询部门，把重点放在推动企业解决业务咨询、IT服务及IBM软件等方面，并着重硬件和高价值的芯片技术，形成咨询、服务、软件、硬件四大业务板块。

2009 年年中的一个晚上，我和 CCDI 的董事长赵晓钧先生在上海的一间茶室聊天，赵总谈到在上海世博会国家电网展馆设计过程中 CCDI 与 IBM 的合作，他告诉我 IBM 就是客户型公司。

2010 年世博会确定在中国上海召开后，国家电网公司接到在世博园建设企业馆的任务，这件事对国家电网公司来说是第一次，而且也是重要的政治任务。按常规建设程序，先做建筑设计招标，这是很自然的想法。当国家电网公司正准备发布设计招标文件时，IBM 知道了这个情况（当时 IBM 正在为国家电网公司做另一个管理咨询项目）。于是 IBM 紧急展开了客户研究，得出的结论是：第一，国家电网公司面对这种世界顶级标准要求的世博会展馆建设，有品牌、有实力，但缺乏具体操盘能力；第二，国家电网公司现在不具备这种能力，未来也不需要具备这样的能力，因为 2010 年世博会是在中国举办，以后世博会只要不在中国举办，国家电网公司是不会在他国建展馆的，而下届落户中国的世博会应该在很多年之后，所以通过这个项目建立类似项目的操盘能力是没有意义的；第三，这是一个政治任务，只能成功，不能失败。

IBM 分析了这三点后，给国家电网公司提出一个建议，这个项目应该交给一个有能力整合全球最高水准专业单位的公司来完成，所以国家电网公司不应该先进行建筑设计招标，而应该进行项目的整体解决方案的招标。这个建议非常好，如果真的按常规程序，先做建筑设计招标，然后室内设计招标、展会布展空间设计招标、特殊声光电技术的招标，还有各种施工招标、广告公司招标等，会是一个相当复杂的过程，而且有相当高的科技含量。

国家电网公司决定采纳 IBM 的建议，那么整体解决方案的招标中标的是谁呢？IBM，因为它最理解客户的需要。IBM 作为项目总包单位，内部确定了参与合作公司的标准，即在所处行业中排名前三。CCDI 作为 2008 年北京奥运场馆的主要设计供应商之一，被 IBM 确定为建筑设计合作伙伴，其他的还有室内设计、展会设计、技术设计、广告、公关等一系列公司，据说其中包括张艺谋 2008 年奥运会开幕式的部分团队，意大利的公司、日本的公司、美国的公司，IBM 把全球最好的资源集中到这个项目中，拿出一个全套解决方案，一举中标。

这里，要说明两个概念的区别：客户需要与客户需求。客户需要是深层次的一种诉求、倾向，而客户需求是这种诉求、倾向的现实表达。比如说，有一天你很饿了，发现路边有个小饭馆，你进去说：老板，来两个包子。不巧的是，饭馆里没包子卖，饭馆老板可能有两个反应，一是说：对不起，我们不卖包子；二是说：您饿了吧？我们这儿没包子卖，但有馒头，您要不来两个？这个例子中，你饿了是需要，包子是你的需求。你之所以点包子是因为在饭馆里必须点菜，不能只说饿了，而你正好喜欢吃包子。第一种情况下，饭馆老板的思维模式是满足客户需求，没有包子就不能满足客户需求；第二种情况下，老板察言观色，知道你很饿了，也就是察觉到你的需要。

需求和需要之间理应存在逻辑关系，但实际生活中，需求未必是需要的精准翻译。在设计过程中，甲方的设计任务书就是一种需求，但有些时候，因为甲方受经验、专业水准或者其他一些原因的限制，按设计任务书进行设计未必能满足甲方的真实需要，这可能就是设计师经常抱怨按甲方要求做的设计却总得不到认可的根源。相对经验丰富的建筑师在面对操盘经验不够丰富的客户时，会在动手设计前，从分析客户需要入手，有时应与甲方重新拟定设计任务书。当然，面对万科、金地、龙湖这样的一流开发商就不需要了，他们的市场及产品研发能力远强过一般设计公司，直接按他们的设计任务书要求进行设计就可以了。

为什么客户不能直接表达需要呢？因为人类正常的社交规矩是，在关系越亲近的人面前，越表达需要；而在关系较为疏远的人面前，则表达需求。所以，在餐馆吃饭，你一定要点菜，否则老板不知道你要吃什么；而在家里吃饭，一般不会点菜，妈妈给你做什么就吃什么。这个关系不能反过来，反过来就滑稽了。

当客户的需求和需要之间发生错位时，其他类型的公司要么被客户的善变搞得晕头转向（不少设计修改就是这么造成的），要么等待客户拿定主意再动手设计。而客户型公司则认为机会来了！错位越严重，机会越大，挣钱越多。

客户型公司能透过客户表达的需求或对某种客户现象的观察，洞悉客户需要，甚至不仅是满足客户当下的需要，还能引导客户的需要。

IBM 在国家电网公司世博展馆项目中，充分展示了客户型公司的专业能力，虽然团队中没有 IBM 的设计师，但所有合作公司在 IBM 的客户理解力和卓越的管理能力领导下，顺利地完成了这个项目。当然，他们的收益是非常可观的。在所有五种类型的公司里，理论上客户型公司的毛利率是最高的。

听说上面的案例还有更加精彩的后续故事。IBM 在上海世博会国家电网公司展馆操作成功后，继续研究客户：国家电网公司作为央企，有垄断性质，国民对垄断是有意见的，世博会展馆的成功说明让民众更多地了解电力行业的技术发展，通过互动式的体验让民众能够参与，是一个树立良好的企业形象、缓解社会矛盾的有效手段，因此建议国家电网公司在全国各省建立国家电网公司展示馆，也就是在重点城市建小型世博馆，还可以作为青少年教育活动基地，另外还有经济效益，现在地价飞涨，建这样的展馆，花钱不多，还有可能通过议价方式拿地。这又是一个很好的主意，国家电网公司采纳了。也许，几年后，我们可以在一些重点城市看到国家电网公司的展示馆。

这就是客户型公司，可以不承担任何具体工作，但是能做到比客户还了解他自己。

2014 年，我发现有两家设计院在进行客户型公司的转型尝试，深圳市城市规划设计研究院有限公司和长春市城乡规划设计研究院。前者是国企，后者是事业单位，地理位置上一南一北，且都是规划院，原来都是生产型公司。与建筑、景观、室内设计公司不同，由于土地国有制，传统规划设计院的客户只有一个——政府。近些年随着房地产开发，有些修规、城市设计类项目的甲方是开发商，但实际上还是需要政府最终认可。所以，规划市场的基本模式是“书记拿主意、出概念，规划院画图”。

深圳规划院和长春规划院均意识到这种模式的不可持续性，有强烈的危机感。仅从客户这个角度来看，城市规划的客户应该不只是书记所代表的政府组织，还包括企业（经济组织）、社会组织和各阶层的市民。如果有这样的认识，我们就会发现几乎没有机构在研究、了解、分析、协调各利益相关方在城市规划方面的诉求，利益相关方也没有渠道表达需要和需求，更谈不上参与决策。换句话说，规划院现实中的“客户”（甲方）需求和真实的“用户”需要之间很可能存在巨大的错位，近十几年城市化进程中出现的很多矛盾正是这种错位的反映。

深圳规划院的路径是自下而上，大家如果关注他们的公众微信号 UPDISCC 就会知道他们发起了很多有趣的活动，下面举两个例子——“概念城市”和“城市微调查”。

“UPDIS 概念城市”是深圳规划院发起的，以无门槛概念竞赛为牵引的城市话题议事平台。2013 年的“UPDIS 概念城市”围绕“城市密度极限”问题，通过竞赛、展览、评审、儿童走秀、街头宣讲、学术论坛等多种形式推动跨界讨论。在来自全球的五十多名参赛选手和学界达人的支持下，UPDISCC 2013 现场观众逾万人，同时收到线上投票近两万票、专栏投稿数百篇。这项活动有三大特点：

1. 选手的极度开放（不限专业、不限身份、不限机构）；

2. 评审的极度开放（以公众网络投票为主要评审依据）；

3. 题目的极度开放（仅以十个关键词引导的极简主题）。

【调查】“城市微调查”带你走进城市暗面

| 图片来源：UPDIS 官方网站 . http://updiscc.upr.cn/.

通过很多类似的活动，深圳规划院试图了解市民和各类经济、社会组织，他们关注什么、想什么、要什么。当这些活动越来越获得市民认可后，参与度越来越高，成为民众表达和参与城市规划的渠道时，深圳规划院就有可能洞察城市的用户需要。

长春规划院的转型路径是自上而下，目标是成为“长春智库”。他们与很多国内、国际专家建立紧密的合作关系，内部人才资源背景也非常多元化，同时举办、参与很多社会活动。这些行动都是为了了解、分析用户的需要。在这个基础上，长春规划院改变被动式技术服务的定位，把直接客户分为市、区、行业部门和其他等四类，主动为其提供城市总体发展评估报告、城市重大项目决策报告，为行业管理部门编制产业发展规划提供技术支持。

这两个规划院的尝试是很有意思的，规划作为设计的上游环节，确实非常需要一些客户型公司的出现，以帮助改变目前体制下单一视角的决策模式。

在本书写作期间，惊悉2015年元旦之夜在上海外滩发生严重踩踏事件，伤亡惨重。其实，类似事件过去屡有发生，这次因为地点在一线城市的上海，更加令人瞩目。城市活动应该是城市规划的重要内容之一，而不只是划地块、拆房子。不知道是否有规划院参与拟订，甚至牵头负责各类大型活动的安保预案？如果没有，能不能主动向政府提出建议？如果有，如何完善升级？比如，网上有人说，如果采用大数据管理，很早就可以预警。这是客户型公司应当做的。

几点说明

1. 木桶效应。五种战略导向的公司说明了企业之间核心竞争力的差异，但并不是说每家公司仅可具有其中一种能力，实际上每家企业这五种能力或多或少都有一点，区别在于能力的侧重点。

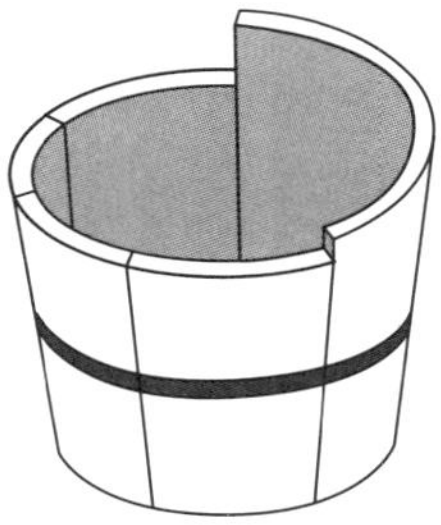

假设木桶（公司）由五块板（能力）组成，五块板分别是产品、技术、生产、产业、客户，哪种战略导向的公司意味着对应的能力成为木桶的把手，可以方便地把木桶拎起来，这个把手就是企业的品牌含义。我们知道汽车业里，沃尔沃以安全著称，宝马强调操控性能、驾驶乐趣，奔驰讲究乘坐的舒适感、奢华感，其实这三个品牌的同价位车型99%都是一样的，只有1%的差异，这1%分别是安全、操控、舒适，是各家企业品牌宣传的重点。生产型的设计公司除了有效的流程控制能力之外，也会做一些产品型的创新，掌握一些建筑技术，对产业发展（比如豪宅）做一些调研，理解前期策划定位、后期项目管理，对客户做一些研究、提一些建议，但最重要的是强化生产型公司的优势。

2. 不同类型的市场对专业化导向的需求有差异。比如博物馆建筑，这种建筑形式只应该是产品型公司去应对的，不能让生产型公司去批量生产博物馆，像世博场馆这种代表新技术发展理念的建筑也应该是产品型公司的作品。住宅建筑市场显然是以生产型公司为主，化工建设领域则需要东华科技这样的产业型公司。所以，在选择市场时，要弄清楚它对哪种导向型的公司有主导性需要，否则，你偏要在产业型公司为主的行业中寻找产品型公司的生存空间，几乎注定失败。

3. 五种专业化导向并无高下之分。我们千万不要纠结于建筑师的大师情结，非要把公司变成一个产品型公司。从理性角度来说，五种公司各有特色，关键是团队的优势在哪里？意愿是什么？我们想成为什么样的公司？很多设计公司在战略定位上的困局就是鱼和熊掌都想兼得，既想要产品型公司的味，又想要生产型公司的规模，行为上左右摇摆，颇多内耗。

4. 产品型、技术型、生产型公司面临的是行业内竞争，产业型、客户型公司会面临许多跨行业的竞争。产业链中原来从事其他环节业务的公司也有可能上下游延伸，发展成产业型公司，比如一些策划公司意欲发展设计业务。客户型公司间的竞争中，就更有可能碰上那些原来与设计界完全不搭界的对手了。

5. 不同类型的设计公司在日常管理上有很大差异。以人才差异为例，产品型公司核心能力在于创意，核心人才是大师或明星。生产型公司注重流程能力，那些有能力通过 WBS 把设计过程拆解成若干可控环节的技术人才很重要。产业型公司以技术为出发点，注重上下游的延伸，所以核心人才是能把技术不仅用于设计环节，而且应用到产业链的其他环节的。一般来说，产业型公司的人才来源之丰富远超过产品型、技术型、生产型公司，在这方面客户型公司比产业型公司更是有过之而无不及。

6. 设计公司是否应该上市？近几年，“设计公司是否应该上市”一直是个热点话题。我认为这个问题本身就是个伪命题，无法回答。从五种类型的公司而言，产品型、技术型、生产型公司在企业发展过程中对资金的要求没那么大，大部分时候靠自有资金积累就可以实现滚动发展，不需要上市，更何况外来资本很可能会破坏智力型企业的内在运营规律。产业型、客户型公司的发展对资本有较高的需求，上市是解决资金来源的一个重要手段，所以可以谋求上市。而且在中国国情下，上市公司要比非上市公司的品牌价值高。当然，如果有其他融资手段，未必选择上市，因为上市有很多很苛刻的条件，对企业发展不仅有良性作用，也有些不利影响，所以要比较优劣选择是否上市。

7. 不同类型的公司在核心产品上是有区别的。同样是做城市综合体，产品型公司的作品必须为客户和用户提供新的空间体验，至于商业运营上是否盈利就不好说了，可能很好，也可能很糟，据说扎哈设计的北京银河 SOHO 商业部分的经营状况就很不理想；生产型公司的综合体设计应该是中规中矩的，不夸张但很合理；产业型公司则能从全方位考虑解决方案，客户是投资商，不同于产品型、生产型公司的客户是开发商。

第二节　设计公司的四个发展阶段

业务模式

2015 年 1 月下旬，我作为管理顾问，在上海参加了某设计公司的年度销售计划会议。与很多公司的计划会一样，经理们根据指标拆解汇报工作设想，领导们点评。会议效果一般，问题的关键不是经理们的销售计划是否可行，而是没有研发、市场支持，简单的接活—干活初级业务模式已无法在现在的市场中生存。

设计公司之间，不仅有五种战略发展导向的差异，还有所处发展阶段的差异。阶段差异主要表现在业务模式上，而不只是表面上的规模大小之分。

在企业初创时，接活—干活是两件最重要的事，甚至是唯一重要的两件事，换成管理上的术语就是销售—运营。随着公司越来越大，有了一定规模，问题就来了。首先是人多了，接活的量也必须水涨船高，只靠一两位老总接活，市场形势好的时候还好办些，现在市场变差了，接活越来越难，老总整天在外面跑单，没时间处理内部事务，问题颇多。而且，一个人的力量总是有限的，企业规模反而受老总销售能力制约。有的公司组建了经营部负责接活，但运作下来，发现老总不出面还是不行，经营部员工最多只能打个下手，办理点事务性的工作，难以被甲方信任。还有的公司试图引进有销售能力的合伙人（董事），但资源总是有限的，而且有销售能力的人更愿意自己开个公司。

如何摆脱这样的困局？这意味着在业务模式中要加上一个环节——市场。

在管理概念中，市场（Marketing）和销售（Sales）都是为企业获得客户订单而做的营销工作，但两者的工作方法有区别。Marketing 是提升企业的品牌影响力，维护品牌形象，扩大企业在目标客户群中的知名度，促使客户在有需求时，会想到

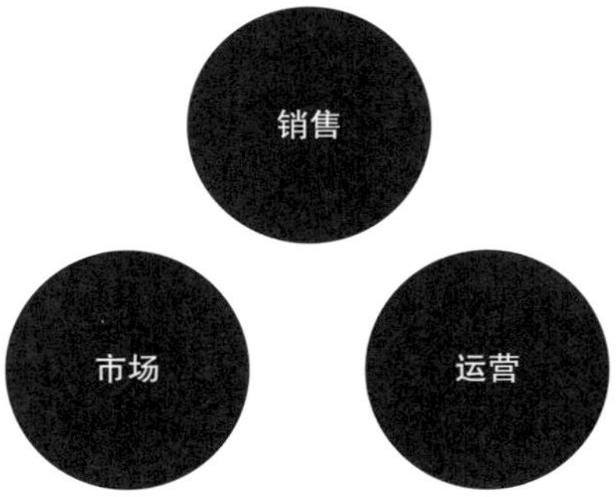

市场意识

该企业，Marketing 通常不针对具体客户或具体项目。Sales 是在产生销售线索时，运用销售方式和技巧，与具体客户就具体项目达成合作协议。所以，市场（Marketing）和销售（Sales）是上下游的关系，也是相互依存的关系。企业在 Marketing 上的投入是否有成效最终反映在 Sales 的成果上，Sales 也必须得到 Marketing 的前端支持。

企业品牌有了市场价值，员工（而不只是老总）就可能参与销售了。比如 5000 人规模的 CCDI，早已不可能靠赵晓钧、单增亮两位老总去做销售了，CCDI 的经营团队有数百人，每年新签合同额几十亿元。客户凭什么信任一名销售经理呢？因为 Marketing 已经告诉客户，CCDI 是一个怎样的公司，有哪些技术特色、成功业绩，客户知道销售经理是代表公司来洽谈业务，而不是代表他个人。这是一种组织化的营销能力，而不是个人化的营销能力。CCDI 之所以从 2003 年开始有快速的发展，其中一个重要原因就是他们在设计行业之中率先做了 Marketing,是最早有市场意识的公司。

营销有主动式和被动式两种，设计公司一般的销售途径可能有：回头客、通过关系介绍来的新客户、优秀项目吸引来的新客户、听说项目信息后再拐弯抹角找关系联络上的。由于没有在 Marketing 上的主动投入，这些途径都属于被动式营销。设计公司作为智力型组织，是专家式（顾问式）销售，与传统行业的销售方法有很大区别，主动式营销不是打骚扰电话、发短信，更不是上街派发名片、宣传单。我们都知道，甲乙方之间谁先打第一个电话对今后的合作关系往往有很大影响，尤其是当客户被企业品牌吸引而主动寻求合作时，设计公司在商务谈判中能相对处于有利地位。设计公司主动式营销应表现为 Marketing 主动、Sales 被动。

形成市场—销售—运营的业务模式，新的问题又产生了，公司里接活的（市场和销售）和干活的（运营）两拨人天天吵架。干活的经常抱怨接活的：你们这帮人不懂技术，接了不少乱七八糟的活，设计周期不合理，工作量那么大，设计费又低，甲方的什么要求（合理的、不合理的）都敢承诺，搞得设计师们手忙脚乱，没法安排项目计划，临时加班成了家常便饭。接活的对干活的也很有意见：接个活容易吗？哭爹爹告奶奶好不容易把合同签下来，你们还一堆抱怨，你们知道在外面有多辛苦吗？经常在别人办公室门口等一个上午就只打了一个照面而已，热脸贴冷屁股的滋

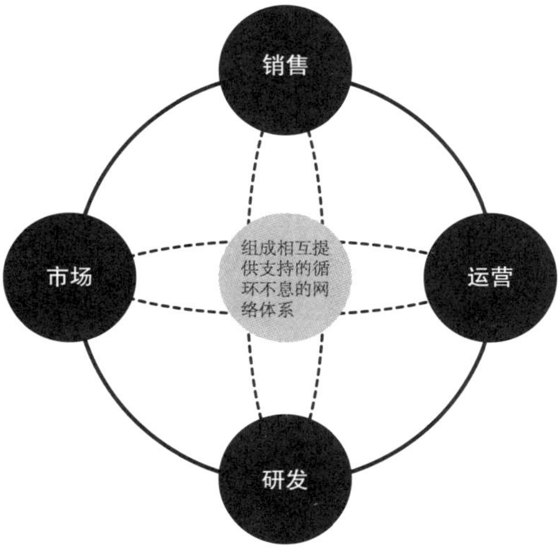

味你们尝过吗？还有那么多应酬，要当三陪，好不容易接个活，你们还不愿意干，不信你们去接活试试看。大家的抱怨都有一定道理，这就意味着业务模式还有需要完善提高的环节，这个环节就是研发。

我们知道技术导向型公司是必须要先做研发的，比如深圳建研院以绿色技术体系在中国南方地区享有盛誉，他们在多年前开始聚焦这个细分市场时，花了很长时间、聚集很多人才去研发，对各种绿色技术进行了大量技术总结和提炼，形成一套适合当前中国国情的技术体系，并且系统性地持续不断在研发上投入，以保持领先地位。在体系的基础上，深圳建研院开始做 Marketing，参加各种形式的论坛、研讨会、授课等等，谈的都是这套技术体系、产品体系和成功案例，这些都是有效的市场渠道。市场宣传获得了部分听众的认可，反馈信息产生了销售线索，洽谈成功后干活就很简单了，因为干活就是把已经研发成功的技术体系应用到具体项目中。

研发的内核是公司针对目标市场的技术研究，在此基础上的外在表现形式有两个：产品研发和流程研发。前者用于市场推广，后者用于内部运营管理（研发体系更详细的内容见本书第七章）。

这样，研发—市场—销售—运营的业务模式形成了良性的业务循环。以同样是智力型企业的 ADU 为例，2008 年 4 月，我创办了专门针对设计行业的 ADU 企业管理咨询公司，首先花半年时间做研发，那半年我在上海交大的一间办公室里，每天就是看书、思考、写东西，把在设计行业多年的管理体验进行理论整理和提炼，形成一套对智力型企业的管理理论。在此基础上，我开发出管理研讨会、战略顾问、咨询项目、培训等四种产品以满足客户的不同需求。之后我开始做市场推广，渠道包括在同济大学、清华大学、北京大学的设计总裁研修班讲课，参加 *Archina*、《di 设计新潮》等媒体主办的论坛、研讨会等等。在这些活动中，我结识了很多行业中的新朋友，有些朋友认可了我的管理理论，并主动与我洽商合作方式，也就是在上述四种产品中选择合适的组合，ADU 的大部分客户都是听了我的课来找我的。合同签订后，执行合同并不难，因为这四种产品我都研发出对应的课件和流程。合作过程中，一方面我帮助客户在管理上提升，另一方面客户也给我启发，促进我在研发上持续推进，2013 年初出版的《白话设计公司管理》一书就是四年多来持续研发的一个总结。

2013 年下半年，ADU 的产品进行了一次大的升级，可以说是从 1.0 升级到 2.0，推出了新的核心产品——三天三夜的“设计公司战略管理实战训练营”。一年多时间，分别与 Archina、CBC 合作，在上海、北京、深圳、广州、天津办了十几期，有二百多名学员。名为培训，实为与行业同仁们相互交流提高的过程，我自己也受益颇多，ADU 的管理理论更加趋于完善、丰富和扎实，学员们提供的实践案例也极大地充实了课程内容，学员们之间的交流、合作更是延伸到课堂之外。准确地说，本书是由我执笔对这门课程进行总结、提炼，所有学员都参与了这本书的创作。围绕这个核心产品，内训、顾问、咨询等产品也相应升级。也正因为如此，ADU 的产品单价每年都上涨。不过，顺便说一句，讲课实在是个脑力加体力的活，每次讲完课，两条腿都肿了，需要好几天才能消退。

“设计公司战略管理实战训练营　广州”现场照片

以上的论述都是从乙方角度看业务模式，不妨换个角度从甲方角度看研发—市场—销售—运营的业务模式。以买车为例，我们（客户）基本上都是通过各种渠道的广告了解汽车厂商的，这就是他们的 Marketing，广告传递给我们的信息主要有两个：品牌特色（技术体系的特点）和车型（产品体系），而且不同厂商针对不同的客户群选择不同的市场渠道，比如在上海就没有中低档车的广告，因为上海车牌的拍卖价已近十万元，能买车的一定会买中高档车。当你有买车（或换车）的消费需求时，脑子里会出现一些品牌或车型，然后到 4S 店看车、试驾，这就进入了销售环节。当你基本确定了某一款量产车时，就接受了厂商的产品体系，只能在给定的选项中选择配置和颜色。

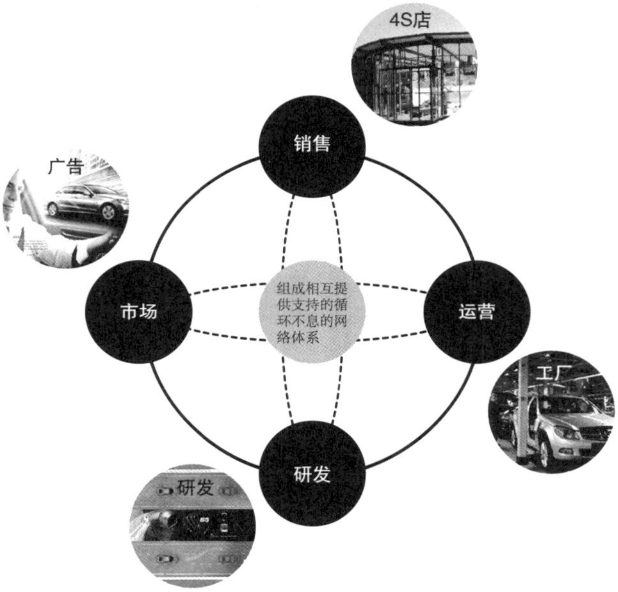

买车的过程中，你只能接触到厂商的这两个业务环节，不过你一定知道厂商有车间，流水线上生产的某一台车将来就是你的座驾。不过，汽车厂商最重要的是研发环节，研发出来的车型用于广告宣传，研发出来的流水线工艺决定了工厂如何组织资源和流水线生产。

如果你在 4S 店看中了一款车，但只有 7 种颜色可选，而你想要第 8 种颜色，销售人员一定告诉你 NO，接受客户的合理需求，拒绝不合理需求。当然你如果愿意给 10 倍的价钱，或许他会说 YES。那么什么是合理需求，什么是不合理需求？汽车厂商认为合理的就是经过研发的，不合理的就是没有经过研发的。你给 10 倍的价钱，就额外给了他研发费用，不合理的就变成合理的了。

设计行业与汽车行业不同的是，甲乙双方在生产中存在相当深度的交互式过程，这就更需要我们关注研发对生产运营环节的指导作用。

五种战略导向的设计公司都是需要做研发的，不同的是侧重点不同。随市场开放逐步成长起来的民营设计公司在研发上的困境是：能从事研发的人才往往就是生产一线的核心技术骨干，即便明白研发的重要性，却在资源投入上捉襟见肘。企业在投入研发的初期，可以选择细分市场中具有典型意义的项目，结合具体项目展开研发。有些项目的目标不仅是完成设计、收到钱，还必须总结提炼出一套应对同类项目的技术方法。尝到甜头、研发意识提高后，再成立研发中心，组织一些技术力量，开展必须脱产的研发课题。研发中心是企业研发环节的组织机构，并不是只有研发中心的员工才可以承担研发课题，有一定经验的一线员工都可以申请课题立项并参与研发，这个过程既支持了员工成长，也帮助企业发展。

有人说，只有销售—运营的初级业务模式相当于骑两个轮子的自行车，能走但不快也不稳；加上市场，相当于三轮车，稳当但也不快；再加上研发，就是开汽车，又快又稳当。

设计公司的四个发展阶段

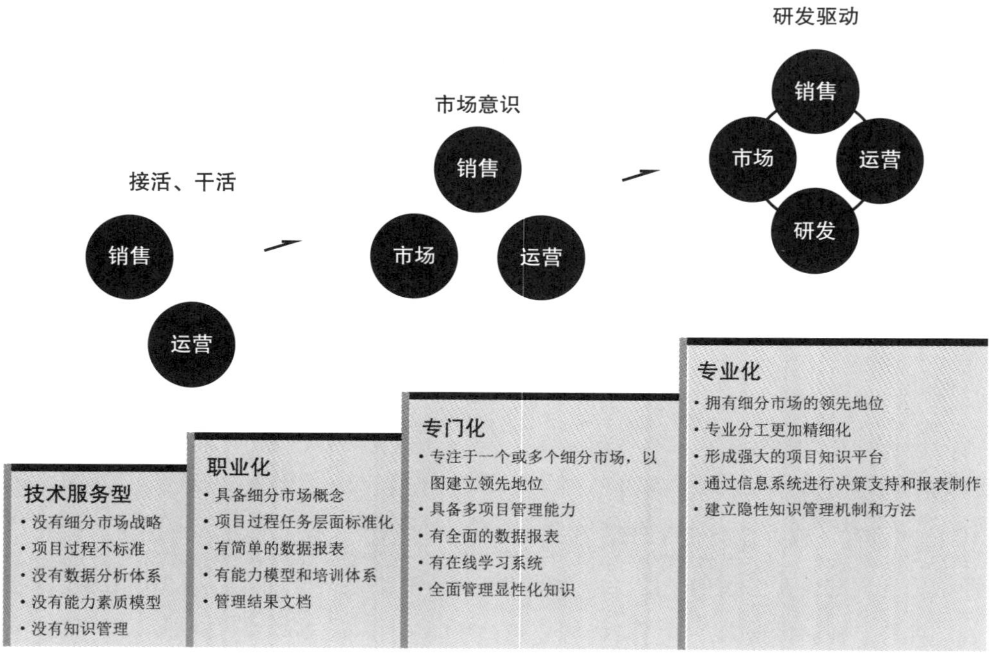

理解了研发—市场—销售—运营的业务模式，我们就知道大部分民营设计公司还处于比较初级的企业发展阶段。可以把设计公司分为四个发展阶段，分别是技术服务型、职业化、专门化、专业化阶段。技术服务型公司就是强调服务好，以基本的技术能力加体力为客户提供服务；职业化公司脱离了作坊式的公司管理格局，开始有企业经营管理意识，员工和公司用职业化的视角看待市场和管理；专门化的公司开始聚焦于一个或多个产品，逐步积累经验、技术、品牌，内部管理基本完善；专业化的公司已经形成高效的业务模式，确立了牢固的市场地位，管理系统支持员工快速成长，人才辈出。

在与外企（不是那种挂羊头卖狗肉的假外企）的合作中，我们会时常把生产型公司误以为产品型公司，这是因为企业发展阶段的差异。一些大牌生产型外企已处于专业化阶段，而我们处于比较低层次的技术服务型阶段，所以我们认为他们很有想法、很有创意，其实这些都不是创新，他们早就总结、应用过多次，只是我们不了解而已。比如 SOM 和 KPF，可能都给我们产品型公司的印象，但对这两家公司都比较了解的朋友告诉我，SOM 更像产品型公司，而 KPF 更接近生产型公司。以商业建筑设计著称的杰德和凯里森相比，杰德是产品型公司，凯里森是生产型公司。国内不同地域的设计公司间也有这种现象，一线城市的大牌设计公司面对三四线城市的开发商时，提出的一些常规理念可能被认为很有创意。

过去十几年，不论是不是产品型公司，也不论主动或被动，外企在中国大都扮演着产品大师的角色。“奇奇怪怪的建筑”这个说法出来后，外企的生意大受影响，最近我在美国洛杉矶拜访的两家设计事务所都问我“奇奇怪怪的建筑”是什么意思。其实，进入中国市场的很多外企是生产型公司，设计讲究理性和技术，并不是夸张的造型或特殊空间体验，他们在国外都有自己成熟的产品。但是，由于建筑产业的强烈本土性，中外的产业生态（包括政治、法律、经济、技术等等）差异巨大，外企的成熟产品不可能照搬到中国，而不少外企根本没有意识到这个问题，再加上过去十几年卖资源（方案设计）就能赚钱，也不需要进行本土化产品开发。未来，还想在中国发展的设计领域外企该在产品研发上投入了。实际上，其他行业（如汽车、快消品等）中的外企也曾走过类似的弯路。

第三节　设计公司的战略定位矩阵

现在回过头再看下面这张定位图。

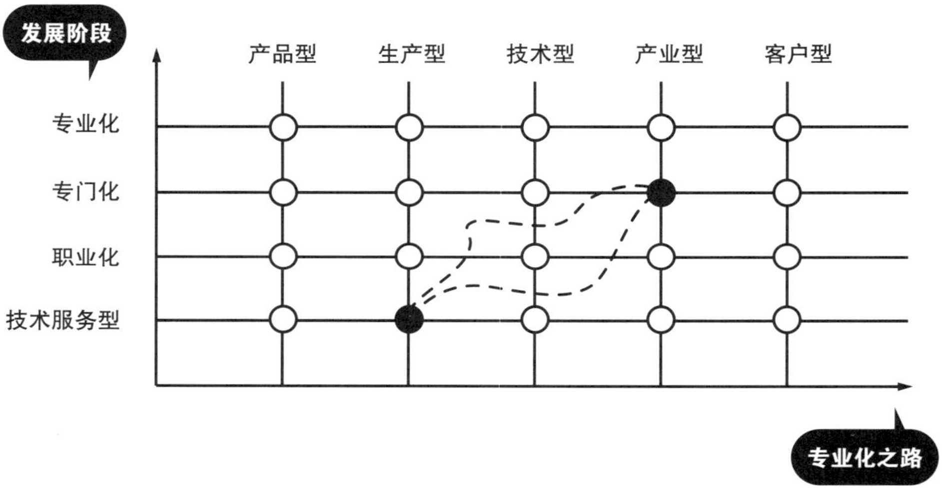

所谓战略定位，就是在这张图上标出两点，一个点表示企业现在所处的状态，另一个点是期望的未来发展方向。在我所经历的多家设计公司内部战略研讨中，大部分高管对企业现状位置能达成基本共识，但对未来发展方向的选择差异却非常大，这也是在日常工作中高管之间对一些经营管理行为产生争议的根源之一。

企业的管理进步常被称为管理转型，根据上面的战略矩阵图，可以把管理转型分为三个层次的转型：第一种是管理体系的补充完善，是渐进式进步；第二种是管理体系的升级，转型成功的标志是企业迈进上层次的发展阶段；第三种转型是战略发展导向的转变，意味着企业核心竞争力的变化。

这三种转型一个比一个难度大，成功率一个比一个低。特别是在第三种转型中，如果想从传统设计公司转型为产业型或客户型公司，内部会有巨大的阻力。企业的文化氛围、治理结构、运营模式、人才结构都要发生根本性变化，公司里会出现学经济学、社会学、法律、金融、贸易等等很多不同专业的人才，而且位居重要岗位。2008年，阿特金斯在英国的1万多名员工中，建筑师只有381名，这还是我们概念中传统的设计公司吗？此外，产业型和客户型公司对外部资源能力的要求很高，与传统设计公司有天壤之别。

2014年11月初，我在厦门参加CIID中国建筑学会室内设计分会第24届年会时，同台演讲的嘉宾有香港的梁志天先生和美国HBA的李鹰先生。梁志天先生在演讲中谈到，在江河创建集团以3.5亿港元收购梁志天设计师有限公司后，SLD将成为公司的品牌，而不再以梁志天个人为品牌核心。这大致意味着产品型的梁志天设计师有限公司要转型为生产型的SLD。

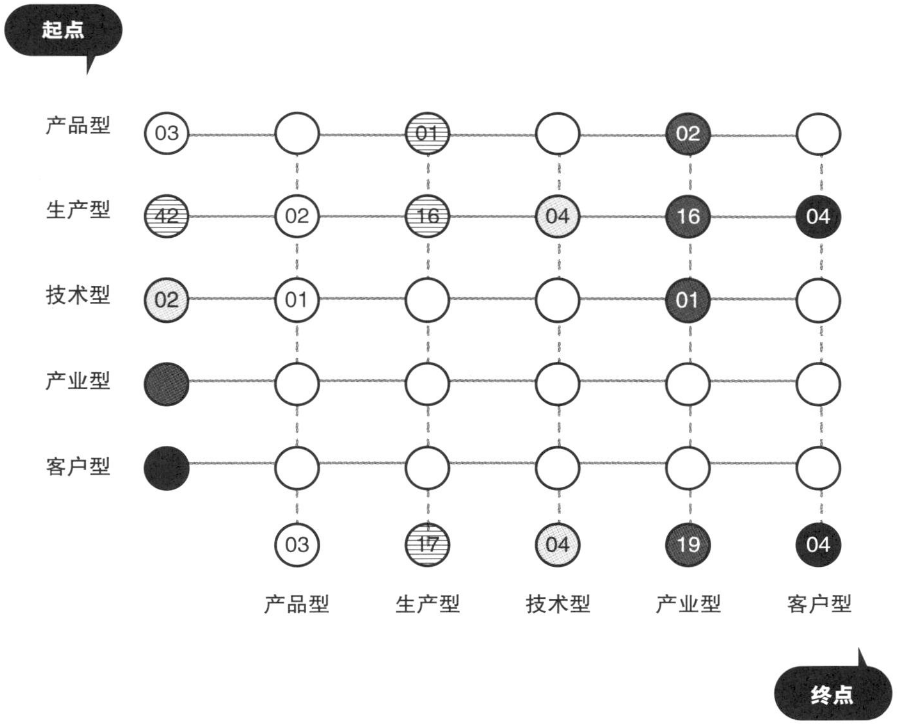

上图是“设计公司战略管理实战训练营”课程中，各小组（虚拟公司）的战略定位汇总。可以看出，起点以生产型公司占绝对优势，这与行业现状吻合。在展望未来发展方向时，产业型公司的比例最高，诱惑着实不小啊。

起初定位为生产型的42个公司中，有2个公司希望转型为产品型公司，16个公司希望继续在生产型公司的路上提高发展，4个公司期望转型为技术型公司，还有16个公司将产业型公司作为自己的发展方向，4个公司希望转型为客户型公司。

第三章

顶层设计

战略定位　顶层设计　组织架构　产品战略

顶层设计是公司最核心资源的一种组织方式。

公司与企业

经济组织在法律结构上主要有两种类型的组织形式，一类是受《公司法》保护的公司，另一类是受《合伙企业法》保护的合伙企业。公司有两种，有限责任公司和股份有限公司；合伙企业有三种，普通合伙、有限合伙和特殊普通合伙。在中国，绝大部分设计公司是有限责任公司，上市公司都是股份有限公司，也有少量的合伙企业——事务所。我们通常把“公司”、“企业”混用，用来指代经济组织（在本书的其他章节中也是如此），但实际在法律、税务意义上，两者有区别。

现代经济中，各种资源都被尽可能地用货币标价，以利于评估、交易。组建一个公司需要一些初始资源，如资金、资质、场地、设备、技术专利、品牌、渠道、业绩、人才等等。如果这个公司实质上只有一个投资人，那么他就拥有 100% 的股权；如果这些资源来源于不同的投资人，就需要把这些资源标价，投资人之间达成共识后，按比例分享股权。这里的问题是，资金、场地、设备等“硬件”容易标价，而且价格伸缩度不大；而技术、品牌、渠道、人才等“软件”不易评估定价，即便定价了，弹性也非常大。公司发展过程中，股东之间利益纷争的原因之一就是对“软件”的价值贡献度有不同看法。

智力型组织由于“软件”资源价值超过“硬件”，更有所谓的“湿件”之说（百度百科：湿件是储存于人脑之中、无法与拥有它的人分离的能力、才干、知识等），使得对传统行业比较适用的公司制在智力型行业未必合适。从现象来看，很多欧美的智力型行业，如律师、会计师、咨询、设计机构采用的组织形式是合伙制。也许，资源的重要性权重偏“硬件”的行业，公司制相对合理；在“软件”和“湿件”的权重较大的行业，合伙制比较合适。

产品型、技术型、生产型的设计公司是比较典型的智力型组织，人才是第一位的资源，精确地说，是人才所具备的“能力”，适用合伙制。可以设想，一个初创的有人才的设计企业，比一个有资金但没有人才的公司更有潜力。产业型和客户型公司的核心资源丰富多了，除了人才，其他类型资源的权重也很高，所以公司制可能较为合理。

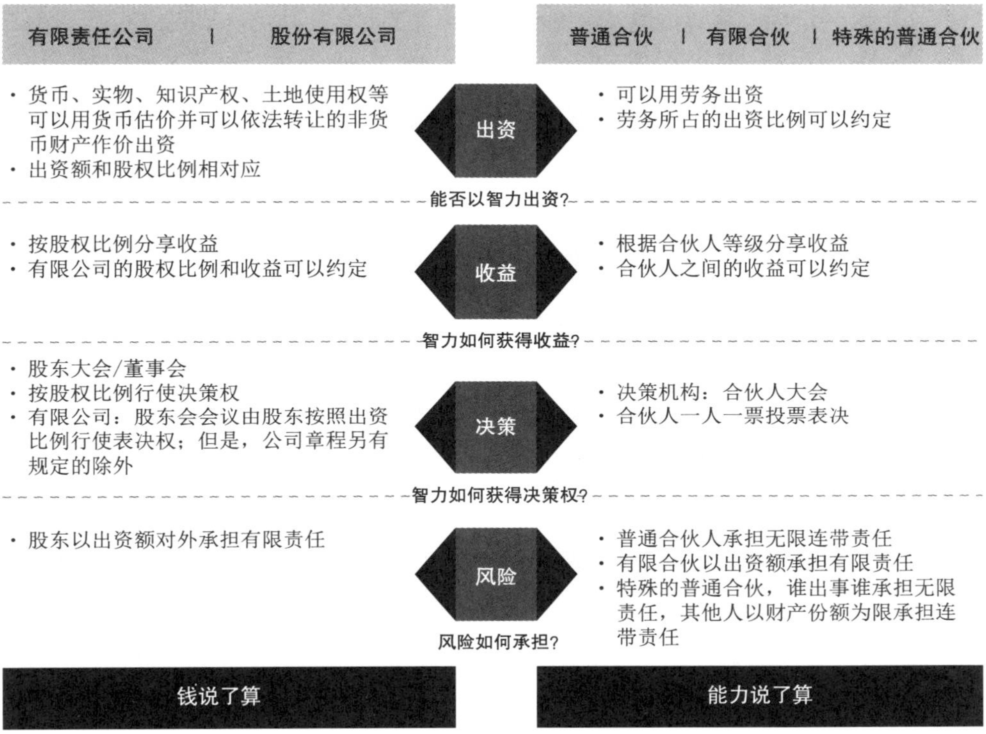

顶层设计的三要素

不论是公司还是企业，顶层设计都必须回答三个问题：

1. 什么资源是核心资源，应该进入组织的顶层架构中？进入、退出和升降机制如何？

2. 如何分享收益和承担风险？

3. 如何参与重大决策？话语权的份量如何？

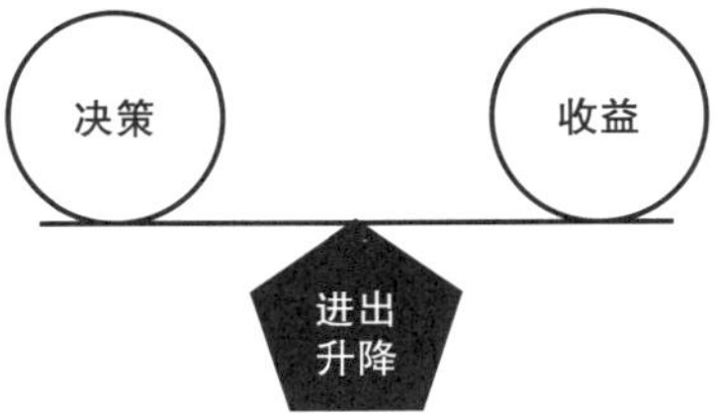

所谓顶层设计，就是把这三件事谈明白、写清楚。

公司把各种资源折算成货币后，以此作为顶层设计的依据。大多数公司的股权（股份）多寡决定了收益（风险）分配比例和决策权权重，即“钱说了算”，顶层设计要素三合一。

（合伙）企业则是“能力说了算”。能力说不清道不明，难以量化，也不稳定。为什么很多公司按照产值提成发薪酬？因为能力是变化的，用产值提成回避了管理责任，但可以在行业初级阶段适应能力变动的状态。其实，志同道合的伙伴们之间，能力的甄别不是什么问题。所谓能力不好测评，是因为大家重面子，不好意思说。当然，存在不同意见是正常的，可以沟通，达不成共识别合伙嘛，强扭的瓜不甜。

与公司对核心资源的相对“静态化”的视角不同，（合伙）企业对“能力”的视角是“动态的”，合伙人的变动频率（进出升降）可以较高。在收益分配上，合伙人之间可以按等级有不同；在决策权上，可以一人一票，也可以按合伙人等级有区别。总之，顶层设计三要素之间，权责未必一致。

中国设计行业的合伙制误区

1. 伪合伙制。有设计公司老总告诉我他们是合伙制，有四个合伙人，分别拥有10%、15%、20%和55%。这实际上是有限公司的股东，不是合伙人。合伙人可以有等级之分，但没有股权比例之说。

2. 固化而不是动态。很多公司的合伙人资格、等级以股权方式锁定，没有进出升降机制，与“能力”的动态变化规律不匹配，即便付出重大代价调整一次，也是用一种固化代替之前的固化。

3. 机制不明确、不透明。不少公司的创始人对顶层三要素（进出升降、利益分配、决策权重）说不清道不明，没有标准，或者不公开透明。结果是有人认为自己有能力成为合伙人而没进入，或是认为有的合伙人能力不足以胜任，这是设计公司核心人才动荡的主要原因之一。千万注意，这里说的标准不是指量化标准！而是大家认可的游戏规则。

4. 仅按历史贡献评判合伙人资格。合伙人应该是被认为能带领企业走向未来的，所以原则是“尊重历史，向前看”，重要的是能力。

2014年是中国民营设计公司发展历程的第二十年，第一代民企的创业者们已过五十岁，顶层设计改造已是当务之急，否则公司的延续性堪忧；对第二代民企来说，亡羊补牢为时未晚。

有限公司合伙制

就经济责任而言，公司承担有限责任，合伙企业则需要承担无限责任（三种合伙企业在责任的分担方式上有区别，但终归有人要承担无限责任）。所以，合伙企业的经营风险远大于公司。中国目前的行业游戏规则支持的是公司制而不是合伙制，同时行业风险也越来越大，所以是否可考虑“有限公司合伙制”，即在公司的法律结构下，内在治理结构采取合伙制，以匹配智力型组织的逻辑。实践中，有很多希望汲取公司制和合伙制优势的组合性尝试。比如马云在纽约为阿里巴巴上市路演，其治理结构可以视为在股份有限公司的法律结构下，以合伙人团队持有公司的决策权。

民营设计公司基本上都是有限责任公司，股东是创始人。在发展过程中，有的公司会吸纳个别核心骨干为小股东，但创始人一般会保留控股地位。与此相对应，这个创始人的高度决定了公司可能达到的高度。当创始人处于事业上升期或高峰期的时候，上述结构显露的问题不大。一旦创始人的退休问题提上日程，原来的股权结构很可能成为障碍。

针对智力型组织的延续性问题，有几个基本前提需要厘清：

1. 与传统行业不同，智力型组织一般不可能以血缘方式传承，也就是说股权不可继承。实践中大多数智力型组织的股东或合伙人都在退休的同时退股。原因很简单：财富可以继承，智力无法传承。

2. 毋庸置疑，设计公司的创始人一般都是个“全能型人才”。在交接班时，常规思维是再找一个年轻的“全能型人才”，把公司交给他。无奈这条路基本不通。若想公司可持续发展，必须在创始人阶段完成“个人驱动”到“组织驱动”的转化。

3. 由“一股独大”转为“有限公司合伙制”，需要运转磨合时间，所以应至少在创始人计划退休前的 5 ～ 10 年完成改制。

在上述前提基础上，我提出如下改造构想供参考。

改制前的公司，股权由创始人（一个或几个）100% 持有。改制后的公司有两个股东，一个是合伙企业，持有 70% 的股权；一个是创始人的“元老院”机构，以自然人或另一个合伙企业的方式持有 30% 的股权。

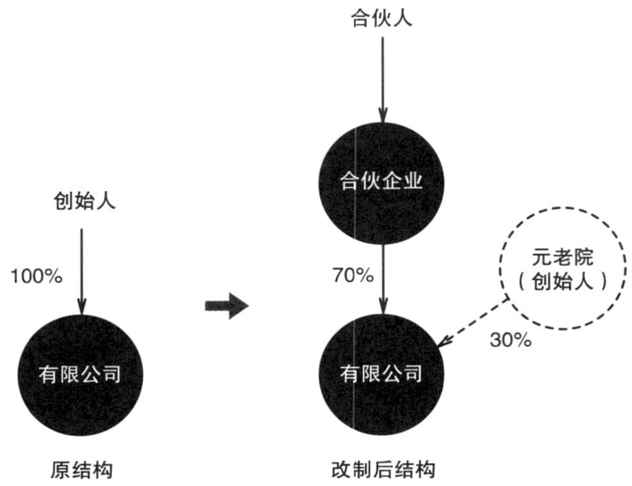

1. 改制后持有有限公司 70% 股权的合伙企业，仅为持股而设，不展开其他经营行为。

2. 合伙企业的合伙人均为有限公司里应该进入顶层的核心员工。

3. 创始人除以元老院身份享有 30% 的股权，在公司工作期间一般还享有合伙企业的合伙人待遇。

4. 合伙企业中的合伙人可分级，如一、二、三级。三级合伙人在分红权上可以有 4：2：1 的比例；在决策权上，一、二级同权，一人一票，三级合伙人没有投票权。

5. 创始人退休或离职后，不再拥有合伙人待遇，但仍保有元老院的股权一段时间。元老院股权不可继承，其终结可有两种方式或两种方式的结合：逐年递减或是确定具体时间点，如创始人 65 岁时终结。

6. 元老院股权可为一次性设置，即仅为解决“有限公司”转为“有限公司合伙制”而专设，也可长期化，即在将来为公司发展做出重大历史贡献的一级合伙人也有机会享受元老院待遇。我建议一次性设置。

下面试举一个虚拟的案例：某甲级建筑设计公司，150 人，年收入 7000 万元，利润率 25%，可分配利润 1200 万元。

改制前，创始人已经给予 4 名核心骨干分红权，其中 2 名各 13%，2 名各 6.5%，共 39%。按上述年收入和利润情况，创始人和骨干将分别得到 732 万元、156 万元（2 名）、78 万元（2 名）的分红。同时，创始人独享决策权。

改制后，创始人成为一级合伙人，4 名核心骨干中，2 名是二级合伙人，2 名是三级合伙人。按上述年收入，创始人将获得 696 万元的分红（元老院的 360 万元和一级合伙人的 336 万元），二、三级合伙人获得 168 万元、84 万元的分红。重要的是，创始人不再独享决策权，而是与两名二级合伙人分享决策权。

这种方案在法律上能保障合伙人的地位和权益，但税务上可能存在可分配利润被双重征税的问题，虚拟案例中的分红金额没有考虑税务的差异。

必须说明的是，上述所有量化数据和分配比例、决策权重，仅为说明这个构想，感兴趣的朋友们一定要结合自己的情况考虑具体方案。

合伙人的产生

通常，合伙人的产生有三种路径：

1. 几名志同道合的创始人以合伙方式创业，成为创始合伙人。

2. 组织发展过程中，创始人或合伙人团队在内部和外部不断寻找志同道合的伙伴，并吸纳为合伙人。

3. 组织发展到一定阶段，由于惯性形成一定的稳定结构，组织对自身的转型升级和新生事物的吸纳能力受到制约。这时，有魄力的合伙人团队在考察新合伙人时，放弃对“志同道合”的要求，允许志同而道不合的“潜力股”存在，并支持这样的新人组建有高度自主权的独立业务单元，在其新产品、新业务成功之后正式吸纳为合伙人。这种方式在公司转型期比较适用，已有设计公司在实践中进行类似的尝试。这里的重点有两个，一是能否对“志同”达成真正的共识，二是能否做到真正地给予自主权。

在一家公司里，三种合伙人产生路径是可以同时存在的。

最后提醒一点，不少企业把合伙人大会、总经理办公会、模块管理会议（如运营例会等）等各不同层次的会议责任、权限混为一谈，把运营总监或总经理应该有决策权的事项都上升到合伙人会议上讨论，造成决策效率低下。

第四章

组织架构

战略定位　顶层设计　组织架构　产品战略

顶层设计是解决公司最核心资源的关系，公司其他资源则需要通过一种方式组织起来，这种组织方式被称为“组织架构”。

第一节　组织三轴——资源、流程、产品

资源　一个公司从无到有地发展起来，首先要有一些资源，民企创业一般是有几名设计师就可以开张了，这就是资源轴。资源轴当然是越多越好，越优越好，即量、质的增长。打个比方，就像打扑克斗地主，手上抓的牌比对手好的话，赢的几率就高了。所以，资源占优势的企业就是比竞争对手抓的牌好。设计公司的人才层次越高、数量越多、专业门类越齐全，就意味着抓的牌“好又多”，就可以选择玩比较高端的产品。在过去十几年中，评判一家设计公司（尤其是生产型公司）成功与否的标志之一是人员规模的增长，因为人员规模在一定程度上反映了公司资源轴的实力。资源不光是人力资源，还有品牌、资质、资金、公共关系、场地、技术等等。

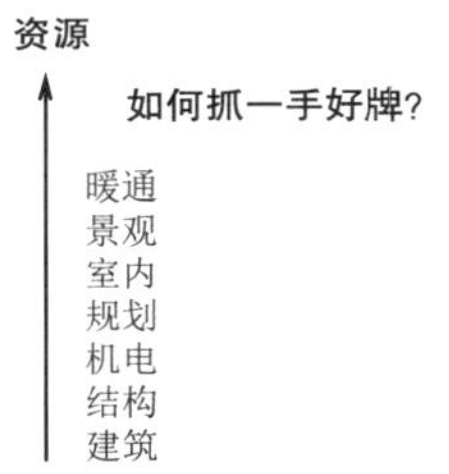

流程　资源增长到一定的质和量之后，企业的流程管理问题变成瓶颈，就是怎样把抓到的一手牌打好的问题。企业在既定的资源条件下，能否通过高效的业务流程使资源最佳地组织、发挥出来，是对组织管理能力的重要考验。对很多设计师出身的管理者而言，如何成为一个好的牌手，确实是个难题。业余象棋爱好者碰上国际大师，人家首先让你一车一马一炮，

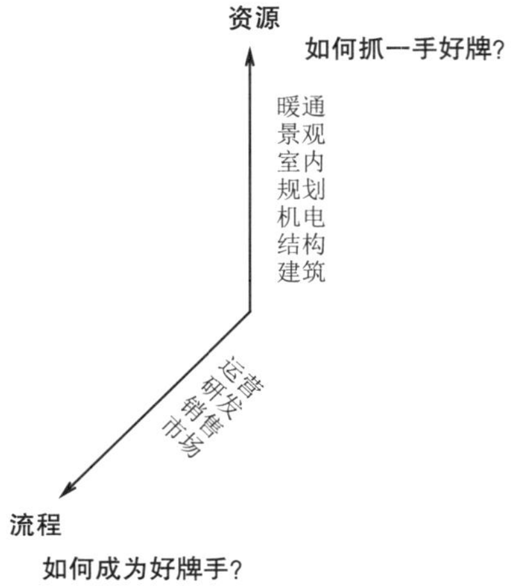

但你还是输，因为大师虽然资源不如你，但水平比你高多了，会用资源。行业中确实存在初始资源条件差不多的公司，几年下来实际经营状况相去甚远的情况。而且规模越大的公司，牌就越难打。

牌打不好有两种解决途径，一是把自己练成好牌手，不过这比较辛苦；二是寻求更强大的资源，以绝对的资源压住对手。民企只有前一条路可走，国企两条路都可以走，但以第二条路为主，尤其是央企，基本上陷入通过行政手段追求资源优势—不会打牌—追逐更大资源优势—更不会打牌—行政垄断的恶性循环中。虽然越来越多的央企进入世界500强，但是有几家获得大家的尊重？就像斗地主，每次发牌都把大小鬼、四个2发给国企，国企闭着眼睛都能赢，民企怎么玩都是输，即便是大师也得输。这样的游戏规则既糟蹋了资源，也练不出好牌手。

这个现象在设计行业没有那么明显，因为已经开放了二十年，但设计行业的国企资源力量仍然非常强大，这是体制决定的，只是他们还睡着，而且不大可能醒来。一旦国企知道如何成为好的牌手，民企的日子就更不好过了。民企之所以现在能在行业中有一席之地，一开始靠的是流程能力。比如，前面说过民企基本靠服务好起家，意思是服务流程在一定程度上比国企更能满足客户的要求。用有限的资源，先把服务做好。当然，现在仅靠服务好，已经远远不够了。

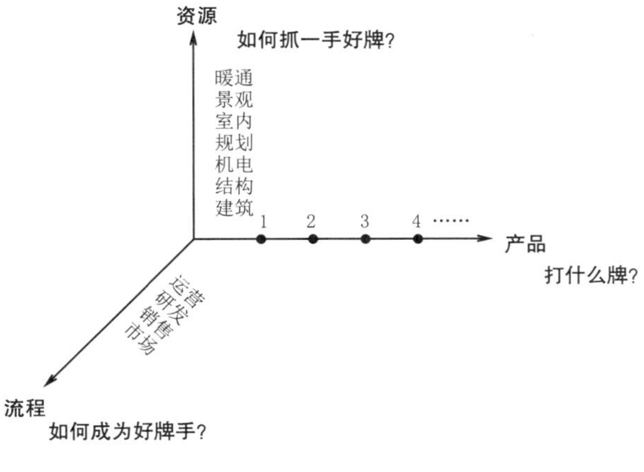

产品　有了一定规模和初级的流程，第三个问题来了——产品。产品是指企业在一定地域范围内，为满足某类客户的需求或需要，提供的任何东西，包括有形的物品，无形的服务、技术、观念，或它们的组合。也就是说，我们选择玩什么牌？是斗地主，是桥牌，是升级，还是德州扑克？扑克牌的玩法太多了，你不可能成为所有玩法的一流高手，因为资源——这里是时间——有限。产品选择本质上是价值取向决定的，如果喜欢赌，就会玩斗地主；如果偏好益智的游戏，就打桥牌；如果觉得是朋友间的玩闹而已，可以选择升级。企业在五种设计公司发展导向中选择走哪条路，推出什么样的产品，也是决策团队的价值偏好决定的。不少人不同意这一点，觉得企业的走向是由市场或资源条件决定的，我认为这是表面现象。正如狄更斯在《双城记》中所言："这是最好的时代，也是最坏的时代。"面对同样的市场，不同的人有不同的判断，有不同的企业行为。就像现在的市场，有人认为是红海，我觉得处处是蓝海。而面对同样的资源，有人认为是宝贝，有人认为是鸡肋。

管理学的很多理论是关于这三轴的。

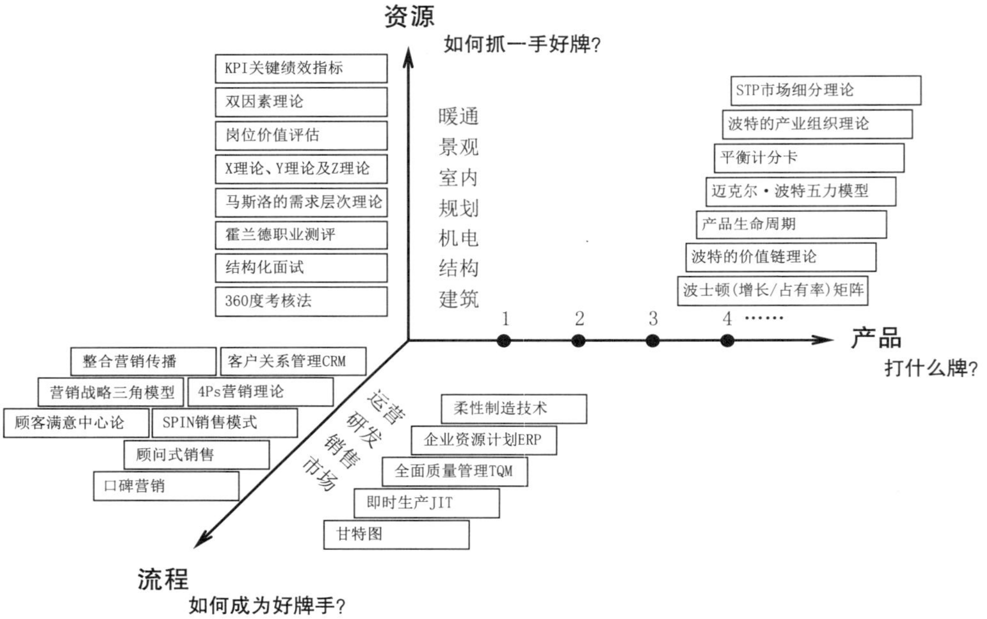

举个例子，看看足球的资源和流程的关系。

右页图中所列的是 2014 年巴西世界杯决赛圈，参赛球队最终名次与球员身价。球员身价大致反映了球队的资源能力，我们发现，资源和名次没有绝对的对应关系。前 16 强球员总身价约 33 亿欧元，而小组赛即被淘汰的后 16 支球队球员总身价也高达约 25 亿欧元，相差并不大，八强中甚至还有哥斯达黎加这个身价排在最末的球队。当然，资源还是有作用的，前 8 名的总身价远超过 9 ～ 16 名，17 ～ 24 名的总身价

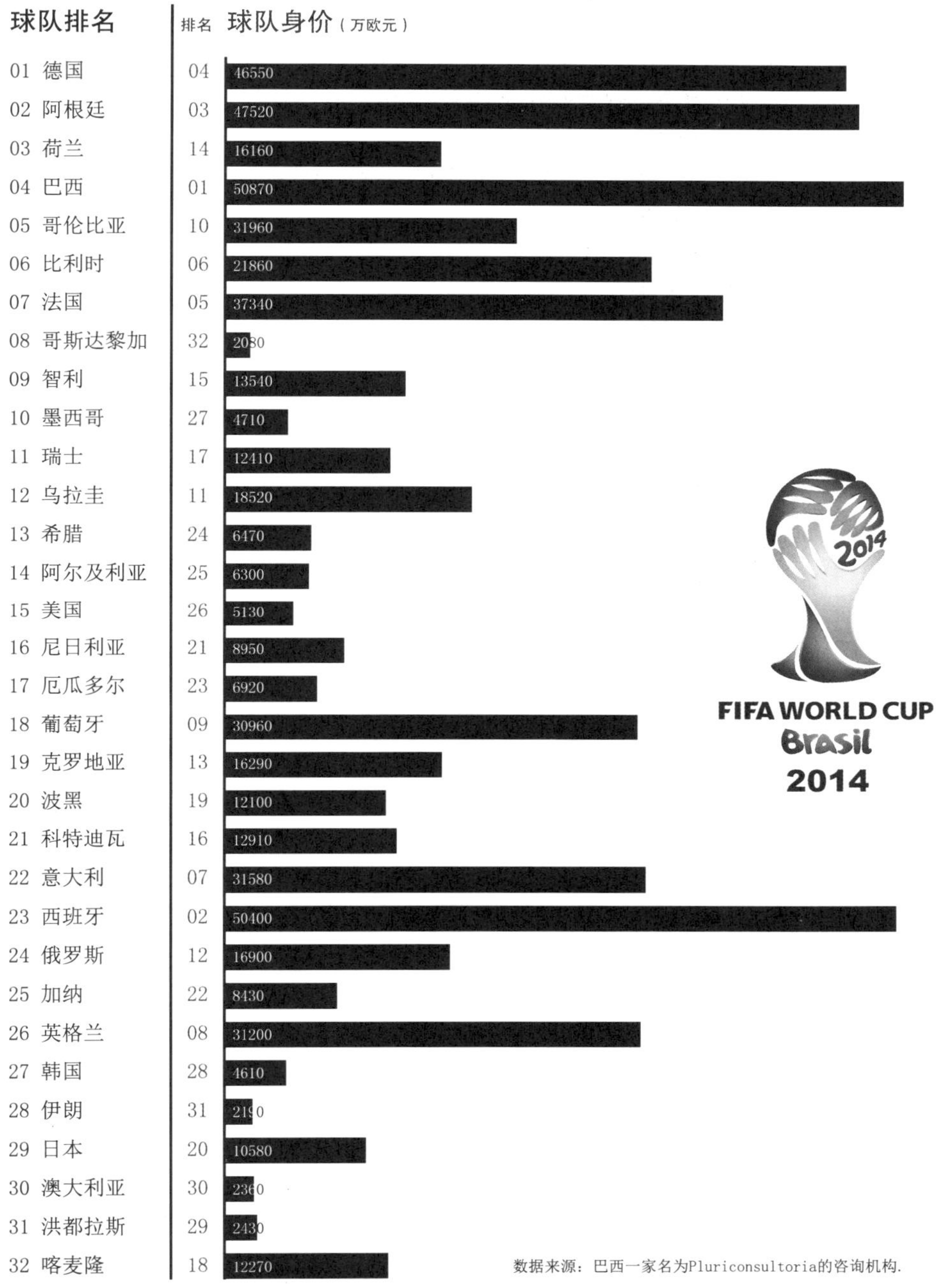

数据来源：巴西一家名为Pluriconsultoria的咨询机构.

也远高于 25 ～ 32 名。但资源也不至于起到决定性作用，针对性训练、有效的战术、教练的临场指挥、后勤保障等等流程轴上的事对结果有很大影响。

再看看下页图中所列的中国足球，这是 2014 年的中超最终排名，广州恒大一

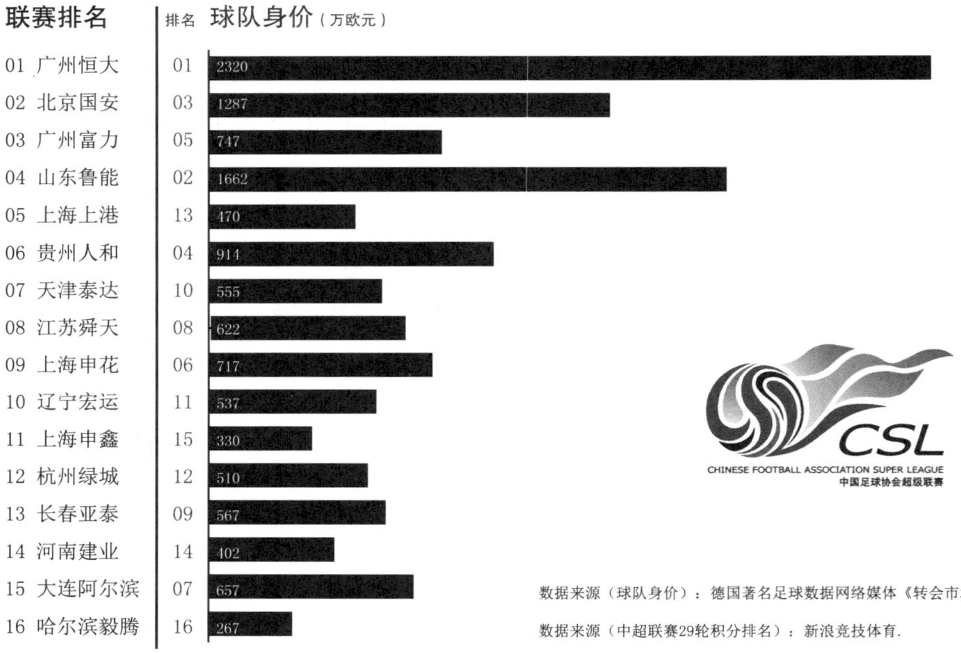

数据来源（球队身价）：德国著名足球数据网络媒体《转会市场》.

数据来源（中超联赛29轮积分排名）：新浪竞技体育.

枝独秀，资源排第一，名次也是第一，哈尔滨毅腾资源位列倒数第一，名次也一样。两张图一对比，就会发现中超球队资源和名次的排名吻合度比世界杯球队高多了。在世界杯赛场上，资源不一定决定一切，在中国，资源几乎决定一切。足球只是一个缩影，很多行业都是如此，设计行业也不例外。那么民企怎么办呢？作为民企，首先只能接受眼下资源弱势的现实，然后要知道必须把自己练成一个好牌手，依靠市场的力量去发展。不用羡慕国企的资源优势，他们也有流程的弱势。不要指望投机取巧，借鸡生蛋，挂靠国企之类的事，这种事儿只会惹出更大的麻烦。当然，这些话的前提是你真的想踏踏实实做好一家企业，而不只是趁行情好挣点钱而已。

这个举例中，产品已经定了，足球，不是篮球、排球。如果换成打排球、打篮球，这些球员大概一个都不行，资源得重组，流程要重构。

企业无论规模大小，总是在利用一定的资源，按照一定的流程，向客户提供一定的产品，所以资源—流程—产品三轴的能力或强或弱，或有意识或无意识都是存在的。小规模的时候，产品单一，产品轴的作用不明显，流程轴也往往隐含在资源轴中，组织架构表现为单资源轴发展的状况；随着规模增长，流程轴、产品轴应逐步从资源轴分离出来，以适应发展需求。遗憾的是，二十年来，大多数设计公司并没有随规模增长适时调整组织架构，仍停留在单资源轴的初级状态。

第二节　直线式和矩阵式

直线式和矩阵式是管理学上两种典型的组织架构，也是设计公司最常用的形式。

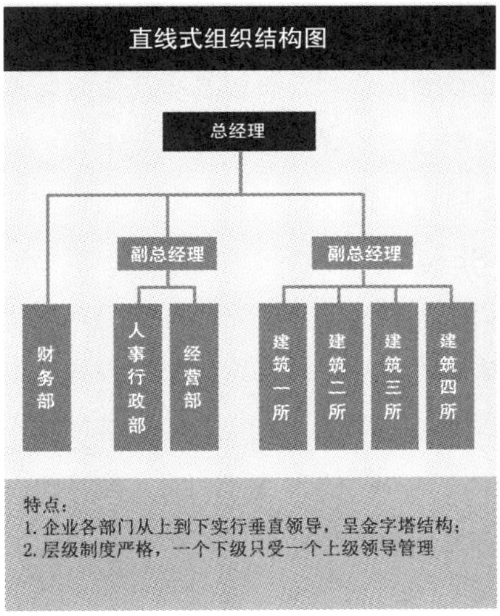

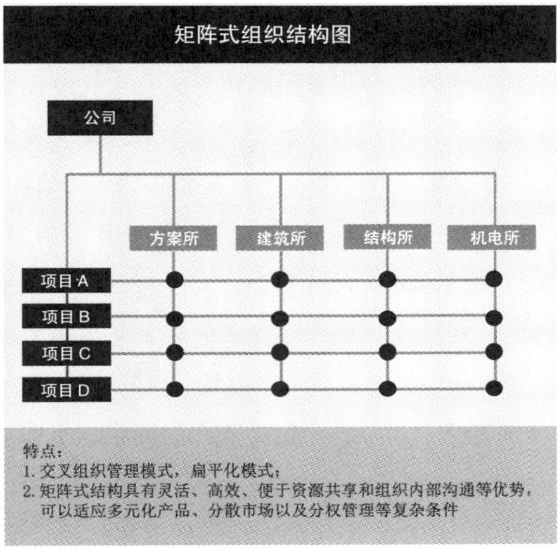

以一百多人的小型设计公司为例，常规职能部门（如财务部、人力资源部、经营部等）在两种结构中没有什么区别，关键不同的是一线业务部门。在直线职能式结构中，业务部门分为一、二、三、四所，都是综合所，各专业都有，所长有很大的自主权。来了个项目，交给某个所长就可以了。矩阵式结构下的所是专业所，如建筑所、结构所、机电所，所长是资源经理。这时来个项目，交给哪个所长都搞不定，必须公司出面组建横向的项目组，组员来自各个不同的所，由公司任命项目经理来负责完成这个任务。

直线式的金字塔型结构分级授权，简单明了，貌似简单，实则对资源的要求很高，各级领导都必须是全能型人才。尤其是身处第一线的所长，必须什么都能干，项目上能接活、能干活、能收款，所长是所内所有项目的项目经理；在团队管理上，所长要能招到人、会管理员工、培养员工；最好还能研究一下产品。也就是将上面说的资源—流程—产品三轴上的事全干了。这种思维认识下，好公司就是由一群各层次的全才组成的，总经理比副总经理牛，副总经理比所长牛，他们都能够全方位地解决项目中的所有问题。

矩阵式结构是在直线式基础上，增加一种横向的组织合作关系，它将管理部门分为两种，对设计公司来说，一种是资源部门（专业所），另一种是为完成某一项专门任务（如项目的设计）而由各资源部门派人联合组成的专项小组（项目组），并指定专人（项目经理）领导，任务完成后，小组成员就各回原部门。如果这种专项小组有若干个的话，就会形成一个为完成专项任务而出现的横向系统。这个横向系统与原来的竖向系统就组成了一个矩阵，因此称矩阵管理。也就是说，矩阵管理中的员工是双线汇报的模式，一条线是业务流程上司，一条线是专业发展上司。前者关注你的工作绩效，后者负责你的人力资源管理。

关于矩阵结构最早的实践是 ABB 的前身 ASEA，一家瑞典公司。1979 年巴纳维克出任 ASEA 总经理时，着手对公司的组织架构进行改革。首先，他把公司扁平化，并在公司拓展国际业务时将公司重组为全球矩阵组织。这种组织架构方式，不仅可以使公司提高效率，而且可以降低成本，同时，也因其良好的创新与顾客回应，而使其经营具有差异化特征。这种组织架构除了具有高度的弹性外，而且能够使各地区的全球主管接触到有关各地的大量资讯，它为全球主管提供了许多面对面沟通的机会，有助于公司的规范与价值转移，因而可以促进全球企业文化的建设。

矩阵式组织强调横向合作关系，开放式的组织文化。在运营管理上可以打破所与所之间的壁垒，为项目配置合理资源。所长回归到资源团队人力资源管理者的角色，职责是支持所里同事的成长和职业发展，所长甚至未必是专业出身。我以前在 CCDI 工作时的一些人力资源部门的同事，不是设计专业出身，现在担任某资源团队总经理。业务轴上的管理者分别负责“研发—市场—销售—运营”等业务流程管理，他们之间的关系不是直线职能式结构中的行政隶属关系，而是在完成不同任务中形成的合作关系。项目经理不是资源轴上的，而是流程轴上的角色。

与直线职能式不同，矩阵式结构不需要那么多全才，流程轴从资源轴分离出来，可以让更多的人专注于发挥长处。这种思维下，一个好公司是由一群各领域专才组成的，他们通过流程进行合作，以达到个体所不能及的成就。

直线式组织强调竖向关系，组织文化是封闭的，上级和下属之间是命令—服从关系，适合军队、政府以及低技术含量的制造业、服务业，并不适合需要发挥个人主观能动性的智力型、项目型组织。而且，设计公司的发展如果缺少高效的流程和产品拓展，仅靠追逐全才，就会陷入人才困局。

综合所和专业所是两种性质的二级机构，表面上是名称和对所长能力要求的不同，实际上是管理思维上的重大差异。

二级业务单元

一、二、三、四所是业务单元，建筑、结构、机电所是业务部门。业务部门和业务单元的区别在哪里？前面说过研发—市场—销售—运营四个环节的业务模式，业务部门只能履行某一环节的部分或全部职能，如市场部、运营部、研发中心等，均不能独立完成业务循环。而业务单元具有四个环节的全业务能力，可以独立完成业务循环，业务单元的名称可以是分公司、事业部，业务单元之间在产品（组群）上有明显区隔。这一点与直线式架构中的综合所貌似相同，实则有本质区别。

设置二级业务单元的原则是什么呢？无论是否有意而为之，企业设立二级业务单元的根本目的都是追求在细分市场上的发展。（广义的）产品定义的三要素是客户、（狭义的）产品和地域，第五章对产品会有详细的解析。这三个要素中的任意一个都可以是设立二级业务单元的原则。

以客户为原则在设计行业并不多见，其他的智力型行业（如管理咨询公司）是有按客户维度设立二级业务单元的，如快消品行业事业部、服装行业事业部、政府客户事业部等；以产品为原则的并不少见，如 CCDI 曾经的体育、居住、轨道交通、公建、医疗等事业部；以地域为原则是最常见的一种形式，即设立多个地方分公司，独立地在一定区域开展业务。

不断设立地方分公司似乎是中国设计公司扩大规模的法宝之一，很多国企和民企都是这么干的。原因也很简单直接，中国这么大，地域间在文化、气候、地理、经济、政治等诸多方面有差异，在信息、技术、人员、物资等生产要素的沟通交流上存在障碍，这种差异和障碍在任何时代都是企业异地拓展必须要面对的问题。这个理由充分吗？

文化、气候、地理的地域差异是客观存在的，需要在项目设计中予以考虑，但不足以以此为原则。地域经济差异在中国是非常显著的，因此产生了不同层次的设计产品需求。一般来说，每个企业都有各自的市场定位，产品满足特定层次的客户需求，在业务拓展中并不会随意调整产品档次和客户档次。客户也会根据自己的需求选择对等的设计供应商。所以，经济差异也不应是原则。中国经济的非市场化程度较高决定了地域政治差异是一个重要考虑因素。这里所说的政治差异不是政治体制上的差异，而是“关系”造成的，特别是近些年的国进民退使官方在经济活动中的掌控权越来越大，甚至出现在规划设计、建筑设计中，官员指点江山、业主方成为看客、设计师沦为绘图员的现象。但是，从企业发展角度看，我们只能寄希望于中国经济市场化程度在未来逐渐提高，尤其是民营企业，起始于市场开放，也只能在更开放的市场中寻求发展，搞定政府关系只是短期生存行为，不是长期发展行为。所以，地域政治差异是需要考虑的重要因素，但不至于成为设立二级业务单元的原则。

地域使信息、技术、人员、物资的交流必然产生障碍。托马斯•弗里德曼在《世界是平的》一书中，认为现代技术已经并将持续降低这样的障碍。事实上，跨地域合作的困难可能更多的是思维障碍、文化价值观的问题。还有，设计企业长期低成本运作模式造成硬件条件严重滞后也是重要原因。我们要做的恰恰是增加投入，消除这些障碍，寻求管理升级，而不是回避问题，满足于低层次的管理水平。近几年，市场行情趋于严峻，不少企业的地方分公司陷入困局，部分原因就是这种低成本扩张。

否定按地域原则设立二级业务单元的合理性，并不意味着企业在异地拓展的初期不可以采用地方公司的模式，但是不宜长期化，应适时转为按产品原则（如事业部制）设立二级业务单元。否则，迟早会发生中国历史上屡见不鲜的“分封”与“郡县”之争，上演“削藩”的双输悲剧。

以产品作为二级业务单元的设立原则，理由很充分。同一市场中，市场渠道、客户资源、技术体系、资源调配、研发体系等方面都有共享的需求，以此为原则设立业务单元可以为充分的共享提供组织化保证。现代企业的组织架构中，大型企业几乎全部以产品为原则设立主要的二级业务单元。国内一些设计公司在这方面已有成功的尝试。

1000×1 与 50×20

但是，中国大部分设计公司在设立二级业务单元的时候，几乎都没有遵循上述原则。原因也很简单，大多数公司还停留在单资源轴的初级阶段，自然也就按这种思维追求“摊大饼式”的增长。过去十几年的黄金时代，以及更重要的设计资质行政管制，使得这种模式成为可能。

中国大型设计机构的组织架构大致是总院—分院—所—组的四级，说得不客气一点，就是一个山大王带着一群大土匪，每个大土匪再带着一群小土匪，每个小土匪再带着一群喽啰，是极其松散的结构。还是那套初级的直线式结构，只不过脑袋上的帽子大了点。挺像东周列国，院长是周天子，貌似管理着一个设计院，实际上也没啥事儿。真正的运营管理权在分院或所一级，分院院长或所长是诸侯，对上交管理费，对下全面负责。诸侯们表面上对周天子客客气气，但实权在握，随时可能改换门庭，所以近些年发生了不少整体跳槽的事件。

可以用数字来形象地说明两种架构模式的大型设计公司，一个 1000 人的公司，1000×1 是一种模式，50×20 是另一种模式。1000×1 是一个整体的公司，50×20 的公司有 20 个小团队，每个小团队 50 个人。显然，行业中 50×20 的公司居多。这种状况造成了设计行业非常糟糕的几个现象。

首先是同质化。稍有经验的甲方，在面对那些著名的挂靠公司时，必须要问清楚：您是哪部分的？因为挂着同一家公司牌子的队伍，来自一所、五所、七所或八所，也不知道有多少个番号。而且各个队伍的规模差不多，能力也大体相当，互相之间也不认识，对外竞争，内部也一样竞争，甚至有的时候，内部竞争比外部竞争还激烈。这种同质化的小团队表面上构筑了一个伪金字塔型的组织架构。注意，这里的所长不是承担资源管理责任的资源经理，而是一方诸侯。

其次是造成了内部管理的矮化，并直接影响了人才、技术的成长。听说过这样一个故事，上海的一家设计公司，曾经有四个综合所。一天有个副所长提出辞职，所长问：为什么要辞职？副所长说：所长，干设计太累了，我想去房地产公司。所长没辙了。院长再找副所长谈：你为什么要走？副所长说了实话：我并不是要去房地产公司，我希望独当一面，但是在这里我只能是副所长，我要是到别的设计院，他们给我当所长，再挂上副总经理、副总建筑师的头衔，自己能干一摊子，我也 30 多岁了，院长，咱们兄弟一场，你让我走吧，给我这个奋斗的机会。院长实在舍不得放副所长走，想了半天，突然灵机一动：我们成立一个五所吧，你当五所所长不就行了吗？于是，这位副所长成了五所所长。有人把这种方式美其名曰组织裂变，这实在是歪曲。这种方式下，有经验的所长会有意识地控制所的规模和人才、技术的高度，以免给他人做嫁衣。没经验的所长也会“吃一堑长一智”。

更糟的是，50×20 的模式造成设计企业产品能力的相对矮化。相对于社会发展，中国设计行业的能力退化了，落后于市场、客户对我们的需要。我曾经给一家拥有超过 3000 名设计师的公司讲课，听完课他们说自己是 50×60 的模式。他们的产品级别、技术高度都是非常有限的，没有 3000 人公司应该达到的能力。小公司能干的活，他们能干，小公司干不了的活，他们基本也不会干。

甚至我们的客户界面在这二十年间也持续恶化，记得我刚毕业的时候，在设计院工作还挺受甲方尊重的，现在客户不当面骂你就不错了。设计行业还真是有趣，甲乙双方一边互相数落对方的不是，一边买卖照做。大概有行政管制的行业或多或少都有这样的现象吧，比如开车的朋友都骂那“三桶油”，但也只能去它们那里加油。

需要说明的是，50×20 模式和 1000×1 模式的地域分公司不是一回事。前者是单资源轴的增长，后者是一个整体公司在地域拓展初期的一个步骤策略。

利润中心与成本中心

50×20 和 1000×1 两种架构模式的背后是对二级业务单元性质的认识：是利润中心还是成本中心？

利润中心的最极端方式就是挂靠，各个二级机构都是自负盈亏的小团队。各团队之间各自为战，没有合作，没有共享，有的团队忙死，有的闲死，大家只考虑小团队利益。这样的公司无论表面上有多大规模，都没有整体实力。行业中有不少公司没有采用纯粹的利润中心，但管理方法中有很多接近利润中心思维的，结果往往是无法达成设立二级业务单元的初衷的。

成本中心的模式则不同，企业是一个整体，内部的部门、业务单元是为承担不同责任而设立的，不是自负盈亏。部门、单元间的合作是必然的，也是必须的，可以根据业务发展需要进行资源调配。麦肯锡是国际顶级的管理咨询公司，曾经在台北接了一个项目，他们根据这个项目的需求在全球调动资源，项目组成员分别来自中国台湾、中国大陆、澳大利亚、欧洲和北美，两个月后项目完成，小组成员各回各自所在地。这样的运作方式能做到最合理地调动资源、最有效地完成项目。麦肯锡的全球合伙人，拿的分红是一样的，共同对企业整体负责，而不是仅对自己所带的小团队负责。

利润中心和成本中心是两种迥异的管理思维模式，所对应的企业制度、体系、流程等方面的差异是显而易见的。思维方式没有弄清楚，照搬任何企业的制度体系都是没有用的，也不可能扎实地落地。

道理很容易理解，那么为什么很多企业在规模变大的过程中会偏好采用利润中心的管理模式，甚至很多小公司在仅需要二级业务部门的时候，也去分拆利润中心式的二级业务单元呢？这是因为，成本中心对企业管理水平要求高，利润中心对管理水平要求低。

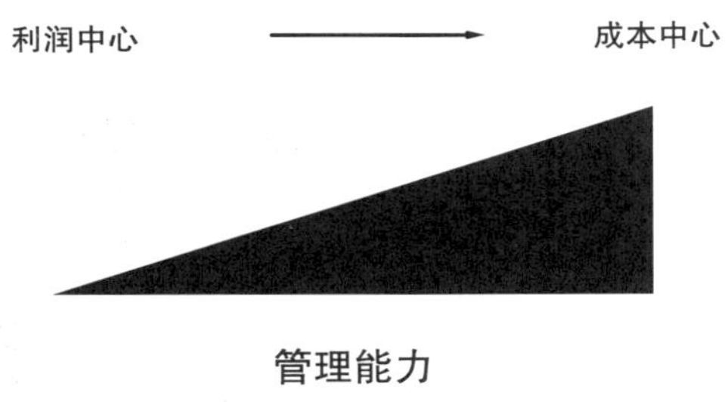

从这个角度看宏观经济结构，计划经济就是成本中心模式，是理论上最完美的经济结构形式，没有资源损耗，不存在经济危机。我想，计划经济失败的技术原因是其要求的管理水平超高，而到目前为止还不存在与此相匹配的管理能力。这是一个理想模型，能否达到这样的管理能力决定了计划经济能否成功，也许五十年、一百年后，计算机、大数据、互联网思维等相关技术、理论再发达、再发展，人类能弄清楚每一个人、每一个组织的需要，有能力进行资源有效配置，那时甚至全球都可以成为一个计划经济体。1949 年，中国开始实施计划经济，由于不可能搞清楚数亿人口、大量企业的供求动态关系，三十年下来的结果是经济面临崩溃。与其掌握不了，不如放开市场，还权于民，于是有了三十多年的改革开放。

在企业对外呈现为利润中心的情况下，企业能否在内部实施利润中心模式呢？答案是否定的，因为企业存在的价值在于降低社会交易成本。1991 年诺贝尔经济学奖得主、英国经济学家罗纳德 • 哈利 • 科斯在 1937 年发表的《企业的本质》中，提出了交易成本的概念。交易成本是指在市场经济条件下，协商谈判和履行协议所需的各种资源的使用，包括制定谈判策略所需信息的成本、谈判所花的时间，以及防止谈判各方欺骗行为的成本。如果没有企业，社会中所有交易只能在自然人之间发生，比如一个人要建房子，需要找设计师，就要与无数的建筑师，结构、水、暖、电工程师进行商务洽谈，更不要说施工环节，要自己找工人，交易成本会高得难以想象。

而有了企业这样的商业组织，建房人与设计公司、施工企业打交道就可以了，总体交易成本就能有效降低。因此，如果一个企业在内部实施利润中心管理，那么这个公司就失去了其存在的社会意义。在中国，为什么有的设计公司可以通过挂靠生存，原因是目前行业资质的行政管制导致很多有志于设计行业发展的团队拿不到资质，只能靠挂靠方式获得生存空间。相信终有一天，目前带有垄断性质的行业管制方式会开放，那时，那些考挂靠生存的牌照公司也将不复存在。

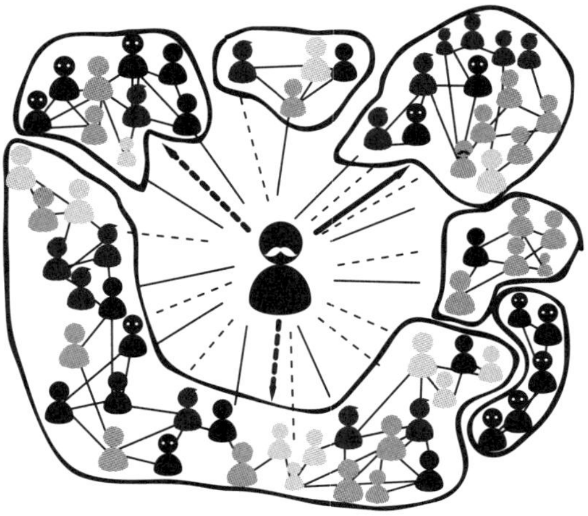

如果没有企业，社会中所有交易只能在自然人之间发生

一个企业的真正成功和成长就意味着它能持续提升管理能力，这才是有竞争力的公司、被人们认可的公司，而不是简单挣钱分账的公司。成功企业都是成本中心模式，拥有相应的管理能力。有人说企业规模大了，我管不了，只能采用利润中心模式，但那只是你管不了，不是别人管不了。1976 年成立的苹果公司有两万多名员工，在竞争中历经波折，乔布斯从没有把苹果公司分割成多个自主的分支，而是紧密地控制着所有的团队，并促使他们作为一个团结而灵活的整体一起工作，全公司只有一条“损益底线”。乔布斯的继任者库克说：“我们没有财务独立核算的事业部，全公司统一核算。”

设计公司的二级业务单元无论叫什么，事业部、分院、（综合）所、工作室等等，判别其实质是成本中心还是利润中心的根本依据是：是否要求业务单元自负盈亏。利润中心需要自负盈亏，成本中心则不是。

是否给业务单元下达财务指标，不是区分利润中心和成本中心的标志。利润中心思维下，各业务单元除上交总部管理费外，收入、支出、资源调配等等均有完全的自主权，个人收益完全与本业务单元业绩挂钩，总部反而不需要下达指标，下达指标也没有任何意义。当然，国资委给国有设计院下业绩增长指标是另一回事。成本中心思维下，一个公司的多个事业部，可以有的事业部年利润2000万元，有的1500万元，还有的是亏损500万元，但要求达成一系列的非财务指标，比如人才、技术积累、产品研发、市场影响、品牌曝光率、技术积累等等。盈利的是相对成熟的业务，亏损的是相对新进入的市场，指标不同是因为公司在不同细分市场的能力有差异，没理由一视同仁。CCDI体育事业部在最初三年持续亏损，如果按照利润中心的思维，员工们就没有工资奖金，那还会有今天的盈利吗？更大的问题是，现在体育事业部的毛利率很高，那么现任总经理和创业期的总经理相比，谁的工作难度更大？谁的薪酬应该更高？按利润中心的说法，现任总经理的薪酬应该更高，而且是高很多很多，但显然我们都会觉得有问题。

业务单元是否有独立的财务账户，也不是区分两种模式的标志。利润中心模式下，即便各业务单元都必须通过总部账户实现收支，但钱是谁的，分得清清楚楚，所有者很明确。

总部是否有经营能力，是否能给各业务单元接来活，同样不是区分两种模式的标志。对利润中心下的业务单元来说，项目是自己接到的还是总部接到后分过来的，区别仅在于上交总部的管理费比例不同而已。

还有一个概念要厘清，不能把挣钱的业务单元（或部门）视为利润中心，而把亏钱的业务单元（或部门）称为成本中心。

采用利润中心模式，意味着二级业务单元生下来就要自己养活自己，只能尽快接一些来钱比较快、技术简单、客户要求不高的活，也就是相对低端的项目，不能干有挑战性的。可是，好产品、好项目，都需要一个合理的孕育期。拿自然界来举例，人类这个物种是所有哺乳动物中哺育期最长的，现代社会中一个人能养活自己需要到多大？18岁，甚至大学毕业，22、23岁，这是正常的事情。而动物呢？据说马生出来半个小时就会站立，六周后能自己觅食，一岁后可以单独生活，即便马的年龄相当于人类的3倍，也是非常早熟了。早熟的结果是什么呢？是人类驯化了马，是人骑马，而不是马骑人。那些上手就能干，干了就能赚钱，就能养活自己，而且活得挺滋润的机会，充其量在“野蛮生长”的初级阶段可能存在。现代社会发展到今天，任何出色的产品必然经过精心设计、雕琢、打磨，才有可能成功。

成功企业的组织架构原则有两个：成本中心、矩阵式结构。两者缺一不可。

第三节　有机组织的矩阵式结构演变

从资源、流程、产品的组织三轴角度来看，直线式就是单资源轴结构，矩阵式就是资源、流程、产品的多维结构。目前，中国大多数设计公司还处于单资源轴的阶段，流程轴和产品轴的功能要么没有，要么被并入资源轴。从单轴到两轴再到三轴，这个过程不可一蹴而就，而且不同规模的公司适用不同的矩阵式架构，下面分别介绍二维、二级和三维矩阵。

二维矩阵

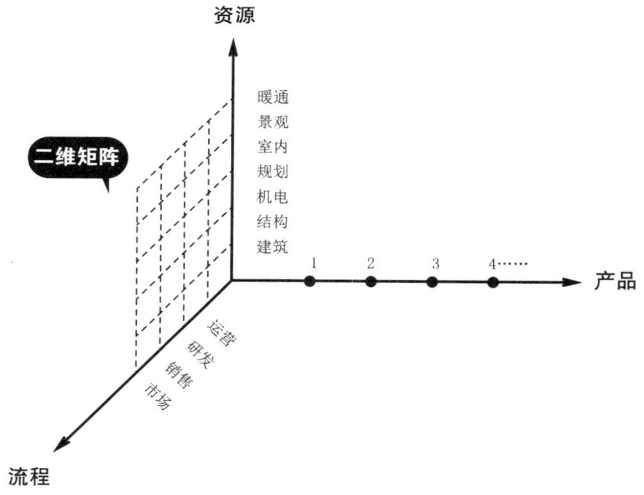

这是二维矩阵的概念图。对大多数生产型设计公司来说，组织架构转型的第一步往往是从直线式的单资源轴转为资源—流程的二维矩阵。转型难点不在于形式上的调整，而在于思维方式如何从竖向的命令—服从关系，转为横向的合作关系，前者封闭，后者开放。从小我们就被教育要“听话”，在家听父母的，在学校听老师的，在单位听领导的，服从领导或命令下属这种管理方式容易理解和操作，而矩阵式结构所支持的、在个体自主意识基础上的横向合作关系很难理解，反而常被误解为多头领导。实际上，真正的多头领导容易出现在直线式的官僚机构中。

流程轴上的核心内容就是上一章谈到的研发—市场—销售—运营的业务模式，在第七章“流程轴”中会详述。需要注意的是，流程轴上的管理者的工作重点是建立、维护、发展业务流程系统，而不是亲力亲为。比如一名研发总监，其核心任务是组织、维护公司的研发体系，如何调动员工参与研发课题、分配研发经费、管理研发课题从立项到结题的过程，而不是自己担任所有研发项目的项目经理，那样的话，又回到了全才的思维陷阱。

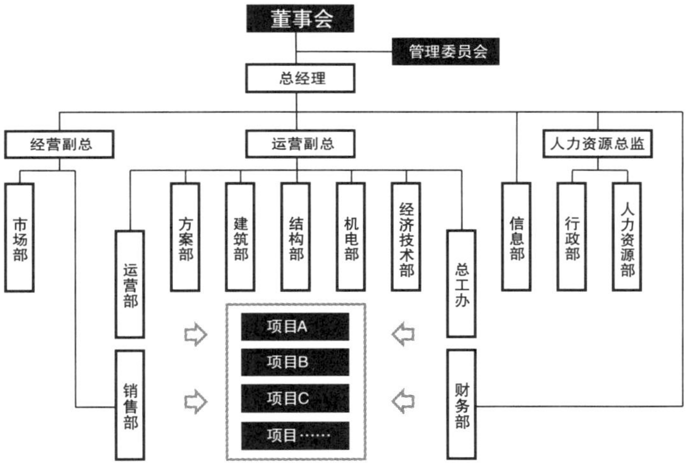

这是二维矩阵的模拟图，大致适用于中小型规模的公司。

在竖向关系为主的公司，一名员工必须搞清楚两件事：第一，谁是我的头，我听他的；第二，谁是我的下属，他得听我的。很少有人会想我的横向合作伙伴是谁。中国社会中的各类组织几乎都是这样的竖向关系，我们习惯了，几乎不知道还有其他的组织方式。因此，架构转型的难度不小。好在矩阵式结构非常适合设计公司以项目为基本业务单位的特征，一旦转型成功，组织活力就能激发出来。

几年前我在上海的一家设计公司担任总经理，公司在乌鲁木齐有个项目。有一天，这个项目的项目经理来找我帮忙，希望我能出差一趟，和甲方的领导碰次面，以利于他下一步工作的开展。具体时间确定后，项目经理又叮嘱我在甲方领导面前需要表达的要点。

上海到乌鲁木齐的航程长达五个多小时，下午抵达后直接被拉到饭店。我酒量极差，酒桌上的过程可想而知，我当场倒下。不过，在倒下之前，我把项目经理要求我说的话说完了。晚上，酒略醒，我问项目经理：我完成任务了吗？他说：完成得很好！

回到上海，我的差旅费经项目经理签字报销，计入项目成本。

当然，这故事说的不是酒的事。在竖向关系的公司，只有上级给下级布置任务、安排工作。而在这个故事中，我的这次出差是项目经理给我安排的，要完成什么任务是他根据项目需求定的，费用是他签字负责的，我作为资源帮助他达成项目目标。这是一种注重横向合作关系的组织架构，权力是分布式，而不是集中式的。

我在这家设计公司近两年的工作时间里，大致的时间分配是这样的：1/4 时间探讨和研究战略（定位、产品、架构、人员），1/4 时间与管理层沟通战略，剩下的时间作为资源被大家利用（如这次出差）。

曾经拜访过一家数百人的国内知名设计公司，其最近三年的规模和业绩保持持平。究其原因，一名公司副总裁的评价极为精准：公司规模受老大的生理极限制约。原来，这名老总仍然保持所有项目亲自定案的习惯。如果这家公司选择产品型发展导向，保持百人以下的规模，相信可以过得很好。既要追求设计先锋地位，又想通过跑量多挣钱，这日子过得挺纠结。

很多从小发展起来的设计公司，创始人都是设计师出身，在公司规模变大之后，可能由于专业上的个人追求以及长期项目经理的思维惯性（小公司老总实际上就是项目经理），既不知道如何调整组织运营关系，也不知道要促进横向合作结构的形成，仍然全身心扑在一线（传统的竖向结构公司），结果大多身心疲惫。

架构调整中，最常被问到的问题就是：所长画不画图？这个问题不准确，是问所长这个岗位的职责，还是问当所长的这个人？这个问题的根源是所长通常不是专职的，他们可能也是专业技术骨干，会兼任一些项目中的角色。就所长的岗位职责而言，所长不画图，其职责是做好资源管理。所长这个人可不可以画图呢？可以。

一名专业出身的所长，工作精力分配可能是三七开，30% 的精力放在部门管理上，70% 的精力放在项目上，角色可以是 PM，也可以是 PD、PA、专业负责人，取决于他的技术能力与项目要求的匹配度。三七开仅是个参考比例，也可以是二八开、四六开，取决于部门发展阶段、公司业务状况、人力资源情况等条件。受管理幅度的制约，最基层资源团队的最大合理规模大约是 20 人左右。

所长的岗位职责是关注部门人力资源管理，具体包括部门的人力资源规划、员工职级配比、招聘、员工职业发展规划、绩效管理、员工关系、培训等等，公司的人力资源部门是给所长提供支持的。比如招聘，所长根据公司年度计划与运营部、人力资源部共同确定部门的人力资源需求（数量、能力要求等），人力资源部通过招聘渠道（网络、猎头、推荐等等）搜寻简历，并约请符合基本条件的人来面试；面试官由所长和招聘主管共同担任，所长了解应聘者的专业能力，招聘主管从其他方面予以判断；面试后，双方商议是否聘用，定什么职级，薪酬标准怎么样；最后由人力资源部与应聘者沟通确认。

什么人适合当所长呢？很多公司习惯让专业能力最强的设计师当所长，这可能源自中国文化中的官本位思维。实际上，就工作性质而言，所长并不需要很高的专业水平，应该是情商高、懂管理、善于沟通的人当。有的设计师专业能力很强，也很愿意在专业上发展，但不太善于沟通，最好别让他当所长。如果以一个专业部门里专业能力最高的人为一百分的话，最适合当所长的往往是七八十分位的人，即中上水平。就像中学读书时，一个班五十名同学，人缘最好的往往是成绩十几名的，而不一定是前十名的，这样的同学可能最适合当班长。部门里有员工职级比所长高，收入比所长多，是件好事，破除官本位思维，有利于开放式企业文化的建立。

二级矩阵

上面说的二维矩阵一般能满足中小型设计公司的规模了，这时，公司里有两种性质的二级机构：资源轴上的资源团队和流程轴上的业务部门。更大规模的公司，产品不止一个，产品轴的作用开始显现，架构中可能会出现产品轴上的二级业务单元。这里介绍一种模式——二级矩阵。

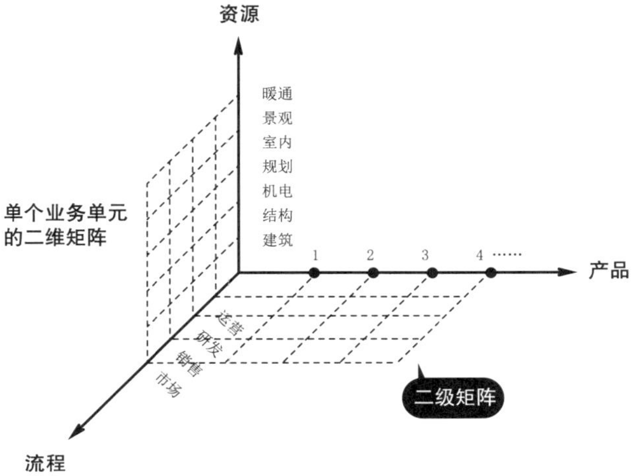

这是二级矩阵的概念图。

下面模拟一家 1000 人公司的二级矩阵组织架构。

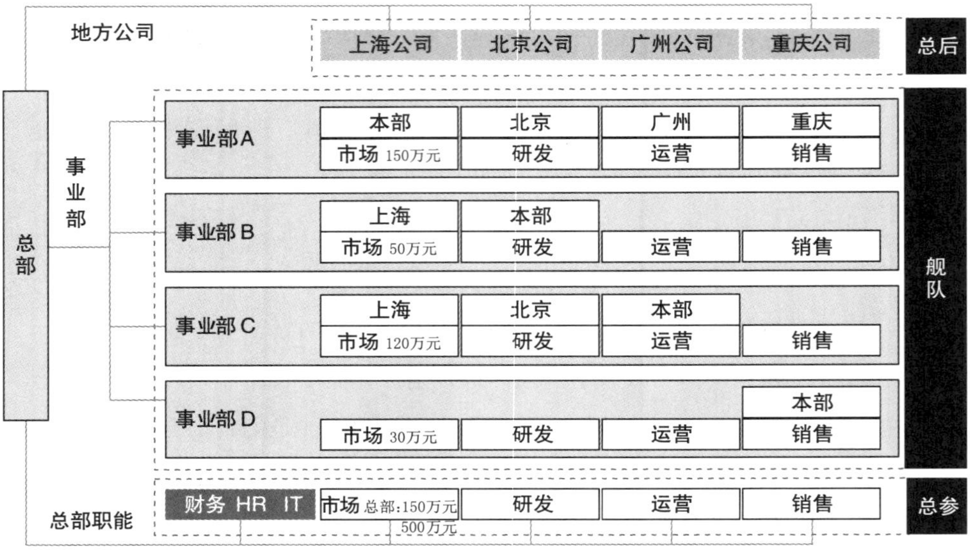

总部面对三种性质的二级机构：地方公司、事业部、总部职能部门。事业部包含资源团队，是承担公司核心业务职能的二级业务单元；总部职能部门起的是协调管理作用；地方公司为各二级机构提供属地化支持。打个比方，事业部是出去打仗的舰队，地方公司相当于港口（总后勤部），总部职能部门相当于总参谋部。

这家模拟公司有四个事业部 A、B、C、D：事业部 A，共 200 人，本部在上海，有 80 人，北京、广州、重庆设有事业部的办公室，分别有 30 人、50 人、40 人；事业部 B，本部在北京，上海设有办公室；事业部 C，本部在广州，上海、北京设有办公室；事业部 D，本部在重庆，还没有其他地方的办公室。这样的结构中，事业部里的员工在业务管理上是由事业部横向负责的，由本部进行经营、人员、技术、研发等方面的协调。

地方公司，以上海公司为例，是支持性机构。事业部 A、B、C 在上海有人员办公，比如事业部 A 有 80 人，事业部 B 有 30 人，事业部 C 有 40 人，加起来 150 名员工。这 150 个员工的行政后勤服务是由上海公司统一负责的，所以上海公司相当于一个港口，各舰队都可以来停靠。各事业部不需要分别设立财务、HR、IT 等业务支持部门，也不需要对外与地方的工商、税务、社保等政府部门直接打交道，这些事都交给上海公司了。能力强的地方公司还能提供规划局、建设局、房地产协会等公共关系方面的直接业务支持。所以，在这个架构里，地方公司总经理与单资源轴增长模式下的分公司总经理的职责有很大区别，后者是诸侯。

总部职能部门有两类，一是业务协调部门，与各事业部打交道，协调研发、市场、经营、运营等业务板块（下文有详述）；二是行政类职能部门，包括财务、HR、IT等服务平台政策的制订、协调、完善，平台的服务功能由地方公司负责。

从二级矩阵概念图上，可以看出在流程轴上，总部业务协调部门与各事业部有重叠。实际上，两者是分工、协作关系，而不是重叠。举个例子，这家公司今年打算花500万元在市场方面，总部的市场总监要对这500万元经费的总体成效负责。市场工作主要包括品牌推广和产品（组群）推广两个方面，前者由总部市场部负责，后者由事业部市场部负责。为此，总部市场总监和A、B、C、D四个事业部的市场总监要开会协商这500万元的分配。五名总监之间不是简单的谁管着谁的竖向关系，而是横向合作关系，所以，会议上五名总监（而不是四名）都要提交工作计划以及经费需求。商讨的结果可能是总部市场部150万元，A、B、C、D事业部的市场经费分别是150万元、50万元、120万元、30万元。当然，市场经费的分配与这家公司今年在不同产品（组群）上的整体策略有关。显然，事业部A和C的产品（组群）是公司打算重点推广的，采取进取策略；而对事业部B和D的产品（组群）在推广上采取保守策略。

需要注意的是，这种安排和事业部今年的营业额计划没有必然联系，市场费用不是简单地用各事业部计划收入乘以一个固定的百分比。有的时候，营业额高的事业部，市场费用反而低，营业额低的事业部，可能市场费用反而高。经费的高低与市场增长潜力、市场竞争格局、公司既有品牌地位、竞争对手的策略等多方面相关。

市场模块如此，销售、研发、运营等业务模块也有类似的分工、协作。

单资源轴模式中，只有三轴合一的全才型资源经理；二维矩阵中，有了流程经理；二级矩阵里，出现了产品经理。2014年1月，我在CCDI北京区域办公室看见一张内部海报——招聘保障房子产品的产品经理，这是居住建筑产品下的一个分支，所以叫子产品。

产品经理

岗位职责：

1. 清晰判断保障房子产品的发展环境和趋势；
2. 根据公司和居住产品发展策略，制定保障房子产品的发展战略、经营目标并组织实施；
3. 指导本产品工作范围内的工作开展、协调、分配资源，促进业绩提升和产品稳步发展；
4. 完善子产品的标准化内容，包括销售方法、定价机制、交付清单及标准、管理规范等；
5. 根据子产品的发展需要，绘制资源地图，协调经营、资源，开拓相关市场，与资源管理者商定相应的资源及专业目标，给予协助和支持，以促进产品目标达成。

保障房子产品概念：

以政府或相关部门为主导，解决特定人群的居住需求，包括公租房、廉租房、两限房、安置房和企业职工公寓等产品。

子产品的价值主张：利用政府平台，整合内部资源，满足业主对项目工期、设计质量、工程安全、经济预算、绿色节能和产品标准化等各种需求，切实改善居民生活环境，搭建大产品全业务线客户网络格局。

三维矩阵

2007 年，CCDI 的人员规模大约一千人，进行了二级矩阵（即事业部制）架构调整，把资源轴和部分流程轴职能并入产品轴，以强化产品线的力量。2012 年开始，CCDI 再次调整组织架构，把包含在事业部（产品轴）内的资源团队剥离出来，形成资源—流程—产品三轴分立的三维矩阵。理论上，这样的立体矩阵更有开放度、更有活力。

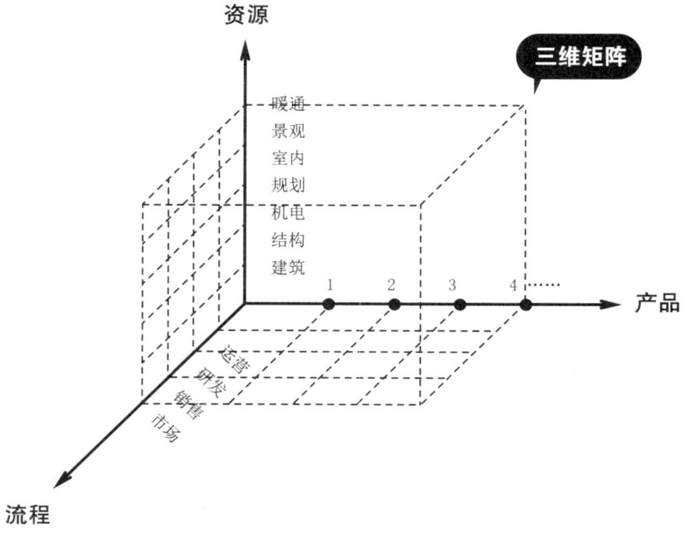

为什么要变成三维矩阵呢？先讲两个故事。

第一个故事是2013年年中听说的：CCDI有一个从事结构设计的年轻人（化名小明），属于资源轴上结构专业资源团队的一员，有一天小明突然有了一个想法：CCDI能不能设计猪圈呢？当然这是一个开玩笑的说法，小明说的猪圈不是农户自家的猪圈，指的是大型的养猪场、养猪设施。几十年前到农村，会看到几乎家家户户都养几头猪，猪是农家的银行，自己都舍不得吃，养肥了要换钱的。而现在去农村，发现农村很少有养猪的，个别农户养猪是留着自己吃的，非卖品。那么十几亿人口要吃的猪肉是哪儿生产的呢？应该有大型养猪场吧。2008年金融危机的时候，据说武汉钢铁公司发现猪肉价格比钢铁价格高，所以决定投资数亿元建养猪场。另外，现在还有很多新概念，比如人道屠宰、生态养殖、有机养殖，食品安全也是重要的问题，这样一来，猪圈设计也是有技术含量的。也许会有这样的市场，不过没听说有擅长设计猪圈的公司，CCDI是不是可以发展这个产品呢？

在单资源轴模式中，小明的唯一上级是结构所所长，如果他对公司发展有任何建议，首先要找所长，不能随意越级。我们可以想象一下，所长对小明的猪圈提议有何反应？估计最大的可能是：小兄弟，你想多了，回去安心画图吧。但是在三轴分立的CCDI，小明不必找所长谈这事，而是找产品经理。CCDI有很多产品经理，如体育、医疗、居住、轨道交通等等，还有负责产品拓展的产品经理（化名建国），任务是发现有潜质的新产品。小明找到建国，提出猪圈产品的想法。建国是城里人，天天吃肉，可从没想到过设计猪圈，但觉得这是一个挺有趣的想法。不过，单凭一个提议是不能草率投入的，建国同意先搞一个研发，论证市场总量、增长前景、了解竞争对手、评估CCDI的优劣势、估算投资回报期、寻找市场渠道等等。研发立项要填立项申请表，对上述各项做粗略描述。

小明一看表格就傻眼了，他只是有想法，没有这些数据。建国无奈，小明只能扫兴而归。不过，小明并没有放弃这个念头。过了两个月，小明突然在一本畜牧业杂志上看见有一份行业报告，其中有立项申请所需要的数据，立刻再找建国。建国也很高兴，批准了这个研发立项，并拨款。为什么要拨款呢？因为小明原来的工时是画图，现在要把部分时间投入猪圈产品的可行性研究，没有研发经费小明就得喝西北风。另外，调研要有差旅费，请教专家、参加行业会议都需要费用，公司内部资源的调用也同样需要费用。这个故事就到这里，后续结果不详。我没有再问，因为结果并不重要，重要的是这个机制，三轴打开后，更多的人可以成为创新者。

1961 年，肯尼迪总统在就职典礼上发表演说，其中的一句话“不要问国家为你做了什么，而要问你为国家做了什么”引发争议，诺贝尔经济学奖获得者弗里德曼反驳道：作为自由人，既不会问他的国家能为他做些什么，也不会问他能为他的国家做些什么，而是会问，我和我的同胞能通过政府做些什么。CCDI 有一个宗旨：规划森林，让树木自由生长。套用弗里德曼的话，意思就是：不要问公司为你做了什么，也不要问你为公司做了什么，而要问你自己通过公司这个平台做了什么。CCDI 有多少员工理解、认同这种架构设想？现在大概还不多，也许再过几年，哪怕只有 10% 的员工行动起来，就超过 500 人。500 个动脑子的人在舞台上跳舞，将是多么有趣的场景。

再补充一个案例。主角是我的一个小老乡，几年前到 CCDI，是销售方面的人才。2011 年，CCDI 已经有了全国性影响力，但在他的家乡——安徽合肥，没有办事处。而此时正是安徽大建设的时期，他想为什么不能开一个合肥办事处呢？有了这个想法，他就找公司毛遂自荐，公司批准了他的建议。2011 年年中开始起步，就两个人，他跑业务，另一个管内务。合肥办事处当年签了几百万元合同，第二年签了两千万元合同，第三年签了八千万元合同，还是两个人。当然这八千万元不是他独立签下来的，是通过 CCDI 的架构合作才能签的。

需要说明的是，CCDI 在官方文件中用多维而不是三维矩阵表述他们的组织架构，我想概念是一样的。宝洁公司的组织架构是四维的，IBM 说他们的架构是六维的，正在发展第七维。多维其实是从三维演化出来的，比如研发可以从流程轴单列出来，客户可以从产品轴单列出来，这样维度就多了。维度多是因为规模大，业务合作的复杂程度高。当然，维度多了，图也画不出来了，理解概念就可以了。

单轴→二维→二级→三维→多维的组织架构演进并不是必由之路，理解其内涵和原则，找出适合自己的路，是每家公司必须思考的，不能简单照搬。每次架构调整都要经过一个振荡期，规模越大，振荡期越长，振荡越剧烈。

有机组织的特征

金字塔型的组织架构是机械时代的产物，管理目的是把公司打造成一架机器。矩阵式架构是为了建构一个有机组织，就像人体一样，具有自成长性，充满活力。有机组织的六个特征：

1. 合作性。有机组织能有效推动企业内部合作，特别是横向合作。架构上维度越多的公司，合作的重要性越高，甚至所有工作都必须通过合作才能完成。有人告诉我，在 CCDI 几乎没有一件事情是由一个人独立完成的，必须通过横向、斜向等各种方式的协作才能完成。

2. 透明性。信息透明共享，流程简单。不少公司只有自下而上的信息收集，而没有自上而下的信息共享，知情权被视为一种权利。信息封闭维护了金字塔型结构，保障了领导的权威，而信息的缺失使员工放弃了主动性，只能唯上是从。如果我们希望组织有活力，员工有事业心、责任感，信息畅通是必要条件。

还有流程，以报销为例，有的公司走完一个报销流程，要六七个人签字，时间长达一两个月，相当复杂，员工怨声载道。几年前，我刚到一家设计公司当总经理的时候，按原来的财务规定，所有报销的最终审批人是我，每周签报销单签到手软。问题是我并不知道那些项目中的开支是否合理，但是前面的项目经理、所长、运营总监、副总经理都签了，我总不能不签吧，不签就是不信任他们，签就是橡皮图章，不负责任。过了一段时间，公司调整了项目费用报销程序，项目中的常规费用只需要报销人填报、项目经理审批即可报销。有人担心这样调整成本会控制不住，实际结果是项目成本不仅没有上升，还略有下降。因为以前签的人多了，项目经理没有什么审批责任，现在他既了解开销的合理与否，又有相应的权力和责任，而且报销单在财务部长期存档，项目经理自然认真负责了。同时，公司财务部每月将各项目财务数据汇总，报送项目经理，以支持项目经理的工作。

3. 分散性。公司资源、产品、生产、控制等职能分散，不受控于少数企业精英。金字塔型结构依赖各层级的全能型精英人才，上层级的精英要比下一层级的精英更能干、更全面、管理范围更广、权力更大。组织规模越大，塔尖上的那个人就得是神了，不是神也要把他神化，否则结构不成立。其实这样的组织是没有活力的，规模小时问题不大，规模一大就会丧失灵活性。

4. 灵活性。员工可以自由选择资源（包括自身）的使用方式，并为此负责。建议猪圈产品的小明，创办 CCDI 合肥办事处的小伙子，他们都是自己提出想法，不是上级领导安排的。自己提的想法，自己有机会亲身实践，这是不是最高等级的激励？

5. 流程的非唯一性。有机组织和机械组织都有作业流程，但出发点有根本差异。机械组织的流程有强制约束力，必须照章执行；而有机组织的流程是指导性的，经验不足时，流程可以给你支持和帮助，如果你有更好的办法，可以尝试新方法，新办法成功了，可以补充到流程中。机械组织的流程一般是自上而下的，老总定规则，下面执行；有机组织的流程制订是横向的，各层级定自己的规则，同时考虑上下层级间的衔接。

6. 高效性。习惯于竖向思维的人会觉得横向合作效率低、难有共识，这是误解，实际上横向合作往往是最有效率的工作方式。

有人曾经问 CCDI 的赵总：CCDI 这么大，五千人的公司，你得多忙？得管多少人？赵总想了想，说：我管一个人——秘书。

这就是矩阵式结构的特点吧。

第五章

产品战略

本章中的部分概念在《白话设计公司管理》中有所阐述，在本书新的理论框架下，这些概念与近两年的研究成果相互印证，完整性、逻辑性、层次感有相当提升，同时补充了很多案例，进一步论证了这些概念。

战略的四大板块中，战略定位、顶层设计、组织架构是企业内部的事，与市场、客户对接的是产品。在我的咨询实践中，现在绝大多数中国设计公司的所谓管理问题，比如销售、人力资源、项目管理、架构设计等等，都不是核心问题，核心问题是产品不对路。

任何企业都是通过产品与客户发生联系，实现客户价值的。狭义的产品是指企业的产出，包括有形的物品，无形的服务、技术、观念，或它们的组合。在供不应求的市场关系中，企业掌握产品主动权，生产什么，客户就只能接受什么，这时，产品定义可以是狭义的。在供过于求的市场关系中，客户掌握产品主动权，企业必须通过对客户需求或需要的剖析，进行产品研发，才有可能把产品销售出去，也就是说，必须从客户视角来定义产品，产品定义是广义的。广义的产品定义包括客户、（狭义的）产品和地域三个方面，即《白话设计公司管理》中所说的划分细分市场的三个依据。

本章所说的“产品”有些指的是广义的产品概念，有些指的是狭义的产品概念，细心的读者应该不难分辨其中的区别。比如，组织三轴中的“产品”显然指的是广义产品。

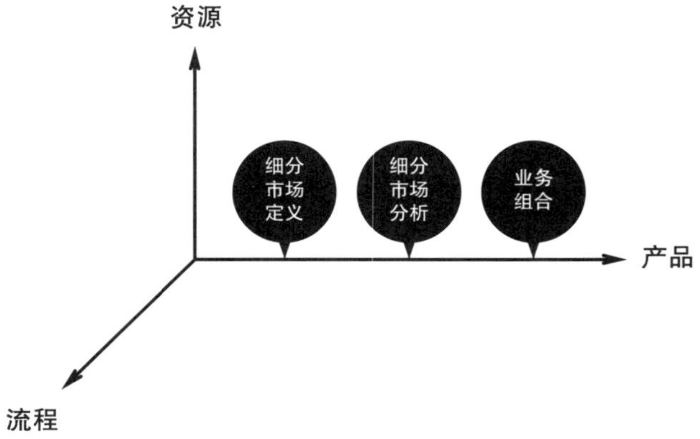

上图是产品轴的主要内容，下面逐个详解。

第一节 产品定义

我们习惯上把建筑物分为居住建筑、酒店建筑、办公建筑、商业建筑、演艺建筑、体育建筑、工业建筑等等，这些是不是产品？不是，这是根据使用功能划分的建筑类型。绿色技术、生态技术、节能技术是不是产品？也不是，这是技术分类。方案设计、施工图设计是不是产品？仍然不是，这是生产过程的阶段划分。解构主义、后现代、简约是不是产品？这是设计风格，对本书的读者来说，风格不是产品。产品型公司的大师们可以把哲学、理念、风格当产品，不过他们不需要看这本书。

上述各种说法都不是从企业经营视角划分出来的产品。每家公司都有自己对市场、对客户需要、对产品的理解，所以并不存在公认的、统一的产品分类。在市场推广、传播时，我们可以用上述这些词语说明产品的一些属性，甚至冠名，以方便交流，但不能到此为止，误把属性当产品。

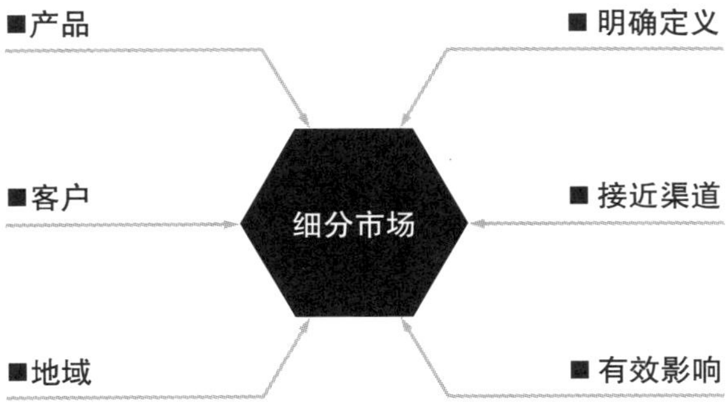

确定产品要从六个方面考虑，左边三点（客户、产品、地域）用来描述一个产品，右边三点（明确定义、接近渠道、有效影响）用来甄别这个产品对公司有没有意义。

客户 我们圈定的客户在需求上应该有一定共性，这样才有可能为他们提供相对一致性的产品或服务。这里要说明一点，建筑设计是定制产品，不是标准制品，也就是说你为客户 A、B 做的设计不可能完全一样，也不能把图纸转卖给 C，做不到 100% 相同，无法大规模工业化生产，但这并不是说各项目之间在技术和项目管理上，完全没有内在逻辑的相似性。客户需求的共性越大，我们提供的产品或服务的一致性程度越高，研发成果的针对性越强，但同时会带来市场总容量越小的问题，造成研发成果可重复利用次数太低，效益不明显。所以寻找客户共性应该适度。

产品 就是我们打算为这些有一定共性的客户提供怎样的产品或服务，后面会详细论述如何向客户描述产品或服务。

地域 我们打算在哪里为客户提供产品或服务，这一点容易被忽略，特别是当我们有机会跟随老客户的发展把业务拓展到新地域时，如果没有在技术、管理、资金、人才上的一定准备，可能错失拓展良机，也可能因为地域差异造成设计质量下降，客户满意度降低。地域差别不仅是工作地点、项目地点的不同，重要的是不同区域源自文化、气候、技术、政策等方面引发的客户需求差异。一般而言，地域越小，客户的共性越多，地域越大，客户的共性越少，到一定程度甚至需要分为两个产品。

明确定义 重新检视前面的客户、产品、地域这三条是否足够清晰，不要产生歧义。比如客户，如果我们定义为大型房地产开发商，这就很不精准了，不仅内部员工搞不清楚，外部客户也搞不清楚你到底是为谁提供服务的。可以用多个参数来说明何为大型房地产开发商，比如历年开发量、当年开工面积、上年度销售总额、资产规模、是否跨地域经营等等量化指标来精确定义。有了对客户的清晰描述，市场、销售部门才能把对应的客户逐个理出来，再寻找渠道去接近客户，施加有效影响。地域也要定义清楚，你不能说一二三线城市，从来就没有官方定义的这种城市级别划分。网上查查，民间定义的版本各不相同，北京、上海、广州、深圳被算作一线城市争议不大，二三线城市的名单差异就大了。泛泛讨论的时候可以用这种模糊词汇表示城市差异，但定义细分市场还是应该精确。同样，产品你也要尽可能定义清楚。

下面两条“接近渠道”和“有效影响”意味着初步确定出来的产品对我们公司是否有意义，可能定义清楚了但对我们没有用。

接近渠道 定义了产品，我们就要设法接近这个客户群。有的公司定义它的产品是在全中国（地域）为房地产公司（客户）提供建筑设计服务（产品），这个定义是很明确的，但是对这家公司来说有意义吗？完全没有意义，因为全中国有六万多家房地产公司，你怎么接近他们？如果与客户间没有接近渠道或者渠道成本高到你无法承受的话，市场行为就完全无法展开。当然，因为你只是一家建筑设计公司，如果换成国家住建部就有意义，因为住建部有渠道接触到所有这些房地产公司，下达一个行政指令就可以了。还有一个普遍问题，很多设计公司的对外公共关系渠道局限于设计行业协会，这个渠道是需要的，但不是针对客户群的。要打开思维，从客户已有的对外交流途径中分析、发现对自己有价值的渠道。比如，近几年，在医疗专业杂志上开始有设计公司的广告，其他行业的专业论坛上出现了设计界的演讲嘉宾，我建议过一家以温州开发商为主要客户对象的设计公司加盟各地的温州同乡会。最佳的渠道效果是能让你的目标客户都知道你，非目标客户都不知道你，否则渠道成本就会过高。我的一位朋友在一家欧洲制药公司工作，那家公司专门生产一种治疗癌症的药物，他和我说过几次公司名称，我都没印象，也没记住。他说这就对了，说明你的至亲中没有得癌症的，中国所有癌症患者和专科医生都知道这个公司。这说明它的营销做得非常精准，相关的人都知道，不相关的人都不知道，一分钱都没有浪费。

有效影响 有了接近客户的渠道后，要考虑如何施加有效影响，切中要害地告诉客户你的产品如何能满足他的需要。假如你去菜市场买菜，表面上看同样的蔬菜，一家卖 3 块钱一斤，另一家 6 块钱一斤，后者告诉你他的菜是有机蔬菜，所以贵一倍。显然，两个摊主的产品各有优势，满足不同客户群的需要。买谁家的菜是你的事，摊主都提供了充分理由。本质上说，任何市场交易行为都是有理由的，双赢或多赢的合作往往是乙方能给甲方这个理由。有效影响就是你给客户采购你的理由。如果你给不出这个理由，甲方就会给你一个理由——便宜，降你的价。听说国内一些设计院的住宅施工图收费单价已经降到 5 元、8 元，甚至还要继续降价，真不知道他们怎么活下去。

CCDI 体育事业部在完成“水立方”等 5 个奥运场馆后，针对体育建筑市场进行了一系列推广活动，精准地锁定了客户群。CCDI 的体育建筑产品大致是这样的：客户——中国地级以上城市的政府；产品——体育场馆建筑设计；地域——中国大陆经济发达地区；接近渠道——政府体育组织的一些活动（座谈会、研讨会、专家会等等），体育产业方面的论坛、展会等。通过在这些渠道上的发言机会，CCDI 给所有目标客户留下深刻印象，要建场馆一定邀请 CCDI 参加投标。那么 CCDI 在那半小时的论坛发言中，究竟说了什么，能如此打动客户？

市场推广的早期，赵晓钧作为 CCDI 体育市场的代言人参加了很多这样的活动，发言的核心有两点：

第一，CCDI 体育事业部的业绩，重点是“水立方”为代表的 2008 年奥运项目、济南奥体中心（举办 2009 年全运会），现在再加上杭州奥体中心，这些项目都具有全国影响力甚至全球影响力。体育建筑基本都是当地的形象工程，决策人是市委书记、市长、体育局长等非建筑专业人士。非专业人士决策的一个重要特点是规避风险，所以你必须证明你的技术能力是 OK 的，靠什么证明？业绩，足够光鲜的业绩，而不是谈具体技术，因为他们不是专家。有些设计师过于技术导向，不论客户是谁总是谈技术来说明其能力，客户不买账时还抱怨客户不尊重技术，这是你的问题。但是，仅宣传业绩是不够的，因为 CCDI 的竞争对手中业绩出众的境内外设计公司众多，并不能因此就脱颖而出。

第二，赛后运营，即体育场馆在重大赛事后的日常运营中如何最大程度地获得经济收益。这一点是在对客户充分研究，探究到客户需要（而不只是需求）之后的结论。在中国，政府建的体育场馆大多是为了满足某一重大赛事而兴建的，花三个亿建个场馆，举办一次有影响力的比赛是政绩工程，决策并不难，但众所周知体育场馆在平日里是普遍赔钱的，投资三个亿建的场馆，之后每年可能要再花三千万元去维护。能不能少花甚至不再持续投入维护费？这是决策者们，特别是赛后场馆管理部门面临的难题。设计“水立方”时，业主要求在设计中就要考虑赛后运营对场馆硬件的要求，CCDI 的项目组不得不面临这个问题。原来大家都认为场馆运营与设计无关，是管理部门的事，随着项目推进，大家越来越理解在初始设计阶段就考虑效益，能为日常运营提供极大的便利。北京奥运会结束一年后，“水立方”启动事前计划的改造工程，其中重点之一是水上游乐中心，现在生意很好。由此，CCDI 体育事业部对体育场馆的运营情况进行了分析、总结、归纳，提出了设计中结合运营的一套方法。与其他公司不同的是，CCDI 在投标文件中有运营专篇，论述投标方案如何满足运营要求，甚至包括财务测算。这个思路立刻引起决策者的关注，居然有一家设计公司不仅做设计，还能考虑运营效益，太好了！这就是有效影响，业绩和运营这两点让客户记忆深刻。

有效影响一定要从客户视角去思考，不能沉迷于技术思维，技术是我们满足客户需要的手段，而不是目的。比如，有家设计公司想把豪宅设计作为他们的细分市场，打算以成本控制能力（如结构设计中通过优化设计减少含钢量）作为有效影响的重点，我觉得在目前行情下，强调成本控制对豪宅市场的客户确实有点吸引力，但对客户决策来说，只是必要条件，不是充分条件。李成儒在电影《大腕》里的经典台词“不求最好，但求最贵！”虽然有点偏颇，但也说明了豪宅的终端消费者与普通住宅消费者的差异。成本控制、性价比高不是豪宅的关键价值诉求点，否则也达不到豪宅的档次。豪宅开发商关心的是如何通过更大的溢价能力去获取更高的利润，而不是像双限房那样在给定的价格条件下，只能考虑如何通过降低成本来盈利。如果换个思路，在对豪宅产品做深入研究后，提出自己的观点——中国现在只有大宅没有豪宅，再提出豪宅的技术解决方案，我想客户的感受会大不一样。

2014 年 4 月，在深圳的“设计公司战略管理实战训练营”上，出现了这样一个案例：有一家地处二线城市的设计公司，曾经做过几个政府的行政服务中心，行政服务中心是从经营型政府转为服务型政府必须要做的一件事。这家公司设计了所在城市的市级行政服务中心，有五六万平方米，据说是把近百个部委办局放在一起办公，提供一站式服务，方便了市民和企业，确实非常好。建成之后，每年有上百个政府代表团到那儿参观考察。有些地方政府找这家公司做设计，他们嫌这类项目规模小，又在外地，麻烦，多数都推掉了，只接了几个。

他们原先仅从单个项目的层次看问题，没有上升到产品层级。课堂上初步一梳理，发现这个产品可能大有作为。产品定义：客户——中国市、县级两级地方政府；产品——行政服务中心建筑设计，未来可拓展室内、景观设计等；地域——中国大陆。他们接近客户的渠道有哪些？每年有那么多政府代表团来参观，公司应该派一个市场部的人在那现场驻点办公，协助政府接待办的人一起接待。而之前，每当政府打电话给这家设计公司，要求派人协助接待外地访问团时，他们竟然嫌麻烦！这些都是他们的潜在客户呀。还应该与甲方共同出一本项目专集，来参观的人每人送一本，这样影响不就更广了吗？还可以到党校讲课，讲行政服务中心怎么帮助客户——就是政府——转变为服务型政府。甚至可以到《红旗》杂志发表文章。

渠道的思路打开了，通过这些渠道讲什么很重要，讲的重点就是能打动客户的有效影响。这类产品的有效影响可能不是建筑设计品质（更不应该是奇奇怪怪的建筑），不是结构的安全性，这都是基本要求，而是行政学工艺。正如体育建筑有体育工艺，医疗建筑有医疗工艺，近百个政府部门协调办公、为市民和企业提供服务更需要工艺设计，尤其是官僚式竖向结构的政府原来没有横向合作的概念。现实中，很多政府部门的规定之间是相互矛盾的，各有各的利益，怎么合作？甚至一个局里的两个处长也不能合作。所以，盖个房子简单，能不能用得起来、发挥作用是难题。

这家设计公司本以为就是设计建筑，但不得不参与到行政工艺（不知道有没有这个专业）的设计中。将来要把这个产品做得更好，他们还需要引进行政学方面的专业人才。有件事可以说明他们在行政工艺上已有一定能力，有一次他们的总建筑师参加一个政府项目的评标，那个项目中包含一个一万平方米的区级行政服务中心。总建筑师一看图就知道投标单位都不懂行政服务中心该怎么做，实际上甲方也不懂。总建筑师说了半个小时，甲方认定这才是专家，立刻邀请他担任这个项目的顾问。

寻找产品的六种路径

对中小型设计公司来说，寻找自己的产品大致有六种方法。

1. 对既有业绩分析、提炼，找到支点项目。成立一段时间的公司，也许能在既有业绩中，找到有市场影响力的支点项目，并依托支点项目发展出产品。上面刚提到的那家公司，就是从原有业绩中提炼出行政服务中心这个产品。这里要特别注意，找产品要从市场、从客户角度看问题，不能一味追求学术的“高大上”，都追求“高大上”，又是千军万马走独木桥的老路。

举一个实际的案例。2013 年下半年，在上海的一次“设计公司战略管理实战训练营”中，有一家来自广州的七八十人的建筑设计公司。第一天晚上的作业是关于产品的，他们提交的产品如下：

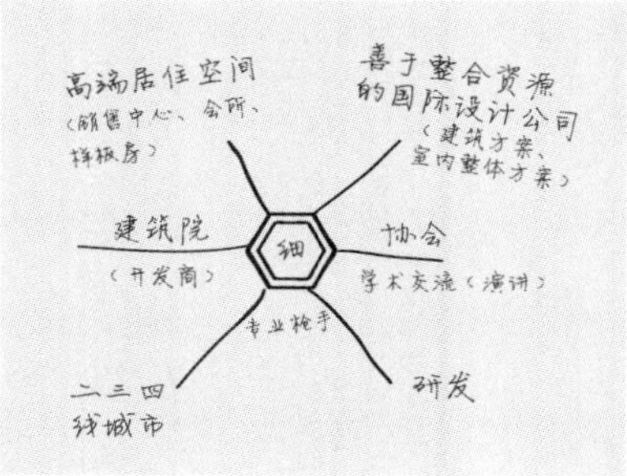

产品：高端居住空间，包括销售中心、会所、样板房的建筑的方案设计和室内设计的全流程；
客户：同行里的设计院、大型综合设计院，也可以有开发商；
地域：华南地区以外的二三线城市；
渠道：协会、策划公司、学术交流；
有效影响：具体产品的研发、配合流程（如何去配合设计院）、国际资源整合库。

这个产品在房地产业务中算是“高大上”了，但实在是没有什么特色，市场渠道也很老套，可以说是典型的红海。第二天上午讲解作业的时候，他们没有让其他学员和我对这个产品发生兴趣，甚至他们自己也没多少信心。第二天晚上有机会重新定义产品，他们几乎一夜未眠，终于在历史业绩中发现了一个独特的产品：珠三角旧商业街改造为主题商业街。

细分市场项目
旧街改商 —— 主题商业街
客户：村政府、开发商
地域：广东的东莞、顺德、中山

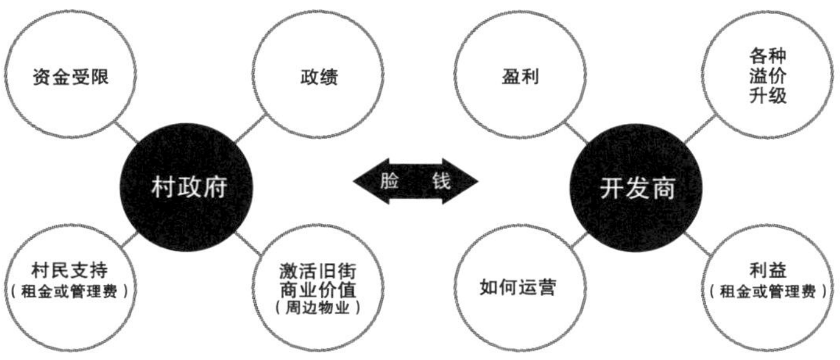

在讲解中，他们说曾经做过一个在珠三角非常知名的村镇商业街改造项目，非常成功。完成后，很多镇长、村长去参观，再找到他们，希望能合作。这家设计公司认为这类项目不够档次，所以不拿村长当干部，能推掉的一概推掉，实在推不掉的才陆续做了几个。甚至最近还有村长拿着 100 万元来找他们，希望能出个商业街改造策划报告，用于说服村民、向上级汇报和招商，他们还是回绝了。实际上，珠三角地区村镇级经济非常发达，人口众多，消费能力强，但很多村级商业街没有及时升级改造，市场总量非常大。但是，自认为有点专业能力的设计师都在追求“高大上”，谁都不愿意干这个事，专业能力不足的设计师又干不好这事。经过分析、思考，他们发现有可能发展成一条精品级的产品线，甚至这条产品线具备进一步产业化的潜质。

发现产品的大致轮廓后，一定要从客户角度思考深层次的问题，并为解决客户的问题组织资源、建立能力。比如，那家做行政服务中心设计的公司，需要建立行政服务体系的理解力；美国有家做文教建筑设计的公司，资源团队中有教育学博士；香港有家室内设计公司，只有十几个人，专业做银行营业网点的设计，他们有一个同事是银行出身，懂银行营业网点的业务特征，他对客户的理解远远超出一个设计师。设计公司的人才背景过于单一，极大地影响了我们对客户需求和需要的理解，这是下一阶段设计公司需要解决的问题。当然，前提是知道你的产品是什么。

现在市场形势不好，大家都有生存的危机感，但实际上有不少设计公司守着金饭碗在讨饭吃。

2. 寻找全行业处于专业洼地的细分市场。这种方法和第一种方法相同的是你在这类项目中都有一些业绩，但第一种是你比别人做得好，第二种是大家做得都不好。大家做得都不好，可以是你继续做不好的理由，也可以是你将来做好这类项目的出发点。2008 年，当三益中国把商业建筑设计确定为公司未来的重点产品时，他们的既有业绩并没有多少出彩之处，商业建筑业务量所占比例也仅是个位数。他们通过对商业设计的研发和市场渠道的投入，逐步建立起一个懂商业运营规则的设计公司的形象。接着，在上下游延伸发展策划和招商、运营团队，最后是商业资本运作。

中国建筑设计与欧美发达国家的水准之差不在于极少数顶级项目，而在于大量建筑基本质量的低劣、基本品质的缺失。打个比方，按 100 分计，欧美建筑（特别是欧洲）95 分以上的比例不高，但基本上都是 80 分以上的；反观中国，95 分以上的也有，但大批量的建筑是不及格的。所以，用第二种方法找产品的市场空间很大。遗憾的是，大多数公司过去十几年习惯了随大势挣现钱，没有产品识别能力，更没有投入的魄力，未来被淘汰的可能性很大。

3. 通过研发驱动的市场。有些细分市场和产品是可以通过研发驱动的，特别是出现新的产品品类或者初级产品升级换代的时候。比如，ADU 的产品就是通过研发驱动的，大致属于管理咨询与设计行业实战结合的一个交叉品类。

这里举美国 CRS 公司的案例。

1937 年，威廉 • 维纳 • 考迪尔（William Wayne Caudill）毕业于俄克拉何马州州立大学的建筑学专业；1939 年，在麻省理工学院（MIT）获得了建筑学硕士学位。1941 年考迪尔加入德州农工大学（TAMU）的建筑学院，并于同年出版了《教育空间》（*Space for Teaching*）一书，论述学校设施对教育的影响。此前，考迪尔并没有设计过任何一所学校，但这本书使考迪尔成为在学校设计方面的专家。

1946 年，考迪尔和他在 TAMU 的同事约翰 • 罗利特（John Miles Rowlett）创立 Caudill and Rowlett 建筑事务所；1948 年，两位教授的学生沃尔列 • 斯科特（Wallie Scott）加入公司，公司更名为 Caudill Rowlett & Scott Architects （CRS）；随后，另一个学生，威廉 • 麦瑞威则 • 佩纳（William Merriweather Pena）加入公司，成为他们的第一名员工，并于 1949 年成为他们的合伙人。

| 图片来源：Texas A&M University CRS Center. http://crs.arch.tamu.edu/archives/record/.

至1961年，CRS共有8名合伙人，他们被统称为创建者。

事务所成立之初，正逢“二战”结束，成千上万的士兵陆续回到国内（考迪尔本人也是其中一员），出现了婴儿潮，这将给公立教育系统带来很大的压力。这个年轻的建筑师团队意识到了这种机遇。

与其他公司不同的是，CRS以研发切入这个市场。他们与教育专家合作，重新定义教育和设施之间的关系，并有意识地通过参加建筑展览、竞赛得奖、在教育类和建筑类媒体上发表论文、演讲等途径，树立专家形象，扩大影响力。1954年，CRS在各类媒体发表的文章和研究报告，可记录的有16个。同年，考迪尔出版了《面向更好的校园设计》（*Toward Better School Design*）一书。CRS逐渐成为被高度赞赏和受到广泛尊重的建筑师事务所，也因此获得了从幼儿园、小学、中学到大学的一系列校园设计项目。1958年，CRS在休斯敦有53名员工。

随着教育建筑设计的大获成功，十九世纪六十年代，CRS用同样的方式开始向其他业务领域拓展，如法院、办公楼、医疗等领域，同样取得成功。

1972年，CRS获得美国建筑师协会授予的AIA事务所奖，这是美国建筑师协会能授予建筑师事务所的最高荣誉。CRS并不是类似大师事务所的产品型公司，而是社会需求量最大的建筑的创作者（生产型公司）。CRS知道如何高效地运营，以满足大量的、高质量的、不超过预算的建筑需求。

之后，CRS不再满足建筑设计，开始探索在管理、设计、工程和财务等方面的拓展，即试图从生产型公司转型为产业型公司。1971年CRS成为历史上第一个在纳斯达克（NASDAQ）上市的建筑师事务所，并随后在美国证券交易所（AMEX）、最终在纽约证券交易所（NYSE）上市。1983年，CRS收购J.E.sirrine，一个南加州的建筑工程公司。合并后，CRS更名为CRSS，无论在员工人数还是收入上，CRSS是一个偏重于工程设计而非设计的事务所。这一年，CRSS在全球拥有约3100名员工，一度成为美国最大的建筑设计和工程咨询事务所。然而，转型之路是艰难的。1994年，CRSS的建筑设计业务被HOK并购。

可以用很多角度解读CRS公司四十八年的历史。仅从产品角度看，CRS靠研发起家，失败于转型。成败的“手筋”（围棋术语）都是产品。

中国房地产业从黄金时代进入白银时代，初级产品开始进一步细分，很多细分领域是需要研发的。比如养老地产、旅游地产、休闲地产、创意园区以及生态、绿色、可持续技术等等，现在大家都知道这些概念，但五年前或十年前，这些说法都是新的，也没有哪家设计公司或设计师在这些方面有经验。如果有点前瞻性，在前些年对这些领域适当投资做研发，就可能在随后的市场机会中占有先机。

2014 年 3 月，在北京的“设计公司战略管理实战训练营”中，有一个小组的学员来源最杂，有搞建筑智能化的，有搞建筑设计的，还有搞施工的。多元化的背景导致他们在第一天晚上的产品讨论作业中，七嘴八舌了一个晚上也没有把产品说清楚，但是他们把各种元素写出来了。第二天上午介绍完后，他们也坦承不知道要做的究竟是什么。我问：你们想做的是不是“互联网住宅”？他们一听，说应该是这个意思吧。互联网住宅不是给现在的住宅安上宽带就行了，完全是两个概念。我想，互联网住宅是互联网思维的住宅，消费群体、社群的组成方式、思维结构与 60 后、70 后是不一样的。60 后、70 后面对互联网时代，最多是移民，而 90 后、00 后是原住民，有很大区别。据说这种区别已经达到生物学意义，原住民们大脑皮层的褶皱跟移民是不一样的。想想也有道理，比如我的小女儿常问我小时候的生活是什么样的，我没法说清楚，因为她现在看到的几乎所有物品在 30 多年前我都没见过，现在的孩子无法想象那时的生活场景。互联网住宅不是建筑设计公司能单独研发出来的，需要互联网公司的参与，如腾讯、阿里巴巴。这个课题也许不出三五年便会成为热点，不知是否已有公司在研发。2014 年 8 月，小米的雷军投资了“you ＋国际青年公寓”，广州已有实体开张，能不能归为互联网住宅 1.0 版的子产品？

4. 将已有的成熟产品拓展到新的市场领域。英国有家资产咨询公司 Drivers Jonas，在商业资产管理领域有非常成功的经验，有 700 多名员工。十几年前，他们被邀请负责体育场馆的开发，业主看中的就是他们在持有型物业管理上的产业链能力。为此，Drivers Jonas 组建了专门的团队，成立了专营公司，现在，体育设施方面的业务已成为公司的主要收益来源。这个方法对多数中国设计公司可能不合适，因为它的前提是公司已有成熟的优势产品。

2014 年初，我和三益中国的高栋先生聊天时，谈到公司的业务构成。由于在商业建筑领域的成功，商业类建筑在三益设计的业务百分比，已从六七年前的个位数上升到超过七成。我想三益设计要适当控制这个比例，未来三益中国完全有可能复制其在商业地产的成功经验，进军其他领域，所以有必要现在对其他类型的营利性持有物业保持一定的触角，以利将来的行动。类似的还有前面提到的风语筑展览公司，它在城市规划展览馆领域的成功方法，完全有机会、也有必要延伸到其他类型的公益性持有物业。两家公司虽然面对的物业都是持有型的，但似乎恰好是营利性和公益性两种。

5. 发展专业技术咨询的产品。这类产品国内已有，如机电顾问、结构顾问等，但不常见，这是过去二十年设计行业的初级阶段决定的。随着市场行情转变（外因）和设计的专业化分工（内因），专业技术咨询产品的市场将快速增长。

6. 从供应商变成共谋者。传统设计公司把自己定位于客户的技术供应商，而共谋者能深刻理解客户的商业模式，与客户共同研发产品以满足终端消费者的需求或需要。近几年，一些房产商尝试与设计公司合作进行产品研发，大致是往这个方向拓展的意思。

五种类型的设计公司里，产业型公司在对客户商业模式的理解上是必须有所建树的，客户型公司更要做到洞察客户的需要。前文提到过的长春规划院和深圳规划院，尝试从传统的生产性公司转型为客户型公司，就是要转变自己单纯的专业技术供应商角色。当然，理解客户的商业模式，不是一定要转型为产业型或客户型公司，可以仍然是建筑设计公司。建筑师不应该把视野仅仅局限在设计和建造上，而应将自己的使命定义为利用建筑和环境知识解决商业和社会问题，基于商业战略进行思考，并诠释建筑如何积极影响商业结果。这一点很重要。有时候，客户把项目委托给你，未必是因为你的专业能力有多强，而是因为客户觉得你懂他。在互联网时代，貌似沟通渠道简单，但实际上能够相互理解并不容易。

拿设计任务书来说，任务书通常是启动方案设计的基本条件之一。常规的设计公司把任务书和设计理解为线性过程的两个不同阶段，先有甲方确定的设计任务书，再开展设计工作。这种视角把设计师定义为专业技术人员，为满足客户需求提供技术实现方法。实际上，好的建筑师不是仅仅接受设计任务书，而是要探究任务书背后的商业逻辑，他们不会把自己的工作范围局限在设计环节，而是延伸到与客户共同研究建筑物如何为终端消费者提供价值。好的设计是交互式、非线性的，是甲乙双方不断沟通交流、共同探讨的过程。

在 Karen A. Franck 与 Teresa von Sommaruga Howard 合著的《对话建筑——建筑师与客户关系指南》一书中，通过众多项目案例，清晰地说明了建筑师在与甲方梳理设计任务书和概念设计时，一起思考设计的必要。其中一个案例是西雅图中央图书馆。

> 西雅图中央图书馆的形成历程也揭示了制作需求报告在客户本以为专属于设计的设计阶段重叠的必要。图书馆已经花费六年时间依据各类群体的意见制成一份详备的设计需求报告。在大都会建筑工作室（OMA）和他们的当地伙伴

> LMN建筑事务所受到委托为该图书馆做设计之后，雷姆·库哈斯说服客户团队和建筑师一起进行三个月的补充调查研究，这包括拜访新近完成的公共图书馆以进行成与不成的设计元素的相关讨论，以及举办有各种专家参加的研讨会。乔舒亚·雷默斯是OMA的主管合伙人之一，他向卡伦解释，这一段时间的“共同思考”使建筑师和客户团队确立了一系列问题，并针对那些问题达成一致立场。然后这些立场为建筑师的设计方案带来了信息，并发挥了塑造作用。乔舒亚发现，当客户于委托建筑师做设计之前就制定好了需求报告，他们最初看不到附加思考与交谈的需要。“他们说‘我们已经做好所有那些事情了。现在你们只管开始你们的工作，画出好图来。’他们不懂得建筑师实际上能帮助他们解决问题的道理。”

也许这段话的最后一句说出了很多建筑师的心声，但是，总体而言，中国建筑师远没达到这个能力，甚至发展这种能力的意愿也不强烈。或许过去二十年供不应求的井喷式行情导致建筑师只能专注于技术供应商的角色，无暇他顾。那么现在，还想原地踏步寻找出路是没有希望的。越多理解客户的商业模式，产品微创新的路子就越宽。

第二节　产品分析

初步定义了产品后，还要进行深入分析。产品分析大致有五个方面：竞争格局、客户、产品、市场、竞争对手。

竞争格局

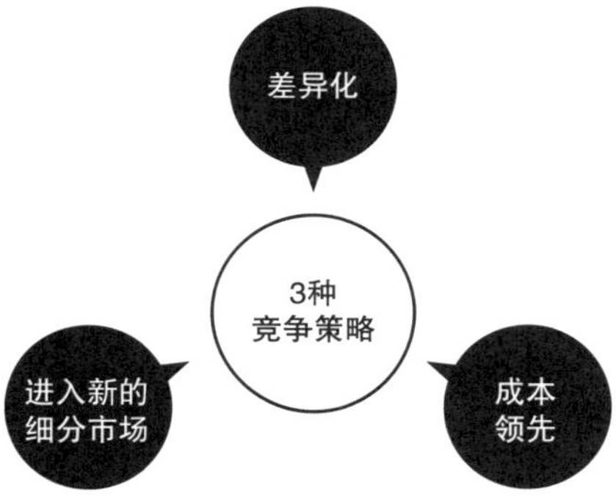

竞争格局一般有三种：进入新的细分市场、差异化、成本领先。

新产品的市场就是你认为没有供应商为这类客户提供过这类产品，你是第一个吃螃蟹的。新产品的好处是游戏规则由你定，也没有激烈竞争后的市场价，完全可能根据你能给客户带来的价值定价；坏处是风险很高，设想很美好，但客户分析可能有偏差、产品不对路、客户不买单等因素都可能导致失败。现代商业社会，充斥商业目的的各种软硬广告，宣传的都是成功案例，不会宣传失败案例，我们看到那些令人羡慕的成功企业只不过是企业总量中的极少部分。你以为没人干过的事，可能早有人尝试过，没成功，变成先烈埋在坑里了，你不知道而已，还以为发现了新大陆，结果还是失败，埋在第二个坑里，都希望自己是先驱，结果都是烈士。但是，不能因此就否认成功开发新产品的可能性，哥伦布终究发现了新大陆，风险高，但是一旦成功，收益也大，二者匹配。

大部分成熟行业的主流市场是差异化竞争格局，有众多的买家和卖家，就是说这个市场有竞争对手，但是提供的产品有差异，这种差异是由不同企业对客户分析后得出的结论不同造成的。任何甲乙方合作都是有原因的，设计公司作为乙方应该主动给甲方一个理由，为什么选择你？理由就是产品差异，就是前文提到的有效影响。CCDI 很聪明，给了体育场馆的决策者两个理由：第一，我的技术是过硬的，第二，我能帮助你解决运营问题。当然，你也可以等甲方告诉你他需要什么，但那时你就被动了。设计公司也不能坐等甲方提要求，否则企业只能陷入价格竞争的陷阱，谈何盈利？差异需要经过研发提炼出来，并在产品中体现，与竞争对手有显著不同，是客户愿意购买的差别。

成本领先的竞争格局对智力型企业来说是非常悲惨的市场。这时，不同企业的产品几乎没有区别，或者有区别但客户没有差异化需求。设计行业的产出是智力型的，市场需求都是有差异的，各设计公司的设计（产品）也不同，问题在于企业没有总结、研发、主动提出满足客户需要的差异化产品，不少设计公司的自我介绍还停留在我们是做设计的，而且什么设计都能做、什么服务要求都能满足的初级阶段，自己把自己带入低价竞争的地位。

客户

产品定义中已经包含了客户维度，这里还要对客户进行深度分析。客户分析分

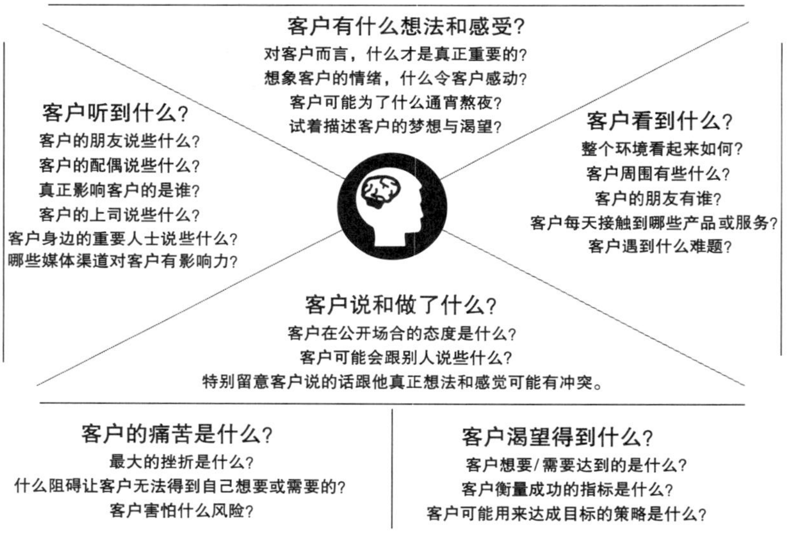

| 资料来源：[美] 蒂姆 • 克拉克（Tim Clark），[瑞士] 亚历山大 • 奥斯特瓦德（Alexander Osterwalder），[比利时] 伊夫 • 皮尼厄（Yves Pigneur），著．商业模式新生代（个人篇）[M].1 版．毕崇毅，译．北京：机械工业出版社，2012.

三步：同理心地图、客户画像、机会 / 威胁分析。

第一步：同理心地图。同理心地图可以帮助我们尝试站在客户的角度看问题，也就是换位思考，图中的提示性问题能帮助我们理解客户所面临的困难。在我的咨询实践中，发现建筑师要做到这一点是非常困难的，有些人认为，优秀建筑师应该有强烈的自我意识，这一点与善于从客户角度思考问题似乎有矛盾。实际上，杰出的建筑师恰是能把这两者结合起来的专业人士。自我意识指的是有独立见解而不是人云亦云，更不是执拗于自己的想法而罔顾客户需求。

要做到这一点，有一个简单的办法就是从你的客户那里挖人，比如做医院设计的请一名医院的基建处长，做文教建筑的请一名大学的校办主任，做住宅设计的请一名房地产公司的设计总监。以往，人才流动都是从乙方流向甲方，近些年甲方人才也有回流设计院的。他们由于脱离设计一线有一段时间，手头功力可能不足，但正是设计公司强化产品能力急需的关键人才。

换位思考的最佳境界是发现客户的“痛点”。这个痛点越是痛，藏得越深、越久，我们的潜在机会就越大。比如，CCDI 在体育建筑设计中考虑场馆运营问题，就是试图帮助客户解决痛点问题。痛点抓得越准，产品的差异化就可能越明显，有效影响就越深刻。甚至，即便你无法解决这个问题，能做到理解客户的痛处也是非常有益的。

第二步：客户画像。在换位思考的基础上，再对目标客户做尽可能精准的描述。俗话说，什么样的人干什么样的事，描述客户就像画一幅人物像，一看长相就知道是不是我们的客户。

成功的客户画像应该包含如下问题的答案：

1. 谁是我们的客户？
2. 客户的战略是什么？
3. 客户的商业模式盈利性如何？
4. 我们的客户渴望什么？
5. 我们如何帮助他们？
6. 客户偏好什么沟通方式？
7. 客户希望我们如何配合他们的作息时间？
8. 客户愿意花钱买的价值是什么？
9. 客户希望的定价方式是什么？
10. 客户希望我们跟他们建立什么样的关系？

下面试以 ADU 的客户为例，简要回答上述问题：

1. ADU 的客户是在中国经营的有战略决策自主权的设计公司（包括规划、建筑、景观、室内）。在市场从黄金时代到白银时代的转变过程中，亟待管理方面的补课。

2. 对设计公司来说，虽然战略越来越重要，但战略方向普遍不清晰，甚至不知如何思考战略问题。

3. 近几年，在多种因素的作用下，设计公司的利润率持续下滑，且出现两极分化。

4. 客户希望能有深刻理解本行业特征的实战型管理公司支持企业的管理提升。

5. ADU 可以通过授课、咨询、顾问等方式帮助客户。

6. 客户偏好互动式交流，甚至在授课中也需要大量互动，特别关心自己在工作中遇到的直接问题；需要用大量本行业的案例说明管理模型。

7. 中小型设计公司的高层管理者们尚未脱离业务，非常繁忙，能投入到管理提升方面的时间往往是周末。

8. 如果把管理分为道—法—术三个层次的话，多数公司在寻找“术”层面的方法，少数公司意识到管理突破需要“法”层面的系统性架构搭建，个别公司能体会到“道”层面的价值。

9. 客户希望的是价值定价，所以，如何让客户认同 ADU 产品对企业管理提升的价值是市场工作的关键。

10. 客户希望在与 ADU 的合作中，不仅是商务关系，而且是共同发展中的朋友关系。

你知道你的客户长什么样吗？

第三步：机会 / 威胁分析。有了对客户的画像，第三步就是分析变化趋势对我们是机会还是威胁。考虑的主要因素有五个：客户集中度、客户转换成本、品牌认同度、产品差异程度、价格敏感度。要逐个分析这五个要素的客户现状和未来趋势，以及这种变化趋势对企业来说，是机会还是威胁。

考虑因素	现状/趋势	机会/威胁
1. 客户集中度 2. 客户转换成本 3. 品牌认同度 4. 产品差异程度 5. 价格敏感度		

1. 客户集中度指的是这个市场中，有多少客户？客户数量多，集中度低，反之则集中度高。集中度高的极端情况是只有一个客户，就是垄断。比如中国的城市规划领域，客户只有一个——政府。客户集中度高对供应商就意味着在商务谈判中的地位低，想提高溢价能力可能只有两个办法：提高产品差异化、搞关系。西方企业一般用前者，再辅以后者；中国企业常用后者，有时辅以前者。反垄断（特别是反行政垄断）会降低客户集中度，提高市场活跃度。回顾过去十几年，民营设计公司随着改革开放成长起来，客户集中度经历了由高到低的过程，所以民企才有机会发展，近几年的国进民退使总体市场的客户集中度提高，乙方的谈判能力降低，直接感受就是设计收费下降，民企生存空间变窄。

有些新产品的市场目前处于自然垄断状态，比如前几年的工业化住宅设计市场，客户只有万科，这倒不是万科有行政手段树立垄断地位，而是出于各种原因别人不愿意现在进入这个市场。近几年，随着大规模保障房建设，一些大型房产商开始建设工业化住宅，客户集中度稍有降低，但仍处于较高水平。那么，未来趋势呢？各家设计公司有不同的判断。

一般而言，客户集中度趋于降低，对我们是机会，反之是威胁。

2. 客户转换成本指的是老客户如果不选你，换一个设计供应商，这个过程对他来说成本是高还是低？因为长期合作下来，甲乙方之间是有很多默契的，换一家供应商，对客户来说看似简单，而且设计费还有可能降低，但实际上转换成本还包括时间、精力、经验、技术、信息、情感等多方面的隐性消耗，所以客户转换成本的高低对老客户是否随意更换设计公司有一定影响。一般来说，客户转换成本越高，我们越容易保持供应商地位，溢价能力也越强，反之我们就很被动。上面提到的住宅工业化设计市场，由于存在一定的技术门槛，没有经验的设计公司很难立刻介入，所以，虽然客户集中度很高，但客户转换成本也很高，万科工业化住宅的设计供应商能维持比较合理的设计收费。

显然，客户转换成本高，有利于保持和提高我们在已经进入的细分市场中的地位，我们可以为提高客户转换成本做一些“贡献”。但对于我们还没有进入而想进入的细分市场，客户转换成本越低越好。

3. 品牌认同度是指客户是否注重供应商的品牌美誉度，国内中高端设计市场已经进入品牌竞争阶段，这也是差异化市场的必然结果。例如，一家央企房地产公司的设计总监告诉我，他们选择设计单位有一个先决条件：国际前五名或国内前十名。

这个标准不是很明确，但至少要求设计单位有品牌知名度。

4. 客户对产品差异程度期待越高，设计公司潜在的溢价能力就越强。外企的收费之所以高于内资企业，就是因为他们能满足市场对产品差异的诉求，而国内企业不论大小，普遍处于企业发展的低级阶段（尚未全面达到职业化阶段），专业能力还不足以提供差异度高的产品，只能应对中低端客户的需求。

5. 价格敏感度指的是在细分市场中，客户对交易价格是否反应敏感。一般来说，高端市场的客户对价格不太敏感，低端市场的客户对价格敏感。我在工作中，曾碰到过这样的客户，宣称要把他的项目打造成高端物业，要做豪宅，但在设计费谈判中特别斤斤计较，几乎是一毛一毛地砍价。这样的客户你要当心，他很可能是“心比天高、命比纸薄”，能力还没达到开发高端物业的地步。你要是真按豪宅标准给他设计，在设计和施工过程中他一定会不断修改，降低标准，最终建成效果不理想，他还责怪你水平低。常规而言，如果客户对产品差异度要求高，其价格敏感度低；对产品差异度要求低，则价格敏感度高。城市地标建筑属于前者，普通住宅设计属于后者。

一般来说，机会 / 威胁分析的结果，最好是机会大于威胁。否则，我们可能需要调整客户群的范围和层次，再把上面的三个步骤重新过一遍，以确定相对有利的客户范围。

产品

如果说客户分析的目的是为了发现客户的痛点，那么（狭义的）产品就是我们帮助客户缓解或解决痛点问题的方案。大家记住，产品未必要解决客户所有的痛点，你只需要解决其中的部分问题，但是只要能切中要害，客户就愿意为此买单。下面重点谈四个问题：价值主张、产品的生命周期、性价比、产品设计。

1. 价值主张。价值主张是企业通过其产品所能向客户提供的价值，确立了产品对客户的实际意义。产品的价值主张与前面提到的有效影响、差异化大致是一个意思，从不同角度说明产品的特点。

便利性　指为客户节省时间、减少麻烦等。提高甲乙方合作便利性的方法有很多，尤其是在资讯条件日益发达的今天。一些大型设计公司在异地设置的办事处就是为了给当地客户提供服务时增加便利性；还有在项目伊始就建立甲乙方项目微信群；

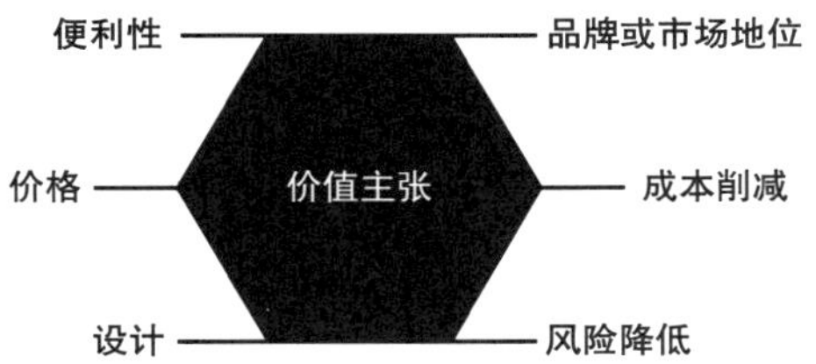

甚至有公司向甲方部分开放公司项目文件，使甲方可随时了解设计进度和质量。当然，很多设计公司对此有顾虑，担心信息的充分共享会使乙方陷入更加被动的局面。我想，这是一个思维障碍的问题，不论在公司内部还是公司外部，依靠信息不对称来获益或者保护自身利益的路子会越来越窄。

价格　一般情况下就是指便宜，在客户能够接受的品质、质量、服务等其他产品要素范围内，提供更便宜的产品。这两年，行情不太好，经常听见有设计师抱怨竞争对手以低价策略获得合同，我觉得这里有两种可能：第一，客户并没有认可你的产品的优质之处，因此不愿意给你高价；第二，这个客户不属于你的客户群，就像逛奢侈品商店的人不全是潜在客户一样，你要有能力识别出真正的客户。在极少数情况下，价格会以高价体现其价值主张，比如各地的“楼王”。传说硅谷的一个投资人看中一套房子，价格八千万美元，是当地的第二高价，这个投资人的唯一要求是用一亿美元买下这房子，不求最好，但求最贵。

设计　出色的设计显然能给客户带来更大价值，客户会为此买单。在这一点上最突出的是产品型设计公司，一些不朽的建筑设计作品给客户、城市、国家带来的外部性收益远远超出当初的设想。当然，这里所说的设计不仅是空间和外形方面的体验感，还包括功能、技术、经济、产业衔接方式、客户需要的解析和方案的提出等等各方面的设计。与其他行业不同的是，在“设计”这个价值点上，设计公司必须对客户有所回应。

品牌或市场地位　供应方的优质品牌会给甲方带来价值。最典型案例就是那句耳熟能详的“INTEL INSIDE”，英特尔公司业务模式虽然是B2B，但是其品牌对终端客户产生了影响力，促使其直接客户更愿意采购英特尔的产品。不少基建项目的工地围墙上会写上建设单位、施工单位、设计单位、监理单位等相关方的信息，也有不写设计单位的，写或不写的缘由之一就是设计单位的品牌价值如何。还听说一个中国甲方借老外大师品牌的故事：某甲方在开发一大型公建项目之初，花十万美元请一老外大师参加前期研讨会，并承诺随后委托设计，老外欣然前来，但会后再无下文。一段时间后，项目开工，工地围墙上赫然写着设计顾问单位是该大师的事务所，不明真相的购房者均误以为此乃大师作品。

成本削减 指你的产品能帮助客户降低成本以实现利润增长。这一点和前面第二点中的“价格”不是一回事，价格是你的产品便宜，而在成本削减中，你的产品未必便宜，甚至很贵，也可能不在原先的成本构成体系中，但是能帮助客户降低原来的成本。如果把“设计”、“品牌”视为帮助客户“开源”手段的话，“成本削减”即“节流”手段。2014 年，有公司推出“图价一体”的施工图设计产品，承诺解决建设行业长期存在的施工图预算与实际建安成本偏差过大的问题。应该说，在市场行情井喷的黄金时代，“开源”是客户关心的主要问题，在市场行情减弱的白银时代，“节流”也会逐渐成为另一个重要的价值主张点。

风险降低 指你的产品能降低客户的风险，包括商业风险和政治风险。在中国，为什么政府工程大量由大型国有设计院承接设计？原因之一就是对甲方而言没有政治风险。设计得好，皆大欢喜；设计得不好，也有说辞：已经找最大牌的国有院设计了，找其他院更不行。如果你的客户偏爱低风险，追求中规中矩，你的产品就需要在品牌、业绩、保障等方面让客户放心。

上述提示的产品价值主张涉及六个方面，触及客户潜在的痛点。在实践中，这六点不需要面面俱到，也不可能面面俱到，只需要抓住其中一两点就可以了。试图多方面兼顾的结果反而是平庸的产品。比如，近两年 ADU 的产品在业内获得了一定的认可，不少热心朋友提出了一些很好的建议，希望 ADU 的产品更加全面，兼顾多种需求。然而，ADU 能力（资源）有限，在汲取客户建议的基础上，权衡再三，ADU 产品的价值主张聚焦在“设计”（这里指的是理论突破和可实践性）和品牌上。

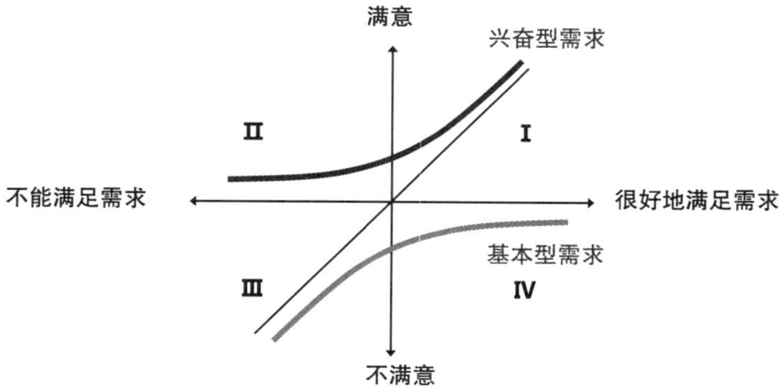

上面这张图帮助我们更加理解价值主张。图中的两条曲线，一条是基本型需求，在III、IV象限；一条是兴奋型需求，在 I 、II 象限。

属于基本型需求的产品属性，你做得越好，客户当然满意，但满意度增量越来越低，而且始终在Ⅲ、Ⅳ象限，也就是最多能让客户没有不满意。而属于兴奋型需求的产品属性，你只要做了，哪怕做得不太好，客户也会高兴，你做得越好，客户越兴奋，而且满意度增量越来越高。CCDI 体育事业部对外宣传的重点有两个：业绩和（体育场馆的）运营。其中业绩是基本型需求，运营是兴奋型需求。有效影响、差异化、价值主张指的都是兴奋型需求，而不是基本型需求。

前面提到过那家公司在研究豪宅设计产品时，把结构设计钢筋含量低、省钱作为产品的价值主张，显然是有问题的。结构省钱对豪宅开发商来说是基本型需求。如果在结构专业上真的有实力，不妨把结构美学融入建筑设计中，这可能是一些豪宅的甲方和业主看重的。相反，同样是结构省钱，在保障房设计中就是兴奋型需求。所以，一样的技术能力在不同产品中满足的是客户的不同需求。所谓见什么人说什么话，在产品营销上大致就是这个意思吧。

2. 产品的生命周期。产品如人一样，都有其生命周期。任何企业都不可能靠一个稳定的产品取得长期持续增长，尤其现在产品迭代速度如此之快。破解的办法倒不是要实施产品多元化，而是要慎重考虑切入产品的时机、产品级别的选择以及产品的升级。

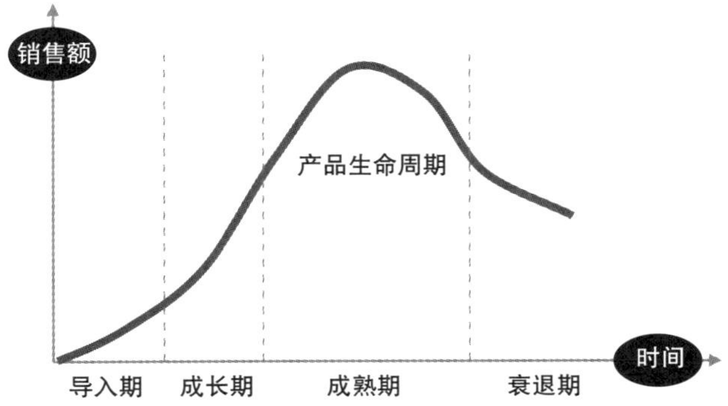

在导入期，客户在观念上还没有接受这种产品，只有个别客户会尝试采购，大多数目标客户会观望或漠视。大多数产品在导入期就夭折了，少数产品会进入成长期。成长期的产品，客户需求增长强劲，市场总量迅速扩大，供求关系上是供不应求，所谓“猪站在风口上”，大概就是这感觉了，所有人都能挣到钱。高额利润率导致供应商队伍也迅速扩张，成长期能持续多长时间取决于供求关系何时趋于平衡。

成熟期的产品市场总量趋于稳定，供求关系大致平衡，在激烈的竞争中，产品质量越来越优化，但利润率却持续走低。

大而化之，设计行业过去二十年的黄金时代就是成长期，现在的白银时代就是成熟期。成熟期的行业竞争格局是差异化，“大家日子都好过”成为往事。那些没有产品特征的公司将迅速消失，而在产品上有所建树的公司反而会加速成长。2014年，多数设计公司业绩下滑得很厉害，但也有不少设计公司逆势强劲增长，究其原因，是否有产品是两类公司的关键差异。

“这是最好的时代，也是最差的时代”，满眼都是红海，但仔细观察，处处又都是蓝海。从行业的宏观视角回到产品的微观层面，我们能发现大量产品细分化、精益化的机会，只会浑水摸鱼的公司是抓不住这种机会的。

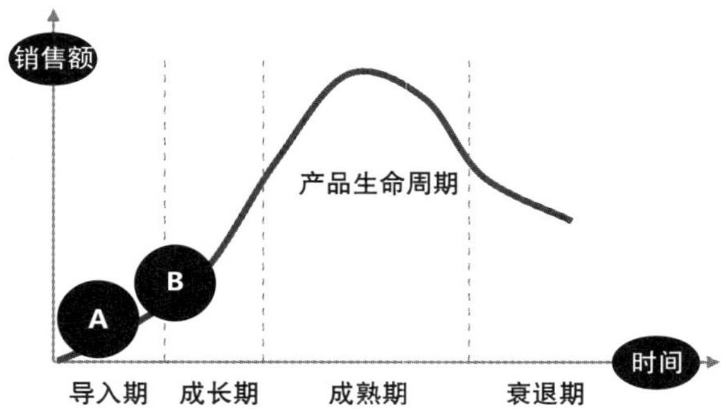

感觉上，切入产品的最佳时机是在导入期期末和成长期期初，即上图中的B区。此时，产品已基本被市场接受，成功率比较高，虽然没有以先驱的身份，但也能在即将到来的市场增量中分一杯羹。不过，能及时洞察这一点并迅速组织相应资源并非易事。另外，抓住这个机遇虽然能为企业积累资源，但未必能确立产品领先地位，不利于面对长期竞争。当然，还有另一种方式，就是产品核心人员在这个临界点上跳槽出来创业或加盟其他公司。这类事件在其他行业屡见不鲜，近几年设计行业也开始出现类似现象，反映了行业竞争逐渐加剧的趋势。

实际上，各种规模级别的企业终究必须通过在导入期（图中的A区）的切入来确立领先地位，CCDI（巨型公司）的体育建筑、华阳国际（大型公司）的工业化建筑、北京筑福国际（中型公司）的老旧建筑改造，这些企业的核心产品无不是从导入期开始切入的。区别在于产品级别要与企业规模的现状和发展相匹配，这一点在下一节会详细论述。在并非以规模取胜的设计行业，大小公司面对不同级别的需求，各有机会。大型企业有能力在多个产品上投入研发，意图抢占先机，同时也有实力承担部分产品失败的成本。小微型企业实力不足，只能选准一点突破，力图成为小巨人式的企业。在一些独特的细分市场中，由于市场总量不够大，大型企业看不上，这就给了小微型企业独占鳌头的机会。我的学员中，有一家 20 多人的小公司把菜市场设计作为主力产品，未来也许能成为一个小巨人。ADU 的产品聚焦在设计行业，这也是那些大型咨询公司看不上的细分市场。管理学称这种市场为利基市场。选择了利基市场，就锁定了客户，选择了产品方向，这时，就可以从产品的导入期开始切入了。

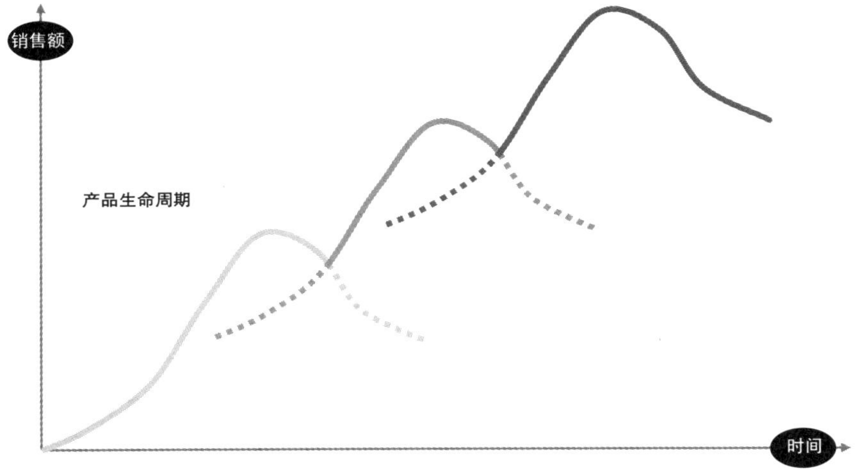

要保持核心产品的持续优势，必须注意产品的升级。工业时代的产品更新周期比较长，而现在越来越短。商业地产巨头的万达，不到三十年的发展历程，据说万达广场已经历了四代产品，即将推出第五代。小米手机号称一周一迭代。ADU 的产品目前能做到每月一次小更新、两年一个大更新。

3. 性价比。性价比是客户得到的产品与服务的使用性能与付出的金钱之间的比值，这是一种感受，没有精确数值。

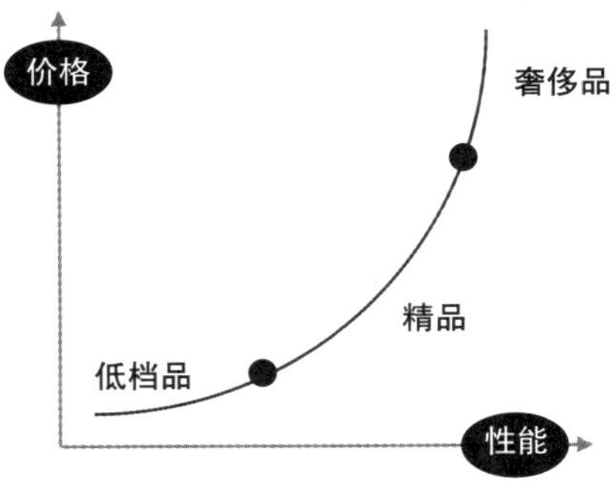

性价比高的产品，即在性能上的大幅度改善只需要价格的小幅度提升，能满足客户的基本需求，产品差异度相对低，消费量大，价格低，是低档品，属于成本领先的市场，企

业的主要竞争手段是价格。反之，性价比低的产品，在性能上的微弱提升，就伴随价格大幅度提升，可以满足客户个性化需求，产品差异度高，消费量小，是奢侈品，如何赋予产品功能之外的高附加值是关键。LV 的包一万元一个，地摊上卖的包一百元一个，哪个包性价比高？地摊货性价比高。功能角度而言，两个包基本相似，材料和工艺上 LV 比地摊货好，但成本远不至于相差一百倍。低档品厂商在市场宣传中常说性价比高，值了！奢侈品厂商在宣传中注重迎合高端客户的社会地位、文化品味等个性化需求，较少谈及功能。精品介于奢侈品和低档品之间，性能与价格大致同步提升。

我们的产品在性价比上是高还是低？属于低档品、精品还是奢侈品？品牌宣传上应该如何对应？值得思考，别错位了。

4. 产品设计。图示的产品分析模型可以帮助我们进行产品体系设计。横轴列举了设计实现过程（以建筑设计为例，仅供参考），从前到后是市场、销售、前期规划、方案、初设、施工图、施工配合等不同阶段，纵轴列举了产品属性（仅供参考）。

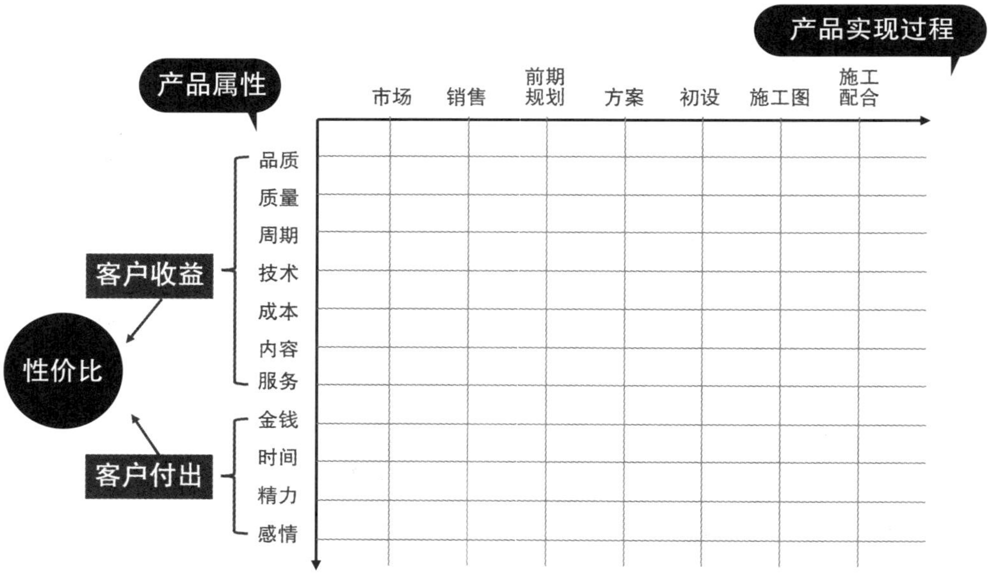

我们给客户提供的仅仅是一套图纸吗？不是。图纸是技术和服务的载体，其产出的过程包含了诸如产品品质、质量、设计周期、应用的建筑技术、建安成本、内容（指图纸表达的详细程度）以及过程中乙方对甲方的服务态度，这些构成了合作中的客户收益。客户的付出仅仅是设计费吗？不是。还包括客户在合作过程中所花的时间、投入的精力，还有一些感情因素。横轴和纵轴形成的几十个交叉点值得我们认真思考，要回答三点：一是客户在这些点上有什么诉求？二是我们如何满足这些诉求？三是我们在这些点上与竞争对手有什么不同？

有的设计公司在这张图上可能把某些点圈得很大，而别的公司可能这个点小、但另一个点大，点的大小反映了不同公司在客户分析上的差异、产品体系设计上的差异。点大的地方就是产品的重点，是我们的价值主张，是我们应该对客户施加的有效影响，是我们的研发重点。

本章第一节中提到的那家设计行政服务中心的公司，在深入研究中发现这个产品的产品属性中，有两个最关键，第一个周期，第二个服务。这两点就是价值主张中“便利性”的具体表现，是兴奋型需求。行政服务中心是政绩工程，整个建设周期往往需要在一年内完成，协调工作异常繁杂；同时由于建设方都没有此类项目的经验，所以需要设计院提供贴身服务。其他产品属性，如品质、质量、技术、成本、内容等方面，中规中矩就可以了，没有特殊要求，是基本型需求。这样的分析结果，意味着公司在周期和服务这两条横轴上的每一个点都需要仔细设计客户界面、服务保障、工作节奏等产品细节。

在这张图的分析基础上，对外就可以提炼出面向客户的产品体系。前几年，有家设计公司想进入商业建筑领域，但是他们并没有什么业绩。他们从研发入手，把整个商业建筑的咨询服务过程，分为160多个子项，向客户展示了其对商业建筑的深刻理解，客户可以进行菜单式选择。160多个子项中，有的属于低档品，有的属于精品，有的属于奢侈品。也就是说，要开发一个高端商业设施，这些子项客户都得做，客户可以另请高明，但不可不做；中档商业设施，客户需要采购低档品和精品部分；普通商业设施，采购低档品即可。这家公司拿出这张产品说明书与潜在客户交流，几乎所有的客户都很惊讶。商业地产的开发商都是懂行的，接触过很多做商业的设计公司，但没有一家公司拿出这样的产品说明书。这家没有业绩的公司居然凭此打开了市场，因为这张产品说明书反映了专业能力。

再举一个案例，这家公司在文教建筑上颇有建树，他们把文教建筑的设计咨询服务细分为一百多个子项。在给一个客户提供的项目设计服务建议书中，他们列明这一百多项（表示足够专业），同时根据这个项目的具体情况，标明设计服务采购建议。客户拿到这份建议书后，虽然不是专业出身，但完全能理解建设一个百年校区所需要考虑的方方面面，更了解了这家公司的专业实力。这个项目最终结果是在这家公司报价比竞争对手高 50% 的情况下，客户选择了这家公司。

有些设计公司报怨客户不识货，那么请问，你通过哪些方式表现了你的专业能力？你的功课做到位了吗？很多客户不是专业出身，但不意味着他不能识别产品价值。中国设计公司基本上没有够说服力的产品说明书，也没有详细的服务建议书。

再看看我们身边的那些国外设计公司。只要看看网站，就能看出中外设计公司的差距。比如 AECOM，其产品架构是兼顾服务模块和市场领域的矩阵式，包括建筑、建筑工程、工程服务、项目管理、环境、设计与规划、能源等 14 大类。

| 资料来源：AECOM 官方网站 . http://www.aecom.com/.

ATKINS 基于服务种类进行产品划分，计有 18 大类、91 个子项目，其中建筑类可提供 54 个子项的服务，在中国因为“玻璃天花板”的存在，目前只能提供设计咨询模块。

| 资料来源：ATKINS 官方网站 . http://www.atkinsglobal.com/.

RTKL 的产品架构是按照市场领域、服务种类、地域三个维度划分。市场领域分为 15 大类，服务内容分 19 大模块，有 7 个地域市场。作为建筑设计出身的企业，对于设计服务模块的细分更为精细，包括建筑设计、室内设计、规划设计、结构工程、机电一体化、技术设计、历史保护等等。

| 资料来源：RTKL 官方网站 .http://www.rtkl.com/.

网站上反映的只能是这些公司粗略的产品结构，与客户深入沟通所需要的更精细的产品文件他们都是有的。反观中国设计公司，网站上就是堆砌了大量项目图片而已，产品结构不清晰，技术特点不明确，看不出专业能力的强弱，一眼看去，感觉是什么都能干，样样干得都不怎么样。现阶段，单资源轴增长的行业现状，导致企业产品能力的缺失，这样的路已经走到头了。

市场

市场分析主要包括以下几项：

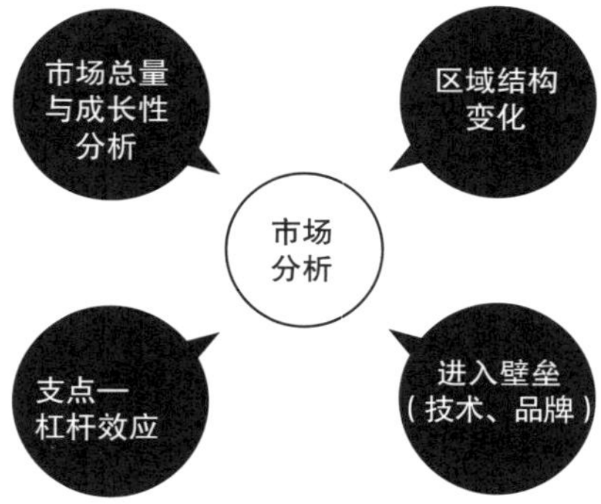

1. 市场总量和成长性。市场总量一般是指该市场的年度销售总额，市场成长性是该市场的未来发展趋势，一般用年增长率表示。这两个因素一定要结合起来考虑，而且后者的重要程度超过前者。所谓“猪站在风口上都会飞起来”，这里的“风口”指的就是市场总量不大，但成长性超高的市场。勘察设计行业过去二十年最大的吸引力是高成长性，年复合增长率为同期 GDP 增速的 3 倍。二十世纪八十年代中国改革开放之初，一些外企就进入中国，看中的是中国市场的高成长性，而不是当时的市场总量。也因此，不少人孜孜不倦地追逐下一个风口，追的人多了，很快又成了泡沫。不过，搞投资的人追追风口倒是正当职业，搞实业的人追风口就不那么靠谱了。风水轮流转，在风口上时好好玩，不在风口上时认真玩。

2. 区域结构变化。中国地域广阔，经济水平极不均衡，存在非常显著的区域梯次发展的现象，所谓一二三四线城市之说就是这个意思，上一级城市相对下一级城市有明显的技术、人才等资源优势。北京、上海、深圳的设计公司超过一半的业务来源于二三四线城市，二线城市的设计公司也向下辐射，同样，市场分析也要考虑这种区域经济发展对设计业务的影响。比如，据说区域 GDP 达到 200 亿元人民币时，开始出现城市综合体的需求，因此营销渠道应该参照这个节奏拓展，不宜早也不能晚。

3. 进入壁垒（技术、品牌）。现在大家都觉得设计行业竞争激烈，是红海，但我认为有太多的蓝海细分市场没被认识、被发现，选择好产品就能发现蓝海。设计企业间大多处于同质化、低水平的竞争状况。打个比方，大家都穿行在山脉中，忙着埋头在山谷里行走赚点小钱，不看路，更没有抬头看到旁边有那么多山头（产品），而且那些山头基本没人上去过，更没人在山头插上红旗（品牌优势），为什么不抬头看一看、想一想哪个山头我们能冲上去呢？冲上去以后马上要干三件事：插红旗、挖战壕、修碉堡，就是建立壁垒（品牌、技术、人才、业绩等），把这个市场牢牢把持，使竞争对手没什么机会了。这时别人再想上去成本就高了，还未必能成功。机会不大就不要上了嘛，攻其他山头的机会有的是，当你把力量集中在某个点专注下去的时候，相对容易结出硕果。

七年前，当三益中国开始专注于商业地产领域的研发和市场推广时，国内大部分设计公司都有些商业建筑的业绩，但当时住宅设计的毛利率很高，公建设计被认为是赚名气不赚钱。现在，三益中国已经在国内商业地产市场树立起牢固的进入壁垒，且已延伸到上下游，既赚名气又赚钱。

选择目标山头要先观察山头上有无对手，有对手的话，要看看他建立的壁垒有多高，再结合企业资源审慎决策。

4. 杠杆效应。阿基米德说：给我一个支点，我可以撬动地球。他的这句话说的是杠杆效应，不过不够完整，即使他能有一个支点，也没有合适的杠杆。

杠杆效应有四个要素：作用力、支点、杠杆、目标。当我们选择了目标市场、决定投入一定资源（资金、人力、时间等）后，该如何行动呢？杠杆效应给了我们一些启发，支点指的是该市场中有影响力的品牌项目，杠杆是指我们在该市场中逐步形成的管理、技术、品牌等方面的核心竞争力。打个通俗的比方，支点项目是骨头，目标市场是肉。大家都想吃肉，这是一个合理的诉求，但怎样才能吃到很多肉呢？几十年前，生活水平很低，过年时才有可能敞开肚子吃顿肉（不像现在要减肥吃素），一锅炖肉带汤，最好最多的肉都挂在骨头上。所以，想多吃肉，先抓骨头，也就是在市场上要有支点项目。

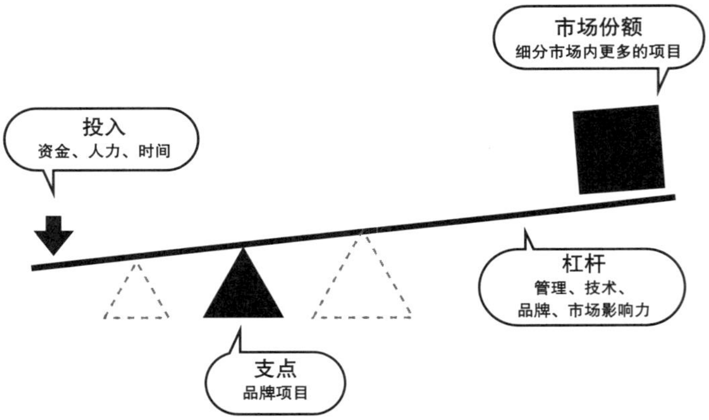

本章第一节中介绍了“寻找产品的六种路径”，其中的第一种——对既有业绩分析、提炼，找到支点项目——就是要利用杠杆效应。其实，任何公司在市场推广中都是优先宣传那些有技术特色、有重大社会效益、让自己脸上有光的项目，而不会宣传那些赚钱的项目是如何盈利的。过去，我们没有产品意识，即使有支点项目也不会利用。

当我们准备进入一个细分市场后，有限的资源该如何使用？该接什么项目？先啃骨头还是先吃肉？支点项目经常是可遇不可求的，不能强求一开始就有，但要始终有这样的思维方式。另外，支点项目与产品定义中的地域有关，想在全国经营，支点项目就要有全国影响力；在区域经营，有区域影响力的项目就可以了。

曾与一位设计公司老总聊天，问公司有哪些客户？他说都是知名开发商，如万科、中海、金地等，中小型开发商的项目一般不接。业内都知道，万科、中海、金地的项目都非常折腾人，虽然单方设计费不算少，但工作量极大，核算下来项目毛利率很低，属于支点项目，是骨头。你天天啃骨头，为什么不去吃肉呢？你完全可以凭借万科、中海、金地的设计供应商所形成强大的品牌为中小型开发商服务，项目毛利率一定高，因为他们信任你的技术、专业能力和管理，你有溢价能力。

也有设计公司，一心想吃肉，不愿啃骨头，结果肉也没吃到，因为没有品牌，产品没有差异化，缺乏议价能力，收费随波逐流。所以，有支点，会利用支点，能够事半功倍；没有支点，事倍功半。

竞争分析

考虑因素	现状/趋势	机会/威胁
1. 市场的成长 2. 产品差异程度 3. 品牌认同度 4. 同行集中度 5. 转换成本		

分析上述五个要素的现状和趋势，以及这种变化趋势对企业来说，是机会还是威胁。

1. 市场成长性。这和前文在分析“市场”时提到的市场成长性是一个概念，不过前面分析的是市场成长性对市场吸引力的影响，这里谈的是市场成长性对竞争态势的影响。一般来说，高成长性意味着竞争不是那么激烈，低成长性反映竞争趋于激烈。

2. 产品的差异程度。这和前文在分析“客户”时提到的产品差异程度是一个概念，不同的是前面分析的是客户对产品差异度是否重视，这里谈的是产品差异度对竞争激烈程度的影响。产品差异度越高，竞争激烈程度越低，反之则越高。比如，在白热化竞争的住宅设计市场上，浙江绿城东方建筑设计有限公司仍然能保持很高的收费，就是因为他们与其他公司在产品上有相当差异，并通过研发持续维持和扩大技术差异。

3. 品牌认同度。这与前文在分析“客户”时提到的品牌认同度仍然是一个概念，不同的是前面分析的是客户在选择供应商时是否看重供应商的品牌知名度，这里谈的是品牌知名度对竞争格局的影响。客户认品牌，而你的品牌有美誉度，那么你感受的竞争激烈程度就低，如上面提到的绿城东方，高品质住宅设计市场的竞争对他们来说就没有那么激烈。如果客户认品牌，而你没有品牌，要进入这样的市场，成本很高，风险很大，对你是否合适需要慎重考虑。适合中小企业的细分市场是，现在客户的品牌认同度不高，而未来趋势走高，虽然当下竞争激烈，但你有机会树立品牌，并在将来靠品牌获得更大市场份额。

4. 同行集中度。同行集中度高的极端方式，就是前几名的公司占据统治地位，瓜分了市场总量中的绝大部分，这是另一种形式的垄断。前面谈到过客户集中度高的垄断是“需方垄断”，同行集中度高的垄断是“供方垄断”，典型案例就是“三桶油”对国内石油供应市场的垄断。计划经济是将两种垄断结合在一起，是完全丧失经济活跃度的彻底垄断。

对供方最有利的市场状态是客户集中度低，同行集中度高，历史上的同业公会（Guild）就是为降低竞争激烈程度、保护同行利益而产生的。欧洲早期的同业公会起源于九、十世纪，十一世纪逐渐向现代意义的商业联盟转变;中国隋唐时（六世纪后）开始出现类似同业公会的组织，直至明清。亚当•斯密在《国富论》中对带有垄断性质的同业公会猛烈抨击，认为公会的存在严重阻碍了商业发展。近来，一些设计圈的同行们呼吁价格联盟，对此我不敢苟同，这样的联盟操作上有问题，更关键的是有损自由市场的基础，终将损害倡议者自己。

泛泛而言，大型企业是同行集中度高的产物，小型企业是同行集中度低的必然现象。中国设计行业中，大多数公司是生产型的，其性质决定了规模化发展是市场竞争的必然趋势，所以二十年来，民营公司的最大规模不断被突破，CCDI 已有 5000 人，2000 人上下的公司（上海的联创、天华，深圳的筑博、华阳，成都的基准方中）不断出现，这在十年前是难以想象的，大型公司开始享受到一些集中度高带来的红利。三益中国虽然规模上还没有上述这几家公司大，但它在商业建筑上的规模同样保证了它分享到集中度高的利益。对小微型公司来说，大量的利基市场是他们的机会，在这里，同行集中度低，有竞争但不算很激烈。小微企业围绕产品研发打出一套组合拳，就可能成为小巨人，而小巨人公司的利润率是最高的。

5. 转换成本。这个转换成本和前面说的客户改变供应商的转换成本不一样，是指我们转换细分市场的成本。假设三益中国退出商业建筑市场，原来的团队转而进入医疗建筑设计，这就要放弃原来的品牌、销售渠道、技术、管理等一系列优势，试图逐步建立新的优势，这样的转换成本高不高？转换成本越高，企业就越不会轻易变换细分市场，转换成本越低，企业就会不断在各个细分市场间游离。之所以市场上还有万金油式的设计公司的一席之地，一方面是市场还有低层次服务的需求，另一方面是设计公司在低专业化时代的转换成本低所致。转换成本低，有利于组织资源进入我们不熟悉的细分市场，但竞争激烈；转换成本高，有利于我们守住已有优势的细分市场。

上述五点帮助我们考量细分市场竞争激烈程度，另外，还需要对具体的竞争对手，特别是标杆企业的动向予以关注和分析，但要避免简单模仿，可以尝试回答下列问题：

1. 竞争对手的优势、劣势是什么？
2. 竞争对手的产品策略是什么？
3. 竞争对手的市场策略、价格策略是什么？
4. 他们的研发重点是什么？
5. 他们的人才策略如何？
6. 他们的管理模式是什么？
7. 竞争对手正在进行哪些改进与变革？
8. 我们需要采取行动应对竞争对手的变化吗？

第三节　产品组合分析

达到一定规模的公司，往往有若干个产品。CCDI 有很多事业部，每个事业部面向一类客户，推出一个产品或产品组群。这里推荐四个模型来分析企业多产品（组群）组合是否合理。

1. 现金流矩阵。1970 年，美国波士顿咨询公司创始人布鲁斯・亨德森首创了用于规划和分析企业产品组合的工具——波士顿矩阵，矩阵中使用的两个维度是销售增长率（纵轴）和市场占有率（横轴），并以 10% 和 20% 作为区分高、低的中点，形成四个象限，分别命名为明星业务、金牛业务、瘦狗业务和问题业务。

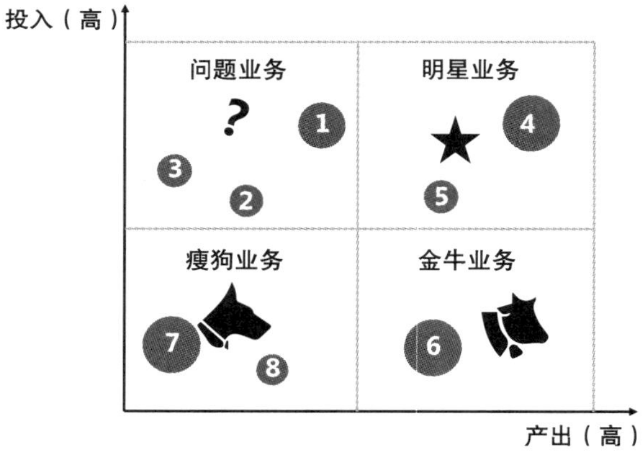

波士顿矩阵采用的“市场占有率”对国内民营建筑设计领域很难适用，一是缺乏细分市场总量数据，二是大部分细分市场的同行集中度还很低。我尝试把波士顿矩阵的两个维度改为投入和产出，称之为现金流矩阵，因为现金流对智力型企业的财务状况至关重要。

项目是设计公司的基本业务单位，大部分中国设计公司各项目的毛利率大体接近，不高也不至于赔钱，属于高投入、高产出的明星业务，两高都是相对而言。高投入是由于在研发、市场推广、企业管理上没有投入，所以在每个项目的销售、设计、服务上必须投入较高的成本；高产出是指每个项目核算下来都能盈利（当然，很多公司还没有能力核算出每个项目的具体盈利状况）。

可持续发展的公司应有三类业务：问题业务、明星业务、金牛业务，三类业务间能实现合理转化。显然，金牛业务大家都想要，那么，金牛业务是哪来的？当然不是天上掉馅饼掉下来的，往往是从问题业务经过明星业务转化来的。人类是哺育期最长的物种，同样，好产品也需要一定的孕育期。在孕育期里，投入大于产出，是问题业务。

CCDI 体育事业部的早期是高投入、低产出的问题业务，连续三年现金流亏损，当时公司内部有不少同事提出了"红旗能扛多久"的疑问。这样的业务是否要放弃呢？如果在当时预见到体育建筑市场的高成长性、客户集中度低、品牌认同度和进入壁垒将逐步趋高、"水立方"是有力的支点项目等因素，就应该坚决持续投入，以期待未来的高产出。CCDI 做到了这一点，体育事业部在第四年，开始盈利，由问题业务转为明星业务。现在，体育事业部的项目毛利率已高于 CCDI 的平均项目毛利率，进一步转化为金牛业务。

还有，金牛业务赚到的钱该如何使用？不能全部分掉，其中一部分应该用于发展有潜力的新业务（细分市场）。CCDI 在 2007 年成立了轨道交通事业部，意图重复体育事业部的发展路径。成立初期没品牌、没人才、没业绩、没经验，接项目很难，CCDI 坚持投入，逐渐积聚了一些人才，形成了一些技术沉淀。2008 年底，当 4 万亿元经济刺激政策推出之时，轨道交通事业部迎来了千载难逢的黄金发展机遇，有道是机会总是留给有准备的人。不过，2011 年的 7•23 动车事故以及随后的一系列事件为大跃进式的铁路建设踩了刹车，CCDI 轨道交通事业部也受此影响颇大。这两年似乎行情又有所好转。

不客气地说，中国民营设计公司的老总们基本都不知道如何为企业建设花钱（国企的那一套大多是假大空而已），辛辛苦苦挣的钱主要用于买房（因为不太懂别的投资方式），估计这是人均购房面积最高的职业之一（当然比不了贪官、煤老板）。换句话说，他们对房产增值的信心超过对自己公司成长的信心。在这方面，也许这本书能帮助那些致力于把设计公司做好的管理者。

在第四章的组织架构中，重点强调了成本中心和利润中心的概念，论证了成本中心是成功企业的必要条件。只有在成本中心的管理模式下，才有可能实施问题业务—明星业务—金牛业务的组合管理。如果是利润中心管理模式，各业务单元自负盈亏，即便有意识、有眼光，也没有实力投资有潜力的问题业务。从这个意义上说，那些采用利润中心模式的公司不会有什么很好的产品。再具体到薪酬上，假如一个业务单元前三年赔本，后三年开始盈利，你说应该哪个时期的总经理薪酬高？利润中心的思维下应该是后三年的总经理回报高，问题是如果没有前三年打下的基础，现在能盈利吗？虽说打江山难，守江山不易，但前三年创业初期一穷二白，应该更艰难。

现阶段的中国建筑设计行业，金牛业务的项目毛利率应该能达到百分之七八十以上，明星业务的项目毛利率大致在百分之五六十，问题业务的毛利率很低，甚至是负值。参照这个标准，现在大多数设计公司的业务都是明星业务，都能挣钱但挣得不多。人无远虑必有近忧，拒绝问题业务，就拒绝了在产品生命周期的导入期切入产品，无法获得产品的领先地位，终究不能尝到金牛业务的美味。

我们不能期待所有的问题业务、明星业务都能顺利地转化为金牛业务，竞争中有成功，也会有失败。所以，现金流的平衡至关重要，也就是三类业务的比例搭配很关键。CCDI 在体育事业部成立的最初三年间，现金流高度紧张，原因就是公司当时没有高利润产出的金牛业务，靠以住宅为主的明星业务的现金流去填补体育事业部的资金窟窿，实在是捉襟见肘。后来听说赵晓钧、单增亮二位老总一度盘点所有个人资产，准备砸锅卖铁挺过难关，全力保障“水立方”设计的顺利进行。好在没到那一步，再说，即便到那一步，我相信那时的CCDI会有很多员工愿意分担这个压力。如果那时再有第二个问题业务，现金流就会出大问题，也许就没有今天的 CCDI 了。

越早有这样的产品组合意识，越有机会获得成功。

2. 战略匹配度矩阵。战略匹配度矩阵就是要考虑细分市场是否符合企业的战略发展方向，而不是仅参照当期的价值贡献度来取舍。以价值贡献为横轴、以战略匹配度为纵轴构成的矩阵帮助我们思考这个问题。试图战略方向转型（如生产型要转为产业型）的公司尤其需要认真思考这个矩阵。

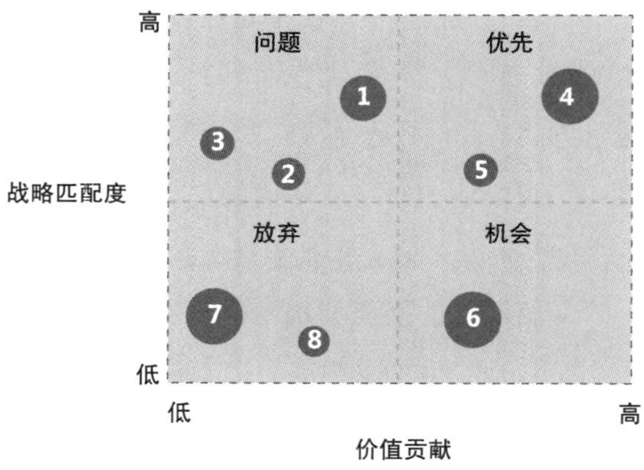

比如，建筑师或多或少都有些大师情结，如果有机会参与一个博物馆的设计，都会很感兴趣，这是个人职业生涯的一种成就。但这种

项目是产品型公司擅长的，是否符合一个生产型公司的战略呢？换句话说，就是强调个性化的项目与生产型公司的战略匹配度高不高？

在这个矩阵之中，既符合战略，又有价值贡献，当然是优先发展的业务，没有异议。战略匹配度高、价值贡献低的属于问题业务，这和上面现金流矩阵谈到的问题业务有类似的地方，区别在于思考的侧重点不同。面对问题业务，该坚持还是放弃，不能一概而论，需要具体分析。三益中国的董事长高栋告诉我，在三益中国确定转型为商业地产市场的产业化服务商的战略时，商业建筑在公司营业额中的份额很小，项目毛利率也不高，持续投入意味着短期机会成本（指把资源用于本项目而放弃用于其他项目时，所可能损失的利益）高企。现在，三益中国的战略转型初步成功，有一个现象可以反映他们现在的市场地位：几乎每一个商业地产投资商都知道三益中国，并知道三益中国不仅是建筑设计公司，还可以提供上下游的产业型服务。

价值贡献高、战略匹配度不高的业务对企业意味着机会。这个机会前面要加个定语，就是把它“卖掉的”机会。管理学上经典的案例之一就是 IBM 把笔记本电脑业务卖给联想集团。1993 年，郭士纳出任 IBM 公司 CEO 后，开启了 IBM 从制造商向服务商的战略转型，因此，PC 业务不符合 IBM 的战略发展方向，但尚有价值贡献，出售 PC 业务对 IBM 来说是必然选择。2004 年底，联想集团宣布以 12.5 亿美元收购 IBM 全球 PC 业务。

在中国，由于政府对设计行业采取资质管控方式，设计企业难以通过出售部分业务板块的方式抓住这种“机会”。

3. 业务发展层次。核心业务、增长业务、种子业务是从现在、中短期、中长期这三个不同的时间维度来考虑组织业务层次。核心业务是现在贡献 80% 现金流的业务，业务成熟度高，收入稳定，是企业活在当下的基础。增长业务的总额不高，在

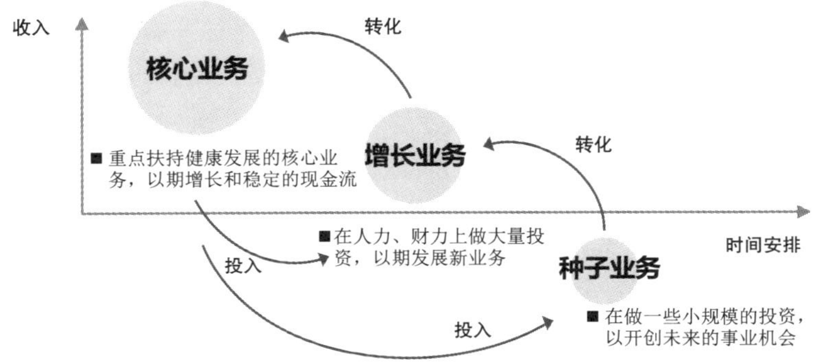

公司收入中的比例不高，但成长性很强，业绩增速快，比如去年只有 200 万元，今年就能达到 500 万元，有机会成为未来的核心业务，增长业务着眼于中短期的成功。种子业务着眼于中长期，暂时没有收入，或者少到可以忽略不计，相当于种子埋在地下，未来可能有机会生根发芽。

核心业务在现金流矩阵中，可以是明星业务或金牛业务，在战略匹配度矩阵中，可以是优先业务或机会业务；增长业务和种子业务在现金流矩阵中，可以是问题业务，在战略匹配度矩阵中，也可以是问题业务。

一般来说，大公司这三个层次的业务都有。小公司实力有限，只有核心业务，最多能在增长业务上略有投入，但这一点投入对小公司的生存与发展至关重要，既考验决策人的决心，也考验产品决策的精准度。

企业的经营增长速度就体现在这三个层次业务的转化成功率和转化速度上，转化成功率越高、转化速度越快，业绩增速就越高。CCDI 过去十年的高速增长，与这两点有密切关系。

4. 安索夫矩阵。安索夫博士于 1975 年提出以产品和市场作为思考维度，划分出四种组合的营销策略，被称为安索夫矩阵。

市场渗透战略是以现有的产品面对现有的顾客群，力求增大产品的市场占有率，前面提到的风语筑公司在城市规划展览馆市场上采取的就是这个策略。这个策略一旦成功，利润率是很高的，因为 60%×1 的盈利状况远远好于 20%×3，即在市场总量大致相当的情况下，在 1 个市场占有 60% 的份额优于在 3 个市场各占有 20% 的份额。

	现有产品	新产品
现有市场	市场渗透战略	产品延伸战略
新市场	市场开发战略	多元化战略

市场开发策略是以现有成功产品开拓新市场（客户）。产品定义的三要素是客户、产品、地域，如果企业的产品在某地面向某类客户获得成功，已获得较高市场占有率的话，就有机会以现有产品开拓新客户群。比较常见的办法是地域拓展，比如北京筑福国际 2012 年在上海设置分支机构，就是意图把在老旧住宅改造的成功经验拓展到华东地区，上海华东城建 2011 年在北京设立办公室是把高等教育建筑设计的产

品辐射到华北地区。这个策略能否成功的关键是现有产品是否足够成功，对新客户是否有说服力，以及新市场是否需要你的产品。

产品延伸策略是推出新产品给现有顾客，借助已有的顾客关系推出迭代产品或相关产品，提高公司在客户荷包中的占有率。这个方法营销成本相对较低，也有利于增加客户黏性。但荷包占有率太高的话，反而有可能造成客户满意度降低，这大概也是东方哲理中“事情不能做得太满”的意思吧。

多元化经营是提供新产品给新市场，这时企业既没有产品优势也没有客户关系优势，是最冒险的策略。二十年前在中国风行一时的那些机会主义式的多元化公司早已灰飞烟灭，房地产的龙头老大万科之所以有今天，不是因为多元化的加法，而是产品聚焦的减法。有些设计公司在行情好的前些年，到处开分公司，没有产品概念，什么项目都接。现在市场稍有变动，这些项目、分公司都成了食之无味弃之可惜的鸡肋，手上又缺乏有品牌影响力的核心产品，难免手足无措。

城市策略报告

1. 城市发展评估报告
2. 城市发展战略规划
3. 城市问题分析报告（规划策划及解决方案）

河流整治

1. 城市非通航河道生态景观及沿线城市设计
2. 城市河流一体化解决方案

养老

1. 二十四节气养生地产
2. 养老社区
3. 宜老居住区

酒店

1. 城市文化创意酒店
2. 有特色的精品酒店
3. 定制化中高端精品酒店

文化地产

1. 文化地产
2. 文化旅游

住宅类

1. 保障房设计
2. 高端住宅
3. 高端住宅精细化建筑设计
4. 工业化城镇保障房
5. "为高端住宅体验区提供智能生态一体化设计及咨询服务（互联网住宅）"

商业

1. 城镇商业综合体
2. 旧街改商——主题商业街设计
3. 具有当地特色、历史的商业旅游步行街综合体
4. 具有东方养老文化、养老养生理疗的度假类项目
5. 社区集市设计及改建
6. 文化旅游地产规划设计
7. 中小城市商业综合体设计运营服务提供商

旧改

1. 城市更新及城市综合体（旧改）
2. 城市旧区更新改造一体化设计
3. 旧城改造城市更新

其他

1. 节能建筑设计
2. 产业地产
3. 城市园林博览会
4. 道路工程设计模块化施工
5. 低成本解决方案
6. 行政服务中心
7. 欢乐颂天堂综合体
8. 景观产品系构建商
9. 酒店式医院
10. 连锁机构SI设计及实施
11. 旅游地产全程服务
12. 山地度假居住区景观设计
13. 商业地产景观
14. 信息化支撑下的全生命周期精细化管理

三农

1. 交通枢纽周边小城镇建设规划
2. 美丽乡村改造
3. 新农村改造
4. 新市镇中心（城乡一体化综合体）
5. 新型城镇化田园经济规划

这张图是十几期“设计公司战略管理实战训练营”课程中，各小组（虚拟公司）讨论过的产品汇总表。可以看出，产品种类很多，五花八门，同一个大类中，也有区别。深究下去，值得探索的内容都很多，可见，处处是蓝海。

第四节　错了，是产品

在与不少设计公司的管理者交流中，发现大家关注的管理问题主要是组织架构、人力资源、绩效管理、市场营销、项目管理等等方面。应该说，这些问题确实是重要的体系性问题，但并不是关键。就现阶段中国设计公司的状况而言，多数公司的关键问题是产品问题，产品不对路，在其他管理模块上下功夫是无济于事的。再说句不客气的话，产品是企业战略层面的事，是企业决策层的事，在产品战略上的不作为，实际上是决策层推卸责任的表现。

那些没有产品概念的企业暂且不谈，略有产品概念的公司常犯的错误有两个：产品级别与企业规模不匹配、产品不聚焦。

产品级别与企业规模不匹配

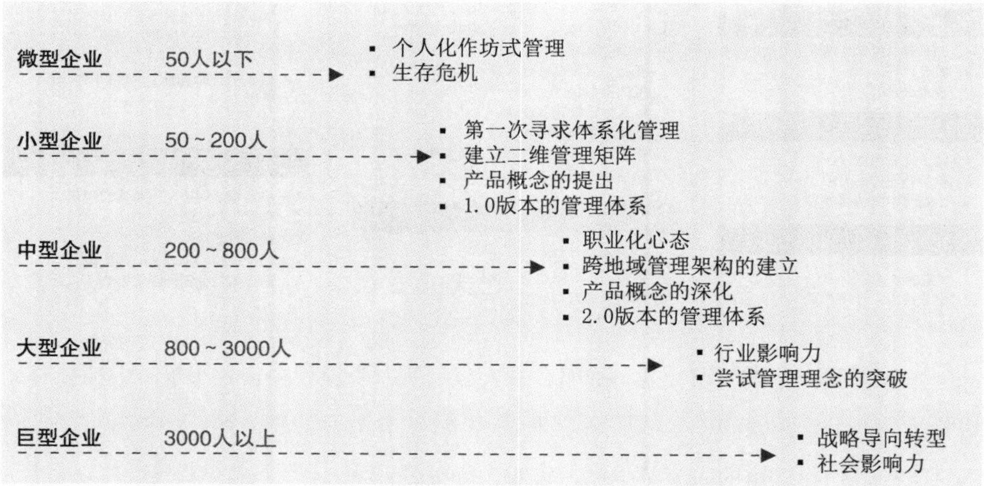

如果以 50 人、200 人、800 人、3000 人作为员工数量的临界点来尝试划分生产型建筑设计公司，就可以得出微型、小型、中型、大型、巨型五种公司规模的大致感觉。在成熟市场上，不同规模的公司面对不同的客户群，推出不同级别的产品，他们之间的竞争是错位的。换句话说，巨型公司的主力产品，中型公司干不了；大型公司的主力产品，小型公司干不了；中型公司的主力产品，微型公司干不了。同时，相对低规模的公司所面对的利基市场也不是规模较大的公司擅长的，一方面是由于利基市场的总量不大，不足以支撑大型公司的业务总量需求；另一方面是大型公司的管理模式与成本也不可能依靠一众小产品来承担。打个比方，就像打海战，对付索马里海盗，出动护卫舰或驱逐舰就可以了，动用航母战斗群就太不合适了，成本太高，海盗还没咋地，你自己就玩不下去了；但是要打大仗的话，就必须动用航母战斗群才有把握获胜，否则派出 100 艘护卫舰或驱逐舰也不过是个摆设。

遗憾的是，在中国的设计市场上，经常看到一个十几万平方米的住宅小区设计招标，各种规模的公司都来了，齐聚一堂抢活儿。这是因为很多所谓的大公司都是 50×20 的利润中心模式，自以为拼 20 艘护卫舰就可以冒充航母出海打仗了。家里来客人，按待客之道应该整俩硬菜，总不能上十盘花生米就算完事吧。所以，就产品角度而言，大多数大中型设计公司没有随规模扩大升级产品，缺乏市场存在的理由。

CCDI 的规模扩大与产品升级大致是相伴而生的。2002 年初，我刚加盟 CCDI 时，CCDI 只是一个 100 多人的地方性小公司，90% 以上的业务是住宅；两年后，CCDI 有了 400 多人，借“水立方”之机进入了体育建筑领域；2007 年，CCDI 有了千人左右的规模，开始发展轨道交通、医疗建筑等业务；2010 年前后，CCDI 在超高层建筑这一技术难度和综合性、复杂性方面有更高要求的领域有了新突破；2011 年 11 月、2013 年 1 月、2014 年 4 月，CCDI 承办了三届“轨道交通综合开发国际研讨会”，三届会议的主题分别是：

第一届　交通与城市发展

第二届　轨道交通沿线土地的综合开发与规划

第三届　轨道交通综合体的规划管理和资源整合

从会议主题可以看出 CCDI 在轨道交通方面的图谋不仅限于设计站房。2014 年 11 月，CCDI 在其二十周年庆之时，发布了数字化新战略：从技术实现者变成客户的战略支持者；从项目级服务扩展到公司级服务，伴随客户的企业发展。这里面的产品设想和转型思维，大家可以琢磨琢磨。

CCDI 二十周年庆典的公益晚会主题是“i20• 让故乡年轻”，让我感兴趣的是跨界的发起机构、主办机构、支持机构、联合主办机构、创意支持机构，那个长长的名单是否存在跨界新产品诞生的可能性？如果有可能，产品建构在什么基础上？何种商业模式？

2013 年 9 月底，我在香港旁听了 AECOM 亚太区的一次工作会议，直观感受到世界级企业的产品级别。

未来，设计行业在互联网时代的企业规模会两极分化。大的方面会出现非常巨大的、从未有过的超级公司，AECOM 现在 10 万人，够大吗？不一定，以后最大的工程公司可能是 30 万人，50 万人。因为他们要应对全球一体化时代才会出现的世界级工程。历史上有过一些世界级工程，如巴拿马运河、英法海底隧道等等，未来的世界级工程投资更大、周期更长、技术更复杂、学科更综合。比如，北美洲与亚洲之间有个白令海峡，以后没准要修海底隧道，这样的工程得多大的公司干呢？几千亿美元级别的工程已经不再遥远了。

小的方面，会出现大量的小巨人型的小微型企业，满足客户的个性化需求。在互联网时代，常规产品的社会交易成本越来越难以依靠企业组织的内部化来降低，网络化协作的方式（如众筹、众包、众智等等）越来越多，效率越来越高，成本越来越低。因此，小微型企业的数量会非常非常多。而中型规模的企业要找到自己独特的对应产品，会比较难。

再补充一点，就管理角度而言，大部分在人员规模达到中型乃至大型的设计公司，仍未完成小型规模时应该完成的第一次管理转型，其“成长”其实只是市场条件超常情况下的“增长”，不可持续。

再看资源—流程—产品的三轴图，如果把企业规模视为一种资源能力，把管理视为流程能力，成功企业在这三要素中应该保持大致合理的均衡。然而，单资源轴的增长模式已使大多数中国设计公司处于严重失衡状态。

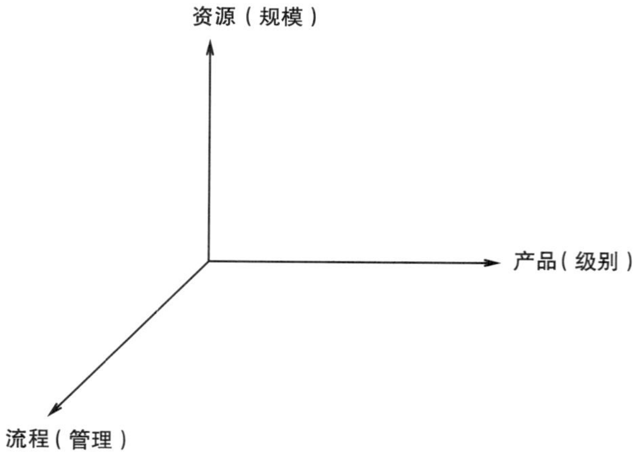

产品不聚焦

如果说产品级别与企业规模不匹配主要是大中型企业的问题的话，产品不聚焦则是各类规模企业的通病。

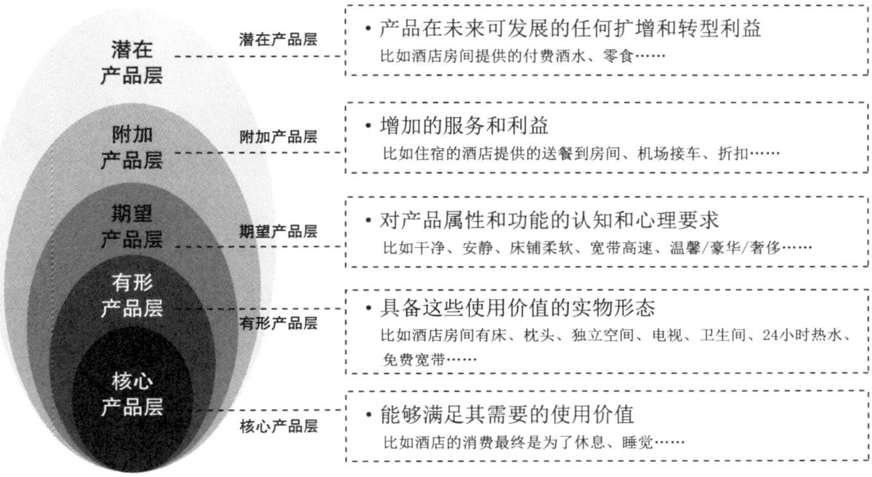

理论上说，产品有五个不同层次：核心产品层、有形产品层、期望产品层、附加产品层、潜在产品层。它们之间有的是相伴相生的形式—功能关系，有的是核心产品与衍生产品的关系。这里重点谈谈衍生产品。

“搂草打兔子”是民间的一句俗语，意思是在割草的同时把躲在里面的兔子一并擒获，换一句话说，就是我们都想拥有的境界：一举两得。“搂草”相当于核心产品，是初衷；兔子是衍生产品，是核心产品的成功所带来的机会。

北京筑福国际的董事长董有先生跟我说，这兔子千万不能打，因为捡了一次就想第二次、第三次，逐渐就会忘了“割草”这个出发点，最后没了根基。在“打不打兔子”的问题上，他们也走过弯路。两年前，这家公司200多人的时候，他们的业务甚至还包括红酒酒庄和移民顾问公司，与主业（既有建筑改造）的关联度很低。这些类似于“兔子”的业务，到手似乎很容易，但事后得花时间打理，于是资源逐渐分散，影响了心态。好在他们及时回归了。

任何公司的资源都是相对有限的，小微型公司尤其如此。在激烈的市场竞争中，“不要把鸡蛋放在一个篮子里”和“把鸡蛋放在一个篮子里并小心看好”这两种策略，哪个为优呢？我想，绝大多数的中国设计公司应该采取后者，尤其是众多小微型企业。因为，对小微型企业来说，能有一个鸡蛋就不错了，集中所有资源精心培育并看好这个鸡蛋为上。实际上，设计行业大多数小微型企业处于有限资源分散使用的状况，手里还没有鸡蛋，最多能算个鹌鹑蛋。即便是大中型企业，也是后者为宜，只不过产品的范畴相对宽泛，级别更高。

上面的兔子和鸡蛋说的是组织发展过程在产品聚焦问题上的两个阶段。

第一阶段是鸡蛋问题，即发现自己的鸡蛋（产品）并小心看好它。去年我在清华的一个培训班讲课时，学员中一个长沙的20人的微型室内设计公司老总告诉我，他们的年收入超过2000万元，人均过百万元，公司的产品只有一个——湘菜馆室内设计。当然，他们并不是一开始就聚焦到这个产品上的。大多数设计公司找到有竞争力的核心产品（即产品转型）都需要一些时间，关键是企业领导者要有这个意识。这个阶段要避免两种极端行为：一是一刀切式地放弃与核心产品相关度不高的赚钱项目，孤注一掷，造成现金流危机；二是舍不得对核心产品进行投入，聚焦产品找鸡蛋只是说说而已。

第二阶段是兔子问题。过了第一阶段，有了优势的核心产品，各种机会（兔子）就会主动来找你，那么，兔子要不要捡呢？筑福国际的答案是不能捡。究其原因，是他们的核心产品优势还没有达到足够高度，产品的辐射力度和辐射范围不够，这时去捡兔子（发展衍生产品）会分散有限资源，造成的结果是一方面核心产品的有限优势会弱化，另一方面衍生产品的发展由于核心产品的优势不足陷入僵局。日本大和运输前掌门人小仓昌男在1979年砍掉大宗运输业务，全心全意聚焦“宅急便”快递业务时说：同时追两只兔子的人，到最后一只兔子都得不到。如何评判产品是否达到足够高度？我想，标志之一应该是产品价值超出客户预期；标志之二是假设当市场消亡之时，你会是最后一个消失的公司。

核心产品在实践中很可能表现为一个产品组群，产品间相关度极高，其内核是一致的。对产品导向型公司，内核是一种哲学、理念；对技术导向型公司，内核是一种技术；对生产导向型公司，内核是系统化的经验；对产业型公司，内核是产业链的把握能力；对客户型公司，内核是对客户需要的深刻理解。

按照产品聚焦能力的强弱可以把设计公司分为四种状态：

0——无聚焦意识；

1——有聚焦意识，发现产品（鸡蛋）中；

2——坚持强化核心产品优势，能识别和拒绝兔子；

3——保持核心产品的足够优势，并利用这种优势发展衍生产品。

大量的国内设计公司处于 0 状态，从 0 到 3，企业数量急速减少，状态 3 的公司几乎没有。

乱捡兔子是产品不聚焦的一种表现，产品不聚焦的另一种表现是在产品化转型中，试图把所有现状业务和项目通通产品化。这里，产品化是指公司以研发驱动的业务模式推动产品（组群）的发展。

2012 年年底，我为北京某公司上了内训课。探讨中，管理层清晰了要用产品化套路赢得市场。之后立刻组织产品研发，把公司所有的项目类型梳理成 4 大系列 36 个产品，随后准备进行产品发布、市场推广。但是，对这个当时 200 多人的公司来说，产品（组群）显然太分散，不聚焦，公司也无法承受这样的成本，因此实际工作根本无法推进。在意识到这个问题后，该公司调整了产品计划。

更有意思的是，2014 年底，在讨论公司发展策略和目标时，他们开始规划了 2 ＋ 2 ＋ 1 共 5 个产品（组群），分别是核心业务、增长业务、种子业务。在这个产品组合基础上，管理层讨论能否实现未来五年年均 50% 的业绩增速。会上，我谈了两个观点：

第一，2 ＋ 2 ＋ 1 的产品组合仍然不够聚焦，大家心里还是患得患失，总有捡兔子的心态，觉得东方不亮西方亮。其实，除了核心产品中的一个产品（组群）是我们目前有优势的产品线外，另一个核心业务大家都已经认为是鸡肋了，为什么不放弃或整合？两个增长业务是我们试图介入的，但没有业绩、经验、人才，而且竞争对手早已远远跑在前面，这和 CCDI 当年进入体育、轨道交通、超高层，三益中国进入商业建筑领域的时机不是一回事了。更重要的是，在你们已拥有相对优势的那个核心业务领域，市场增长的势头非常明显，恰恰属于总量不大，但增长率很高的最好的细分市场，应该倾全力而为之，要在别人意识到这一点之前迅速确立全国领先的市场地位。所以，我建议产品（组群）组合是 1 ＋ 1，一个核心产品和一个种子产品。在这个核心产品（组群）里，有不少子产品是增长业务。

第二，如果核心产品如大家所言有那样好的市场前景的话，以公司目前的相对优势，产品开发如果对路，业绩增长率应该不止 50%；反过来看，如果达不到更高的增速，说明你们的（子）产品开发有问题，那样的话，就危险了，意味着竞争对手撼动你江湖地位的可能很大。

这两个意见说完后，对原先 50% 业绩增速还有些发怵的管理层，在产品（组群）聚焦后反而对更高的目标有了些信心。

深圳华阳国际的董事长唐崇武先生在 2014 年 4 月深圳的一次管理论坛上，在介绍他们从 2009 年不到四百人的规模，发展到 2014 年两千人的规模时，其中的经验之一就是做减法。从原来的来者不拒，逐渐聚焦到 4 ＋ 1，五条产品线。

小微型公司资源有限，更需要产品聚焦。北京阿普贝思景观设计公司是一家 30 多人的微型公司，在聚焦到“产业园景观”这个产品线后，2014 年仅用半年时间就完成了 2013 年全年的业绩。

请记住，就利润率而言，60%×1 远好于 20%×3。过去的小巨人公司如此，未来，这样的小巨人会更多。这是聚焦的力量。

增量转型

在企业的产品化转型中，既要避免产品不聚焦，也不能走向另一个极端，搞一刀切，一说产品聚焦就把其他类型的项目通通砍掉。转型之初，仍然会有不少项目延续以前接活—干活的业务模式，只有我们从产品战略角度确立的产品（组群）会逐步健全研发—市场—销售—运营的业务模式。

产品化转型的成功标志是业绩增量更多来源于聚焦的产品线，即增量转型。比如营业收入 1 亿元的公司在增长到 1.5 亿元时，5000 万元的增量业绩来源于何种业务？如果主要来源于产品化项目，说明产品战略成功了。这样几年下来，传统业务既保障了公司转型过程中的现金流，也可能有所发展，甚至孕育出新产品；而增量业务也实现了公司的产品化策略。这方面，三益中国是个经典案例。六七年前，商业类建筑在三益设计的业务百分比仅是个位数，现在已上升到超过七成。业务增量主要来自商业类建筑，而原有的存量业务虽然比例大幅下降，但总量变化不大。

这一点请读者切切牢记，以免走偏。

第六章

产品时代 2.0

资源—流程—产品的三轴不仅在企业层面应该是自洽的，在行业的宏观层面也是自洽的。

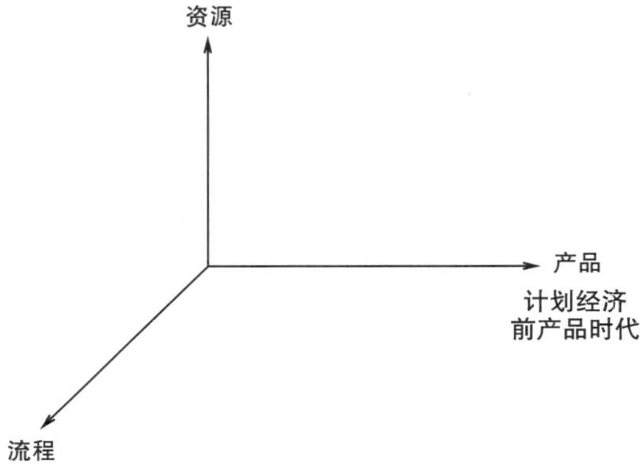

计划经济时代，按照条、块分割进行的设计院分类，就是产品划分。条就是化工、石油、民用建筑等用途类型，对应竖向的部委办局；块就是按地域，有国家、大区级（如华东院、西北院）、省级、市级设计院。这么一分类实际上定义了各设计院的细分市场，这是产品轴。然后，为此进行资源配置，所以在计划经济时代，大学毕业生一定要包分配的，其他资源也是按这个逻辑安排的，这是资源轴。有了项目，有了人，在干活的过程中，各类设计院逐渐形成了一个比较合理的流程轴，满足计划经济时代产品要求。我大学毕业后刚在设计院工作时，还能常听到老工程师们感叹当年设计管理之严谨。

不过，这时的产品其实算不上产品，设计工作只是完成任务，无关乎市场需求。这阶段可以称为“前产品时代”。

始于三十多年前的改革开放才有了市场经济，才算有了产品。不过市场化不纯粹、

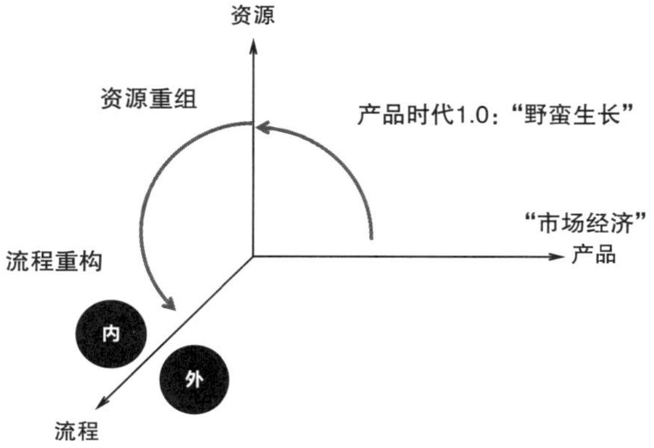

不彻底，产品也是半吊子，但总比以前强多了。借用冯仑先生《野蛮生长》一书的书名，1.0 版本的产品时代可以称为“野蛮生长时代”，需要解决的是有和无的问题。在“前产品时代”中被压抑的需求在极短的时间里被释放，造成了房地产的黄金二十年，设计行

业也搭上了顺风车，站在了风口上。风口上的日子自然很好过，好过到只要会画图就能挣钱。

产品轴的变化，影响到了资源轴，资源需要重组。设计行业最重要的资源是人才，有十几年历史的民营设计公司的创业者们大多是从国企跳出来下海的，因为国企的那套资源组织方式，不能满足市场经济的要求了。民企开始的时候是靠服务好接活，慢慢活多了、人多了，光靠服务好是不行了，干着干着就摸索出一套流程，怎样稳定质量、提高效率、促进协作等等，这是内部流程；还有外部流程，如何提高品牌影响力、销售渠道建设、营销与运营的衔接等等。这是流程重构，是相对市场化的产品流程，与计划经济时代的流程不是一个概念。在 1.0 野蛮生长阶段，流程重构比较成功的公司逐渐获得了客户认可，规模变得更大，如上海的天华、联创，深圳的筑博、华阳国际，成都的基准方中。需要指出的是，这些公司是从内部入手抓流程的，他们都有一套行之有效的项目管理系统，比如华阳国际的“项目关键节点一览表”、天华的项目管理手册等。而 CCDI 走的是另一条路，他们从外部入手抓管理，2004 年 CCDI 在民企中率先成立了市场部（当时叫企划部），尝试品牌建设与管理；2007 年 CCDI 开始全国销售网络的建设。与此相呼应的是，CCDI 在产品拓展和产品升级的意识上很强。

业内有不少人对 CCDI 现象——增长太快、新花样多、质量不稳定、人员流动率高等等——既看不懂也不看好，总觉得那不是设计公司的正道。确实，CCDI 一直在干别人没干过的事，尝过甜头也吃过亏，算是第一个吃螃蟹的必然经历。但 CCDI 在产品轴上肯定是做对了，而且抢跑了！

二十年的黄金时代过去了，进入了白银时代；产品 1.0 时代也同时过去了，进入了 2.0 时代。

2.0 时代面对的不是初级的有无问题，而是解决更高层次的优与劣、好与坏、美与丑的问题。现在有些设计公司业务量不饱满甚至处于半停工状态，不是简单的供过于求造成的，而是低端设计产能供过于求，高端设计

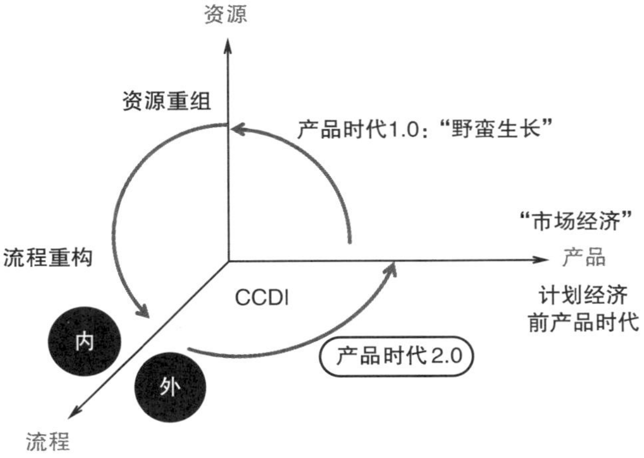

产能仍是供不应求。一批低端设计公司退出市场是必然的。

CCDI 抢跑了，用 2.0 时代的武器对付 1.0 时代的市场，占据了先机，但 2.0 时代的竞争光靠抢跑的那点初始优势是难以持续的。CCDI 的 DNA 是产品创新、组织创新，而内部流程优化一直是短板，估计这也是一些同行们认为 CCDI 路子走偏了的原因之一。在 2.0 时代的产品细分格局到来后，如何把产品做得好、做得优、做得美是细活。目前属于第二梯队、两千人左右规模的几家公司，其 DNA 与 CCDI 恰好相反。虽然眼下他们在产品创新上与 CCDI 有些差距，但细活是他们的长项，未来完全有机会赶上，另外还有一群后起之秀在追赶。1.0 时代市场行情好，大家相安无事，各赚各钱，2.0 时代的竞争大戏才刚刚开始，拭目以待。

2.0 时代产品的特征

显然，产品时代 2.0 阶段的竞争焦点是产品。

不同公司在同一个分类或领域会推出不同的产品。比如深圳规划院在生态城市领域推出了“基于 SMART 方法的低碳生态城市”，S 是构建碳汇网络、M 是优化微气候、A 是绿色建筑应用、R 是高效利用资源和能源、T 是引导绿色交通出行，并在深圳国际低碳城启动区中予以实践，这就是一个产品。其他规划院或设计机构可以提出自己在生态城市领域的产品。

同一家公司在一个分类或领域中也可以更细化地提出多个差异化的子产品。如北京筑福国际，在老旧建筑改造领域推出多个子产品，以满足不同经济条件、不同气候条件、不同抗震设防等级等方面的差异。

下面就几个方面谈谈 2.0 产品的特征：

1. 好产品源于观察。产品的起源一般有两种，常规的是根据客户提出的明确需求来开发产品，更好的方法是通过对异常现象（即客户痛点的外在表现，如冲突、纠结、渴望、沮丧、痛苦等）的观察，分析客户的需要（前面已经说过需求和需要的区别），提出产品设想。满足客户需求的产品是顺应市场，满足客户需要的产品是引导市场。

真正的产品大师都非常擅长对现象的观察。据说亨利•福特有一句经典名言：“如果我最初问消费者他们想要什么，他们应该是会告诉我，‘要一匹更快的马！’”福特没有去找那匹更快的马，而是造了汽车。同样，也从来没人告诉乔布斯需要一台智能手机。虽然大多数人成不了产品大师，提不出那种划时代意义的伟大产品，但产品微创新是人人都可以尝试的，尤其在用户对建筑设计的需求层次不断提高，而对建筑设计的认知水准尚处于低层次的时候，这种错位给建筑设计产品的创新带来了巨大机遇。

看到这里，读者可以重读上一章第二节中的客户分析，如果有新的发现，那么你可能摸到产品的门了。

2. 概念与模型建构。产品研发有两个阶段——概念的提出和产品模型建构。

无论是基于对客户需求的满足，还是基于对客户现象的观察，都可以提出产品概念。这个概念天马行空没关系，但必须是在对已知情况充分了解基础上的天马行空，千万不要被产品大师们的传奇轶事所迷惑，以为创新是灵机一动的事。

概念通过后，下一步是建构产品模型。如果说提出产品概念时更需要天马行空的话，模型建构则需要脚踏实地。这里，要特别注意技术策略。

3. 技术策略。克莱顿•克里斯坦森在《创新者的窘境》一书中给出了他的定义："技术"指的是一个组织将劳动力、资本、原材料和技术转化为价值更高的产品和服务的过程。克里斯坦森研究了两种技术形式——延续性技术和破坏性技术，其中延续性技术对产品性能的改善方式有渐进式和突破式的。

渐进式方式遵循的原则是奥运会的口号——更高、更快、更强，即持续完善改进现有技术；突破式方式是对现有技术的飞跃式创新，比如数码技术与胶片技术完全不在同一条发展轨道上，是全新的技术突破。上述两种方式是我们通常理解的、戴着领先地位光环的技术改进方式，但在实际生活中，我们日常使用的物品大多采用的是破坏性技术，比如傻瓜相机。

在市场和技术的关系上，往往有两种状态：性能不足或性能过剩。性能不足指的是市场上的产品所采用的技术，哪怕是最领先的技术，都不足以满足大部分客户的需求。这时，只要有采用最新技术的产品推出，消费者都会跟进购买，商家的广告语也通常是技术指标。性能过剩指的是市场上的大多数产品性能已超出消费者需求，以技术性能进步为号召力的新产品已很难激发客户的购买欲望。我的笔记本电脑已用了好几年，尽管这些年新款电脑层出不穷，但我已没有更新的欲望，因为它的性能已足够满足我写文章、授课、收发邮件的基本需求。但在十年前，电脑性能还不能满足诸多办公需求，那时一两年换台电脑是常事。性能不足的市场一般是渐进式技术和突破性技术的天下，随着技术的发展，市场渐渐转为性能过剩，这时，采用破坏性技术成为可能。

采用破坏性技术的产品通常更简单、更便宜，也更可靠、更便捷。我的办公桌上有一台集打印、复印、传真、扫描为一体的小型设备，如果逐项参数比较的话，大小、速度、清晰度等方面远远低于打印店的专业设备，但是对ADU这样的微型公司来说已经足够用了，而且很便宜，不到一千块钱。一般说来，破坏性创新并不涉及特别复杂的技术变革，重点是如何根据需要将成品元件组装起来。在传统行业，往往有很多采用破坏性技术的产品创新空间。

即便是在高科技行业，技术发展与进步的空间远大于传统行业，但苹果公司的前CEO乔布斯仍然认为，产品的重要性超过技术。他说：我一贯认为，我们必须首先从客户体验出发，继而再回头考虑技术上的可行性。从产品出发再回溯到技术上去实现，这成为苹果与世界上其他公司做法的显著不同。不能一味钻研技术然后再考虑可以把它用到什么产品上，以及用什么办法把它卖掉。

在建筑设计这个传统行业，除技术型公司和部分产品型公司外，大多数公司的技术策略应该是“破坏性技术”。但是，设计公司的传统技术思维力量太强大了，总认为只要技术领先，就应该有市场，而在理解市场、理解客户方面下的功夫不够。

4. 极致。极致是互联网时代产品的一大特征，意思是要把产品做得超出用户的期望值。

极致意味着专心，不被各种所谓的机会打扰，也就是不捡兔子。真做到极致的话，下一步机会自然就呈现了。ADU从2008年至今也有七年了，七年间，我只干了这一件事。ADU的产品算不上极致，但始终追求极致。有人跟我说，陈老师，我能不能通过你这个平台卖材料？我说我不干这事。还有人找我合作开发设计公司管理软件，因为管理软件的背后是管理思维，但我觉得还没到这个时候，谢绝了。其他找我合作的还有猎头公司、培训公司等等。当你做到极致的时候，就会有很多资源来找你了，这是互联网时代产品的一个特征。

极致不是100分，因为100分是正常的，大家都能做到，没用，相当于0分。现在的产品是在市场关系供过于求条件下的产品，竞争的是比较优势，就是相对于同行的相对优势。有人说，极致是101分，多1分就能拥有大部分市场。小巨人公司就是如此。

一定要注意的是，极致追求的不是面面俱到，不需要在每个局部都比竞争对手的产品强，而是单点突破，在客户痛点上下足功夫。多的那1分不是撒胡椒面似的1

分，而是在某个点上别人 1 分，你 2 分。要做到这一点，必须杀鸡用牛刀。ADU 的产品不求在设计行业企业管理模块上的全覆盖，但求促进管理思维的进步。

5. 简洁。简洁几乎是与极致同步出现的互联网大词，这可能与乔布斯追求“极致的简洁”有关。

爱因斯坦说：只要动动脑子，傻瓜都能做出更大、更复杂、更暴力的东西，但做出相反的东西则一定需要天分和巨大的勇气。建筑师都明白，设计个地中海风格的住宅容易，但要做到优雅的简洁则太难了。简洁不是简单。乔布斯认为，追求简洁不是要忽视复杂性，而是要化繁为简。要把一件东西变得简单，还要认真地认识到潜在的挑战，并找出漂亮的解决方案。简洁并不仅仅是视觉上的，也不仅仅是把杂乱无章的东西变少或抹掉，而是要挖掘复杂性的深度。要获得简洁，你就必须要挖得足够深。

不仅设计追求简洁，投资领域也如此。在硅谷的 YC 创业营中，创业小组有两次关键的机会陈述其产品和商业模式，第一次是最初的面试，十分钟，面对几个人的评审小组；第二次是三个月后的 Demo Day 演讲，150 秒，面向上百名投资人。如果你的产品和商业模式不够简洁明了，就不可能获得青睐。

在产品构思和模型建构中要做到简洁，有一个小技巧供参考：一个产品只考虑解决客户一个痛点问题，不要试图包治百病。

圣家族教堂

凯文•凯利在《失控》一书中，有一个重要的观点：在（产品）进化过程末期加入简约性因素——也就是说，先让系统找到一个管用的解决方案，再开始对其进行简化——这是进化出简洁方程（产品）更好的方法。这句话揭示了简洁的正解，也解开了我长久思考未果的一个大问题：杰出产品是在天才人物的完美构思基础上分模块、分步骤搭建起来（如同西班牙建筑师安东尼奥•高迪至今未完工的项目——圣家族教堂），还是持续改进完善的结果？建筑师的职业习惯可能是前者，而凯文•凯利认为产品进化的路径是后者。

6. 快速迭代。快速迭代也是互联网大词，小米手机能做到一周一迭代，ADU 的设计公司战略管理培训努力做到一个月升级一次。有些产品以追求十全十美式的极致为名，始终处于研发阶段，无法推向市场，这是完美主义的陷阱，不是极致。实际上，产品的完善只能在快速迭代中，汲取用户的意见和参与才能做到，而不是闭门造车。小步快跑是正道。这本书是经历了十几次迭代后，与二百多名学员共同探讨、研究、深化后，集结而成的。

7. 产品不仅包括交付物，客户界面是产品的重要组成部分，同样需要设计。广义上说，客户界面包括所有与客户相交的活动，从品牌形象、营销推广，到销售、接待，再到项目执行过程中的交流，都是产品服务链条中的一部分；形式上有文案、电话、电邮，甚至一杯咖啡都体现了公司的专业度；所有员工都不同程度地参与到客户界面中。

前面提到的那家把文教建筑的设计咨询过程分为一百多个子项的设计公司，如果再深化下去设计产品的客户界面的话，就要琢磨每一个子项中与客户交互的关键点。当然，有些东西是设计不出来的，那是素养问题、文化问题，没法一步到位。

8. 好产品是多维复合、有温度的。建筑师这个职业的专业背景本来就是多元的，大学里建筑学虽然是理工类专业，但课程有很多跨界的，学生也活跃得多。三百多年前，在科学与巫术还被混淆不清的时候，几位英国人发起成立了被国王查理二世批准的“以促进自然知识为宗旨的皇家学会”，其中一名发起人克里斯托弗•雷恩爵士就是一个建筑师。意大利的创意产业世界闻名，从业人员中 30% 左右有建筑学本科背景。

遗憾的是，过去二十年的市场井喷使建筑师变成了画图匠，是房屋制造流水线上的一个画图的工种，与泥瓦匠的区别是：泥瓦匠在工地上拿着瓦刀干活，工钱少点；建筑师在办公室卡位上拿绘图笔（现在是鼠标）干活，工钱多点。对建筑师工作成效的最高评价是出图效率高。越早明白这个现实的建筑师赚的钱越多，执着于思考的建筑师反而过得拮据。

房屋制造流水线生产出来的 1.0 时代的建筑大多是没有温度（没人味）的，而且两极分化，一极是大批粗制滥造的短命建筑，另一极是那些耗费巨资的形象工程。借用一个政治词语，可以称之为“威权主义式建筑”，形象工程是表，劣质工程是里，里是表的代价，表是里的脸面，表里不一。比如北上广深四个一线城市的五个机场属于形象工程，虹桥机场相对朴实、合理、有人味，广州新白云机场凑合，其他三个机场算什么呢？不少朋友都有在候机楼里“再也走不动了”的经历吧。我有一个朋友参与设计了某机场，他说千万不要说是他设计的，他只是画图的，“建筑师”是当地政府的秘书长。

大学第一课，老师说建筑是“经济、适用、美观”三要素的合理结合，那么所谓奇奇怪怪的建筑不应该只是审美问题，而应该是三要素失衡的建筑。经济上看，破烂的校舍与奢华的形象工程都是奇奇怪怪的；适用上看，建筑功能是由投资方决定的，在政府投资和政府影响的投资占主体的情况下，很多建筑功能是否合理值得商榷，这也是一种奇奇怪怪，比如一些开发区强行要求开发商建一个五星级酒店以提升形象；美观是仁者见仁智者见智的，没有统一标准（除了广电总局），也没有必要有统一标准，影响深远的德国包豪斯学院 1919 年至 1933 年的十四年历史中，其兴始于没有标准，其衰基于纳粹上台后的统一标准。

听说主管部门在制订关于奇奇怪怪建筑的认定标准，这事够奇葩的。

明白问题的症结和有无办法解决这两个维度构成了四个象限，最佳的是右上角，知道有啥病也有药；出了右下角的问题可以找名医扁鹊；左下角的问题是扁鹊的大哥（出自扁鹊三兄弟的故事）才能解决的；最糟的是左上角，不知道问题在哪儿就敢下药，猛人啊，唉，敢下药的原因是下药之人不必承担后遗症。退而求其次，可以选择不作为。有的时候不作为就是行善。

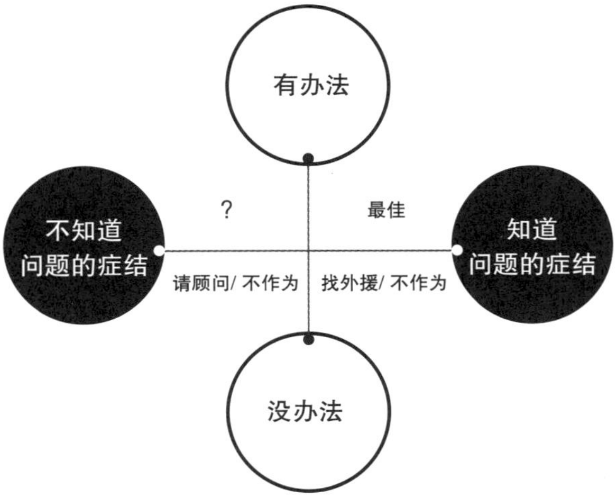

我们可以给自己找个借口，也许这是面对市场供不应求时，不得已而为之的一种办法。不过，既然是借口，总得有个头吧，靠借口不能混一辈子。建筑、建筑师在2.0时代终将慢慢回归其普世价值观的本质，开始有温度、有人味。要让我们的产品有温度，首先建筑师自己要有温度，让办公室有温度、价值观有温度。1998年创业的谷歌公司（Google），在1999年即把“不作恶”（do not be evil）作为企业宗旨之一，并以此为行为准则。2.0时代的中国建筑设计公司，该如何定义温度呢？

臭鼬工厂

传统的产品开发形式是投入巨资，寄希望于某关键牛人，期待他的灵光一现，于是产品隆重推出。互联网时代颠覆了这个做法，现在很多产品创新是以小资金投入、依靠团队、不断试错得来的。

这种做法的渊源可以上溯到70年前的“臭鼬工厂”。美国军火业巨头洛克希德•马丁公司（以下简称洛•马）由原洛克希德公司和马丁•玛丽埃塔公司于1995年合并而成。1943年，洛克希德公司将其预先研究发展项目部搬到了加利福尼亚州伯班克一个不为人知的“马戏团帐篷”里（起初的工作场地是工作人员自己搭建的，墙体用闲置的发动机包装箱堆砌而成，屋顶则是用从马戏团租来的帐篷）。当时其厂址毗邻一家散发着恶臭的塑料厂，员工不得不戴着民防用防毒面具来上班，这里人迹罕至。工程师Irving Culver对劳动环境表示不满，“臭鼬工厂”由此得名。

从最初简陋的仓库式办公室、十多名工程师、薄弱的项目基础，到主导美国最机密、最先进的武器产品，更以迅速、有效的成本控制著称于世的高效率创新团队，具有传奇色彩的臭鼬工厂在几十年间完成了多级跳，始终保持着旺盛不衰的发展势头。其独特的管理理念和方法被归纳总结成金科玉律，应用于工商管理领域。施乐的Polo Alto实验室、美国AT&T的贝尔实验室、“曼哈顿计划”、IBM的“国际象棋项目”、BMW的“i项目”、苹果公司的Macintosh电脑、东芝笔记本等，都是商业化臭鼬工厂的典型代表。

设立臭鼬工厂的目的是在组织严密的官僚机构中，寻求文化和管理模式的突破。

被称为臭鼬工厂的机构拥有高度自治权，以避免想法、创意受原有官僚主义的制约。

在一个既有的、有一定规模的设计公司进行产品战略和管理模式调整，可以借鉴臭鼬工厂的模式，先设立小规模的“产品团队”或“产品事业部”。设计行业已有很多类似的案例，比如 CCDI 在 2003 年建立的体育事业部、三益中国在 2008 年组建的商业设计研究小组、深圳规划院 2013 年成立的业务拓展中心（Vertical），都是这种模式的尝试，卓有成效。这貌似有点像“局部实验，成功后全面推广”的管理老话，但我认为实质性区别很明显。

能够不辱使命的产品团队应该有如下特征：

1. 人员少而精，都是敢于拥有大梦想的人，对建构产品模型上瘾；
2. 拥有高度自主权，不受原有体制的约束；
3. 有合理的经费，但不必阔绰；
4. 擅于与内外部资源合作；
5. 在团队内部，信息完全公开，让所有人能随时了解情况；
6. 有计划，但不是计划的奴隶；
7. 快速尝试，记录一切，包括失误；
8. 庆祝成功，同样庆祝失败。

第七章

流程轴

本章中的部分概念，特别关于运营管理的主要模块在《白话设计公司管理》中有所阐述，本书做了一定的补充、调整、完善。老读者可以选择性阅读。

有了对战略四大模块（战略定位、顶层设计、组织架构、产品战略）的认识基础，尤其是了解了产品（轴）在企业管理中的核心地位，各职能模块和管理模块在日常工作中的分工协作关系就有了原则。

下面两章分别介绍流程轴和资源轴的主要内容。

流程轴的重点就是研发—市场—销售—运营的业务模式。既然称之为流程，就需要一定的体系化，不仅是模块内部的体系化，模块之间的体系化（协作关系）也是重点。

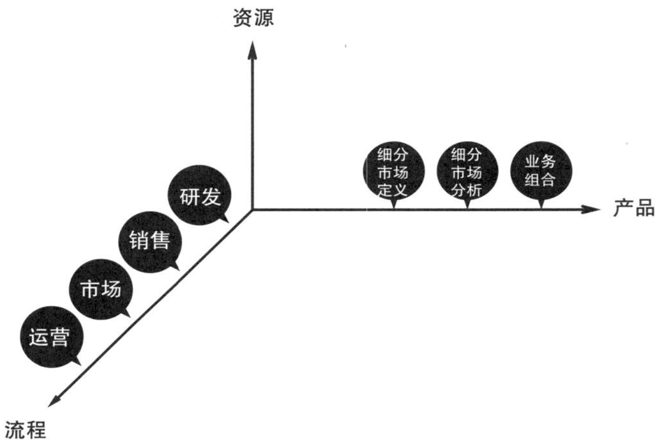

举一个例子，有家业内很知名的设计院，有一次河南郑州的主办方邀请他们的设计大牛开讲座，听课的都是河南省内的潜在客户。这是很好的市场推广机会，于是院里派了大牛过去授课。讲课非常成功，非常受欢迎。回来后，过了一段时间，有甲方打来电话，说听了你的课，很受启发，有一个项目想委托你们。本来这是好事，但是放下电话，这位大牛觉得麻烦了。因为这个院的二级机构基本是利润中心模式，大牛是院里的总师，这项目该介绍给哪个所呢？好不好（利润率高低）现在还不知道，落实下来要是好项目倒也罢了，是顺水人情，可万一要是价格上不合适，所长买我的面子硬扛着接了，那又何必呢？而且没准甲方也以为是给我面子。万一里外不是人，这不是没事找事嘛。

这里的问题首先是利润中心模式，第二个问题是即便有利润中心问题，怎么这种左右为难的事会落到这位总师的头上？照理这是营销部门和所之间如何协调的事。我问这位总师，你是不是一个人去郑州的？果然如此。这说明公司是没有市场营销体系的，正常情况下，应该三个人去，大牛、一名市场人员和一名销售人员。市场人员负责前期与主办方的接洽、品牌推广以及课后的媒体报道，销售人员负责在现场与客户的直接沟通以及课后跟踪。这套组合拳打下来，既在河南省有了点市场影响力，也带动了销售，是组织化而非个人化的营销行为。

ADU 只有 7 个人，但我每次公开讲课从来不是我一个人到场，一定有市场或销售人员同行，这就是企业各模块间的协作。很多公司的模块之间是割裂的，横向没有沟通、不成系统，只有竖向的上下级关系，组织能力相当有限。

研发—市场—销售—运营的业务模式对任何规模的公司都是适用的，区别在于专职还是兼职。大公司职能细分，有很多专职部门负责单一模块，甚至是模块中的一部分；小公司一人多岗。2008 年我创办 ADU 时，只有我一个人，研发、市场、销售、运营这四件事我一个人干，现在市场、销售有专人负责了，研发和运营也有了帮手。

第一节　研发

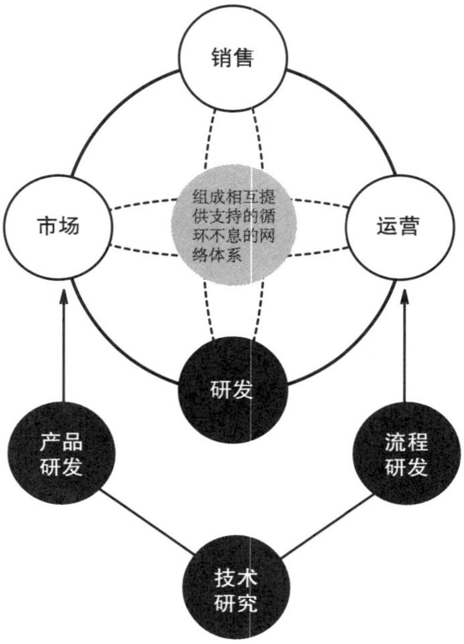

提到研发，千万不要误以为只有技术研发才算研发。研发可以分为技术研究、产品研发和流程研发三种类型。

注意，这里用的词是技术“研究”而不是技术研发。技术研究指的是有计划、系统性地收集、整理、分析、解释已有专业技术的资源、参数、案例，以支持产品研发。技术研发则要求在技术上有所发展或突破，显然要求更高。应该说，这是两种看待技术的角度，大致与上一章在“技术策略”一段中所谈的对应：技术研究是“破坏性技术”的视角，技术研发是“延续性技术”的视角。前者没有技术专利，后者有技术专利的诉求。大部分公司（除了技术型公司和部分产品型公司）既没有必要也没有能力进行技术研发，但技术研究是所有公司都需要做的。

对绝大多数设计公司来说，现阶段最重要的是产品研发，即针对客户的需求和需要进行技术组合。在产品与技术之间的关系上，苹果公司的创始人史蒂夫•乔布斯

史蒂夫・乔布斯
（Steve Jobs）
1955–2011

史蒂夫・沃兹尼亚克
（Stephen Gary Wozniak）

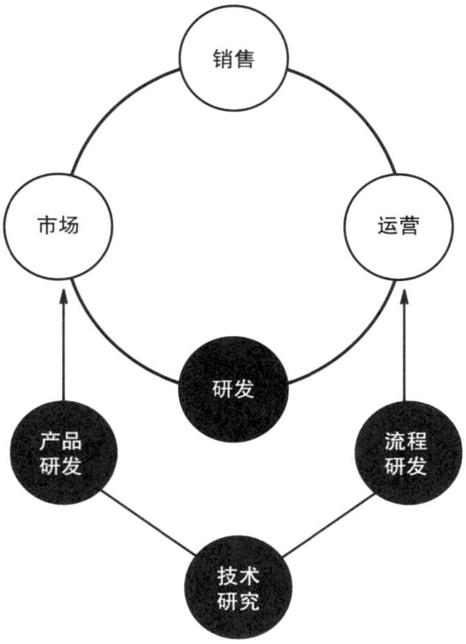

（Steve Jobs）和史蒂芬•沃兹尼亚克（Stephen Gary Wozniak ）可以说是绝世组合。

这个组合中，沃兹尼亚克担任的是技术研发角色，他是硅谷二十世纪七十年代著名的“家酿（Homebrew）电脑俱乐部”的主要成员，按现在的说法，沃兹是极客中的极客。而乔布斯在技术上虽然懂得不多，但他知道客户需要什么，是杰出的产品经理。两人的技术—产品组合创造了划时代意义的 Apple Ⅰ和 Apple Ⅱ，尤其是 Apple Ⅱ确立了苹果公司在高科技领域的江湖地位。当然，苹果的早期是要做技术研发，因为他们是高科技公司，是新兴行业，而那时的技术水准远远达不到客户需求，处于性能不足的阶段。技术研发的重要性超过产品研发，不得不做技术研发。1997 年，乔布斯重返苹果之后，苹果公司的技术策略发生了重大变化，被称为“拿来主义”，利用既有技术，把功夫下在产品上，下在用户体验上。

建筑设计是传统行业，技术创新的难度很大、空间不大；而产品创新的难度不大、空间很大。只要跳出习惯的技术思维角度，转换到产品角度，处处是蓝海。

流程研发与产品研发相呼应。产品研发的成果主要应用于对外，流程研发的成果主要应用于对内，支持生产运营。两者都建立在技术研究成果之上。本章后面的运营管理部分会谈到流程管理的要点。

知道了研发的重要性，可能就会在公司设个专职或兼职的岗位——研发总监。

那么研发总监的职责有哪些呢？

首先要明确的是，研发总监不是承担公司具体研发任务的岗位，而是负责建立、维护、完善、发展公司研发系统的岗位，是一个管理岗位。所以，研发总监有三大职责：

1. 与决策层确立公司的研发方向。研发的侧重点是产品，而产品策略是战略的重要部分，与企业的业绩、技术基础、规模、聚焦都有关系。研发总监属于公司决策层，应该参与公司的战略制订，并在此基础上提出研发方向。

2. 找经费，就是确定公司在研发上的资源投入。很多公司号称有研发，但一问有经费吗？答案是无。这样的公司本质上把研发视为可有可无的事，一旦项目人手紧张，就把研发课题放下，都扑到一线干活去了。没有经费，研发就是无米之炊，还指望有成果，哪有天上掉馅饼的好事。还有些朋友问我研发经费一般应该占多少比例？如果算术平均数是5%，公司就投5%。可是，且不说行业里没有这个经验比例，就算有，我觉得也没有多大意义。因为就竞争而言，你需要获得的是相对于竞争对手的比较优势。如果研发经费能决定相对优势的话，别人投6%，你的投入5%就没有任何意义了；再加上规模差距，假设别人比你规模大一倍，你的投入低于12%也没有用。更何况2.0版本的产品要追求极致，极致要花多少经费呀！

当然，花钱也不一定有效果，臭鼬工厂不是钱砸出来的，但没有适度的经费也肯定没有臭鼬工厂。钱是必要条件，不是充分条件。我这几年的时间（资源）分配大致是这样的：每月干活挣钱的时间控制在六天以内，一年最多干活十个月，共六十天。其余主要时间在研发上，形式有业内拜访交流、看书、写文章等等。设计公司也许不可能把这么多时间（资源）分配到研发上，但应该有所投入吧，而且越早投入，机会越多。

3. 建体系。一说到重视研发，有些公司就要成立研发部，招一批或抽调一批专业人才脱离生产，专事研究，其他人等着他们的研发成果去应用。这个做法还是金字塔形结构下、强调竖向关系的集权式思维。确实有一部分研发工作需要专职去做，也有一些专业人才的编制在一定阶段适合在研发部（比如研究产业经济的），但研发职能是流程轴上的职能，研发总监是流程轴上的经理，要通过建立体系，吸引资源轴上的各类人才参与研发，这样才能建立有机的、动态的研发机制。还记得前面提到的那个 CCDI 的结构设计师小明吗？他不是研发部的，但因为有开放式的研发体系，所以他可以去找产品拓展总监提出“猪圈”的产品设想。有了研发方向，有了经费，研发总监要在公司通过建体系营造开放式的研发氛围。因此，研发总监是不是技术水准很高倒不一定，组织能力强不强反而很重要。

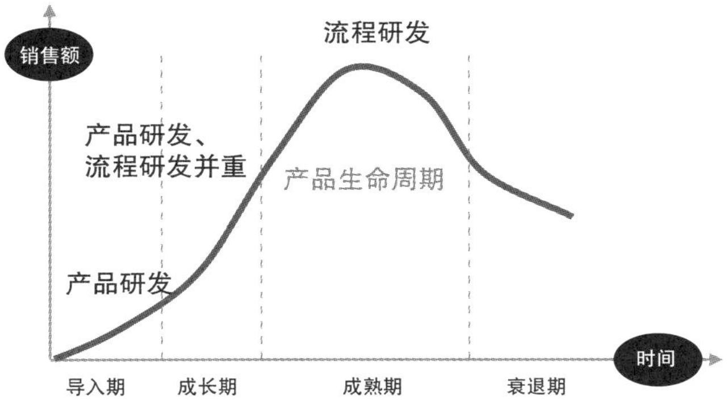

再回到产品的生命周期这张图，不同时期的研发侧重点有区别。导入期的研发重点是产品研发，因为此时客户是否接受产品还是个问题，要从客户的角度把产品说清楚；成长期的市场开始出现大量需求，这时候除了产品研发不断升级之外，流程研发变得很重要，要保证高产量情况下的质量稳定；在成熟期，重点是流程的深化细化，不仅要保障质量，还要降低成本。

从大趋势上说，中国的民营设计公司过去二十年走过的不正是这个轨迹吗？刚开始（导入期）强调服务好（1.0 版本的产品特色）；然后（成长期）是对外讲概念、讲故事（产品升级），对内抓项目流程、质量管理（流程研发）；最后（成熟期）在产品日趋同质化时，流程的精细化、成本控制成为管理重点。

还有一个建议，大多数设计公司规模不大，没有研发管理经验，在启动研发驱动的业务模式之初，所有研发课题应强调应用性，并在三个月内出成果。大课题如果三个月实在完不成，就分段出中间成果，以便及时调整。

第二节　管道管理

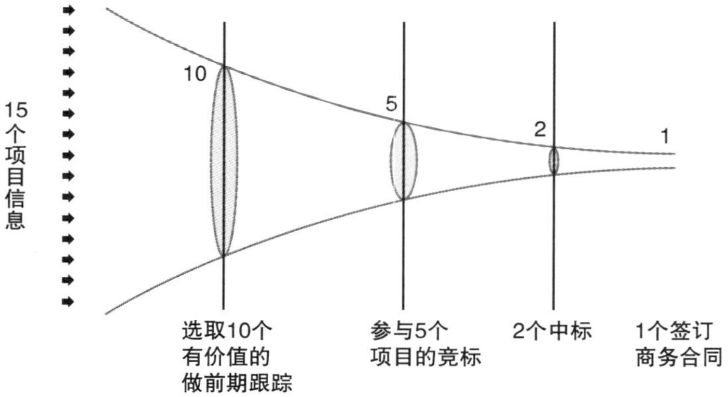

如果把项目从获取信息到签订合同的过程汇成一张图，按照项目数量逐步减少的原则，必然是喇叭状的。比如，经营前端，开始有 15 个项目基本信息；经分析研究，有 5 个项目不适合公司，选择另外 10 个进行前期经营跟踪；深入了解这 10 个项目的信息后，再分析，公司认为其中 5 个因为种种原因应该放弃，决定参与另外 5 个项目的竞标；竞标的结果，中标 2 个；中标后，仍有可能因为各种各样的原因，最后签合同的只有 1 个。

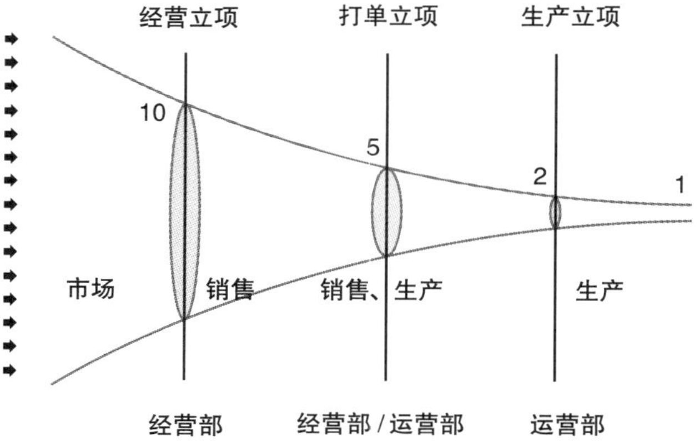

管道管理构成了除研发外，市场、销售、运营三类部门业务协作的主轴，市场、销售、运营各部门在这个过程中逐次介入、退出。早期获得的15个项目信息是通过市场品牌和老客户获得的，销售在信息跟踪过程中主要发挥作用，竞标阶段销售和生产密切合作，中标后销售部门负责签订商务合同，之后交由生产部门完成设计。可以用经营立项、打单立项、生产立项将这一过程分为四个阶段：

1. 经营立项前的工作以市场部为主，费用基本属于市场费用，由市场部负责；

2. 经营立项权在经营部，从经营立项到打单立项的费用属于销售费用，由经营部负责；

3. 打单立项由经营部和运营管理部协商确定，打单立项到生产立项的成本属于项目成本，由经营部和运营部共同负责；

4. 生产立项权在运营部，之后的成本属于项目成本，由项目组和运营部负责。

管道管理的三次立项很重要，很多时候项目后期遇到问题是因为前面这三道关卡根本没有发挥作用，没有认真梳理过客户和项目信息。大公司由不同的部门、不同的人把这三道关，小公司可能是老总一个人把这三道关，道理都是一样的。

管道形状暗示着公司在经营角度的资源投入。管道管理最忌讳三种情况：

一是没有市场投入，特别是在行情好的时候，设计公司都很忙，工作量饱和，找上门的项目也做不完，经常不得不推掉一些项目，这时还要花钱去做市场吗？做市场的目的是树立品牌影响力，让喇叭口的前端尽可能扩得更开，让我们有机会从更多的项目中选择一个好项目。现在是从15个项目里面挑1个，做好市场就能从100个项目里面挑1个。有的公司说我们的销售很厉害，来15个项目信息，我们就能搞定15个项目，前后端是1∶1的关系，很牛。我看未必，因为你连选择余地都没有，真正牛的公司是从几十个项目中选一个。就像吃饭，在温饱阶段，有什么就吃什么，没有选择余地，现在比以前好多了，有点小康的感觉，要考虑如何挑着吃。但是，市场工作不是立刻见效的，需要有些耐心，不能半途而废。我的经验是，有效市场工作的价值大致半年到一年间开始逐渐显现。

二是不做项目筛选，想把能接的项目都接下来，但企业生产资源（产能）总是有限的，越是有品牌的公司，资源相对更加有限。就像一个人的胃，容量总是有限的，小康阶段本该有选择性地吃，却还是保持温饱阶段的心态，总觉得搁到碗里的都是肉，都想吃掉，结果撑死。

三是既不做市场投入，也不做项目分析、筛选，听到一个项目线索不论合适与否都全力以赴去争取。现在市场形势不好，有些公司采取广种薄收的策略，见标就投，给机会就免费做个方案，忙得不亦乐乎但没有回报，内部资源被提前消耗殆尽。须知，在饥荒年份，更要对有限资源统筹，有计划使用，而不是惊慌失措，自己把自己折腾死。

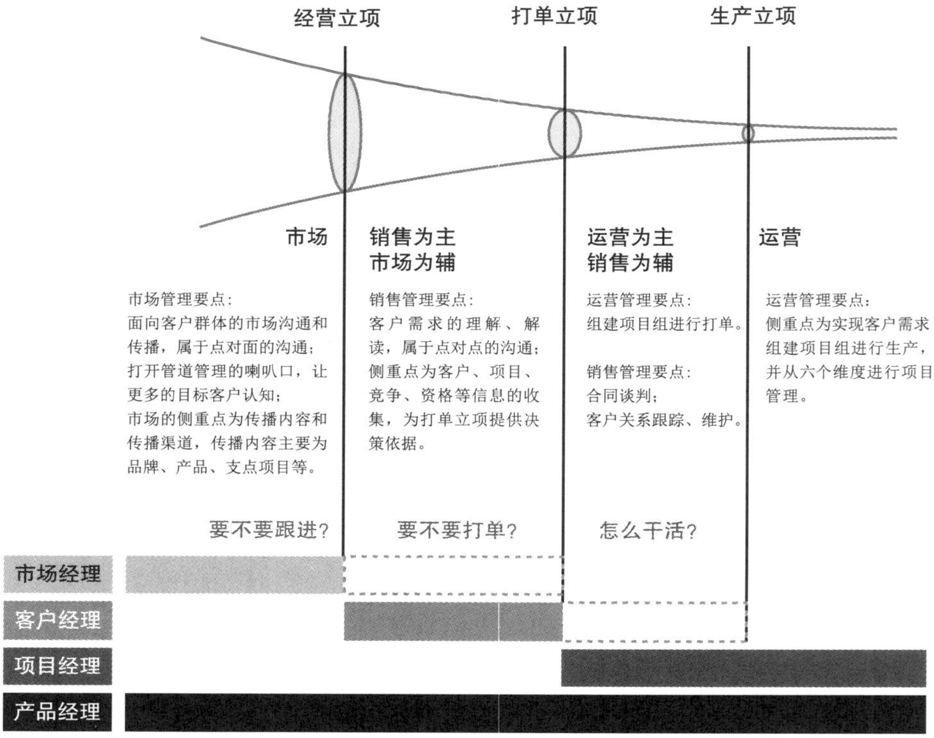

管道管理也方便我们理解不同角色的经理的协作关系。注意，产品经理全过程都要参与，但他的参与方式不是“管”着这些人，而是参与协作、协调。

我们看看某软件公司的管道管理案例。

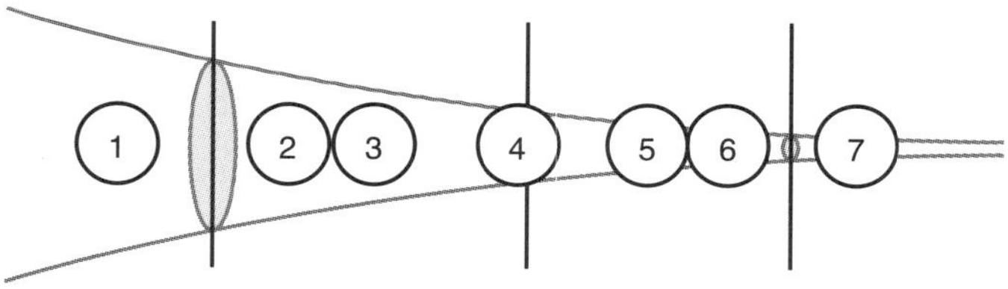

这家公司根据他们的行业特征，在管道管理上设置了七道关卡。如果与设计公司的管道图对应起来的话，大致如上图。七道关卡的要点如下页表。

关卡定义	详细描述
1. 定位目标客户 目标客户群：指我们的产品和服务能够适应或满足的特定客户群体或市场	目标客户群：指我们的产品和服务能够适应或满足的特定客户群体或市场
2. 发掘客户潜在的商机 潜在的商机：指销售人员在目标客户群中通过初步评估后发现的可能存在的销售机会	（1）销售人员必须应取得的信息标准如下： · 客户的基本资料：行业 / 背景 / 企业规模 / 人员等 · 客户的 IT 基本信息：已有的硬件 / 软件 / 网络等基本资料等 · 参与竞争的软件厂商 · 客户的需求 / 预算 · 客户的项目组人员情况 （2）潜在的商机评估标准如下： · 符合我们的目标客户要求 · 该企业需要应用信息化 · 该企业经济效益良好 · 目前无应用系统或系统不完善、应用效果不好 （3）阶段负责人员：客户经理（销售人员）
3. 确认客户意向 意向客户：指经销售人员评估后，符合我们的产品并具备一定需求的客户项目	（1）符合意向客户的特征如下： · 客户对我们的产品和服务有兴趣 · 客户认同外购软件的方式 · 客户已经有初步的项目需求 · 客户开始在接触软件厂商或第三方咨询商 （2）阶段负责人员：客户经理（销售人员）
4. 项目立项 项目立项：是指按照我们特定的项目标准评估后符合要求，并成立项目小组负责项目跟进	可开展评估的标准： · 当销售人员获得意向客户的商机并按其标准取得相应的资料 · 销售人员根据确认客户意向的标准初步判断后，认为基本符合项目的要求，并上报公司并要求项目立项 · 销售人员必须取得立项标准的要求信息
5. 赢得客户认可 赢得客户认可：是指通过项目小组全面跟进之后，客户对我们基本认可，并达到以下标准	（1）阶段特征： · 客户对我们的产品认可，认为我们的产品能够满足要求。通过沟通已对产品做大体介绍 · 进入客户备选阶段，项目可进入下一步发展 · 已提交项目初步费用报价（包括项目软件 / 实施 / 服务费用报价） · 项目在未来三个月内实现签单率的可能性在 50%以上 （2）项目负责人：项目小组（销售主管或项目经理、产品专家、行业专家、售前咨询顾问、实施顾问、分公司总经理、客户经理）
6. 进行商务谈判 商务阶段：是指客户对我们的产品和服务初步认可之后，客户已确认我们是唯一厂商或备选的厂商之一	（1）阶段的特征： · 客户对我们已认可 · 客户已确认我们为唯一厂商或备选的厂商之一 · 已确定一个基本时间进度表，比如投标、合同谈判、签约等时间 （2）项目的主要工作： · 异议的排队和沟通 · 必要的产品细节演示 · 商务正式报价 · 商务合同的谈判 （3）项目负责人：项目经理、销售主管、公司高层
7. 完成销售成交 完成销售成交：是指客户与我们完成合同的签约并按照合同规定支付了相应款项，产品已经发货	（1）阶段的特征： · 已按一定金额和付款方式完成合同的签订工作 · 客户已按合同规定支付了相应的款项，并由财务已确认收入已到账 · 已向总部订货并在当地已发货 （2）项目负责人：项目经理、销售主管、财务主管

这是大型公司多职能协作所需要的流程指导。这样的流程能帮助我们抓住项目过程中的关键节点，提高协作效率。但必须说明的是，流程思维不能过度，一旦过度强调遵章办事，就可能把公司引向金字塔型的集权官僚架构，影响更高层面的探索创新。

第三节 销售

在销售沟通中，什么是最重要的？

可能不少客户经理（这里客户经理指的是工作职责，实际职务可以是总经理、副总经理、总监、经理等）认为这几点是沟通的要点：

1. 我们的资质、规模、业绩、发展历程的概况；
2. 我们获得了哪些荣誉；
3. 我们有什么样的价值观；
4. 我们是这个工程的最佳选择。

2003 年，我在 CCDI 上海公司担任总经理的时候，有一天，一家浙江的房产公司来了两个人，要谈业务。按惯例，我用标准 PPT 向客户介绍公司。完整的 PPT 讲解耗时 75 分钟，前 45 分钟是公建，后 30 分钟是住宅。那个时候，CCDI 的公建项目没多少，“水立方”也刚中标，住宅倒是有一堆，而且在深圳还蛮有影响力。建筑设计公司在专业上要有高大上的感觉，公建项目是关键，所以 PPT 中，公建放在前面，而且要详细讲解。我讲了 45 分钟公建，客户快睡着了；开始讲住宅，客户感兴趣了；到 60 分钟时，客户突然精神了，因为那个项目和他的项目高度契合，让我把画面停在那张鸟瞰的效果图上，两个人兴奋地讨论地形、高差、布局等，只差要动手画图了。

请记住：无论你的公司多么杰出，你们所面对的潜在客户所关心的是他自己的问题，而不是你的。所以在客户沟通中，要从他的角度出发介绍你的公司、你的能力，沟通要侧重以下几点：

1. 我们在同类项目中的业绩、经验和荣誉。当然，前提是你要做功课，了解客户的项目是什么类型的。
2. 对该项目的初步理解。这种理解是你业绩、经验的反映。
3. 技术创新。这个技术创新是指针对项目（潜在）问题的技术创新，比如曾经的 70/90 政策出台后，很多设计公司研发了一系列住宅偷面积的办法，接了不少项目，这就是技术支持的产品创新。

4. 对客户情感需求的回应。有时，客户在某些项目中不仅有商业诉求，可能还有个人或群体的情感诉求，这一点要特别注意。能用钱搞定的不是大事，钱搞不定的才是大事。

销售是一个与客户互动的综合过程，与客户的沟通、谈判是这个过程中的关键节点，其他事宜也很重要。比如你的报价，是不是会让客户吃惊呢？如果是，就说明你的综合回应有问题。实际上，你的报价在与客户的第一次接触的第一秒钟就开始传递信息了。报价是一个系统问题，你和客户接触的每一个节点、每一个界面，都在反映你的价格区位。到最后设计费报价时，客户不应该对你的价格吃惊。为什么国外大牌设计公司的设计费很高，而甲方对此也不意外，因为他们从市场环节开始，就在传递价格信息。

上海有家建筑设计公司花了一千万元装修办公室，每平方米均价达到四千元，我去参观过，属于低调奢华有内涵。公司董事长介绍说，几乎所有的部品都是工厂预制、现场安装的，材料要么是德国原装进口，要么是中德合资企业生产的。之所以要花这个钱，是因为德国的工艺水准是最高的，而这家公司的技术宗旨就是“精益设计”，就是要通过装修传递这样的信息。办公室把精致感传递给客户，价格就好谈了。合适的客户在办公室转一圈，心里就有数了；层次相对较低、不是公司潜在客户对象的甲方，也知道暂时请不起这样的设计公司。

据说，在沟通中，语言、语气、肢体语言三者所占权重分别是7%、38%、55%。我在甲方工作过八年，有个经验，到一家设计院走一圈，不用交流，看看装修格调、布局、员工状态，大致对设计取费就有感觉了。

这个道理反过来也可以应用，就是乙方通过对甲方的观察洞悉其实际意图，避免被忽悠。

小公司的销售协作很简单，大公司的专职销售团队会有几十人甚至上百人，其结构应该是多维协作关系，而不是金字塔型的谁管着谁的关系。下页图中的地域、客户和产品，是产品定义的三要素，定义了三种性质的销售团队，他们之间的协作关系也正是按照这三个维度开展的。

地域属性的销售团队，就是地方办事处；产品属性的销售团队，是事业部或产品团队中负责经营的人；客户维度的销售人员，是指公司为某些大型客户（比如中石油公司）专设的销售人员，可称为大客户经理。

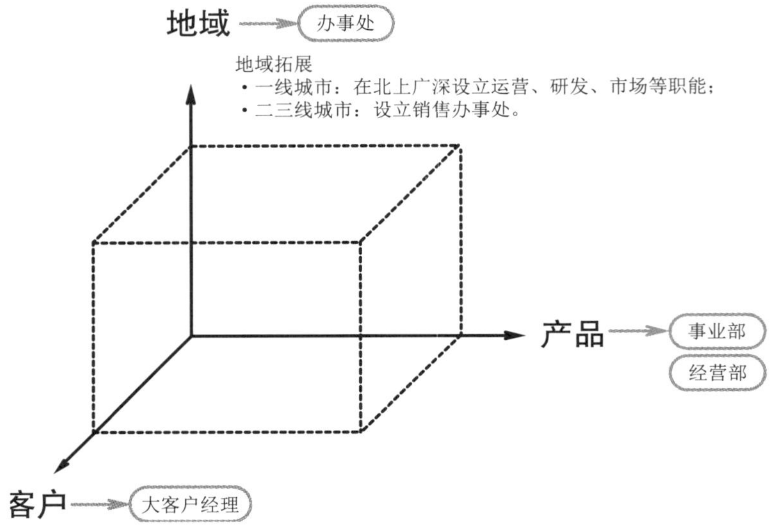

虚拟一个案例来说明他们三者之间是如何协作的。假设在安徽合肥，中石油公司要建设一个体育场。中石油在民用建筑领域也有不少投资项目，写字楼、住宅、酒店等等，这次在合肥建体育场是为了支持当地建设，以换取一些地方优惠政策。这样的项目信息可能从地域、大客户、产品三个销售渠道冒出来。假设 CCDI 合肥办事处率先了解了这个项目信息，但他不太懂体育场馆这个产品，他马上寻求体育产品团队中销售人员的支持。产品团队专事某类产品，时间久了，即便是销售人员也比较懂产品，双方一起找到中石油安徽公司的经办人员，介绍 CCDI 在这类项目中的经验、业绩等等，谈得很好。但是，他们发现中石油安徽公司对这个项目没有最终决策权，决策权在中石油北京公司总部。他们想，我们还有第三个兄弟——大客户经理，他了解客户的决策机制。于是，三方合作，把项目搞定了。这个故事中，三方的关系不是谁比谁职务高，谁听命于谁，而是横向合作关系。

有人会问，合同签下来了，他们三个人怎么分账呢？ CCDI 的办法是不分账。如果合同总额是一千万元，那么三方的业绩都各增加一千万元。总部在核算公司总业绩的时候，以产品维度来统计就可以避免重复计算了。假设 CCDI 一年签了 30 亿元的合同，显然，办事处（地域）新签合同的总计小于 30 亿元，因为不是所有的地域都有办事处；同理，大客户维度的合同额也小于 30 亿元；只有产品维度是准确的，因为项目总是要有设计团队完成的。

最后，一定会有人问：不分账，怎么给这三个人计算提成啊？总不能发三份钱吧。

首先，这个问题的出发点本身就有问题，大型公司的销售依赖的是组织化营销能力，而不仅是个人化的。组织的营销工作，从产品、定价到渠道、促销各环节，均由不同人群各司其职、分工协作完成。各环节对销售结果的达成均有直接或间接的贡献，而且在每个项目上的贡献度高低没有定数，不能用一个固定的比例来衡量。

其次，按照冰山原理，水面以上的直接销售行为容易被看到、认可和量化，水面以下的研发、产品管理、品牌推广、渠道建设，以及建立的工作机制等作用常被忽略，而对大型公司来说，隐藏在水面下的组织能力恰是生存、发展的根基。

第三，智力行业的产品与其他传统行业有很大区别，前者是定制产品，后者是标准产品。因此，正常的甲方在签订合同前一定要和该项目的设计团队见面沟通，甚至要指定主创设计师或项目经理；而你在买一辆车时是不会要求见汽车的设计师或技术人员的。

所以，设计公司不应像快消品行业那样把一线销售人员的薪酬与销售业绩直接挂钩，建立线性比例关系。销售人员的薪酬可以参照职能管理人员设定，即：固定部分薪酬来源于职级能力、岗位职责，浮动部分薪酬来源于工作业绩、合作、态度等综合评估。第三章中提到的那个创建 CCDI 合肥办事处的小伙子，三年的新签合同额分别是几百万元、两千万元、八千万元，他的薪酬有所增长，但并不是几十倍的增幅。销售业绩的大幅度增长既有赖于他个人的积极努力（开放式结构的自主性），也有他背后 CCDI 营销系统的支持，客户不仅是信任这个 30 岁的小伙子，更是信任他所代表的 CCDI。

讲到这里，我想再次说明一下，在与很多朋友的交流过程中，大家提的一些问题我很难回答，因为这是两种不同的思维方式。两种思维都能找到自洽的理论逻辑，实践中各有利弊，无法全美。以组织结构为例，金字塔型的竖向集权结构和横向关系的分布式结构，反映的是两种思维体系，前者可以“集中力量办大事”，当然，这大事可能办对了，也可能是大错事；后者比较民主，能兼顾各方利益，办不了什么大事，犯大错的概率也低。哪种结构好呢？如果再加上时间维度，短期哪种结构好？长期又是哪种结构好？仁者见仁、智者见智。但有一点可以肯定，想把两种结构的好处都占了，坏处都规避了，是不可能的。本书中，我谈的更多的是分布式组织结构的好处，然而最完善的分布式结构也有弊端。分布式结构的药方（一些具体方法，“术”层面的）治不了金字塔结构的病，也不要试图在金字塔结构的躯体上套一件分布式结构的外衣。

据说，海尔集团的张瑞敏有一句话：“事前反复研究，慎之又慎；一旦做出决策，必须坚决执行，不容含糊。”在设计公司战略管理培训课程中，刚开始学员们对这句话的认同率很高，个别人有异议是因为内外环境总是在变化中，应与时俱进，不能僵化执行。实际上，这句话最大的问题是没有主语。有的时候，主语是可以省略的，因为大家有共识。但这句话的主语如何加是很有意思的：

> （领导）事前反复研究，慎之又慎；（领导）一旦做出决策，（员工）必须坚决执行，不容含糊。
>
> （我们）事前反复研究，慎之又慎；（我们）一旦做出决策，（我们大家）必须坚决执行，不容含糊。

不同的主语，反映了不同的思维方式。显然，第一种主语是金字塔结构的思维，后一种偏向分布式结构思维。课程中，加上第一种主语，学员们的认可度骤降；加上第二种主语，学员们几乎一致认同。

第四节 市场

传统管理学在市场方面有很多理论成果和实践案例，互联网时代在市场的体系和手法上又有了新的发展。

简单地说，市场工作大致分为四个部分：

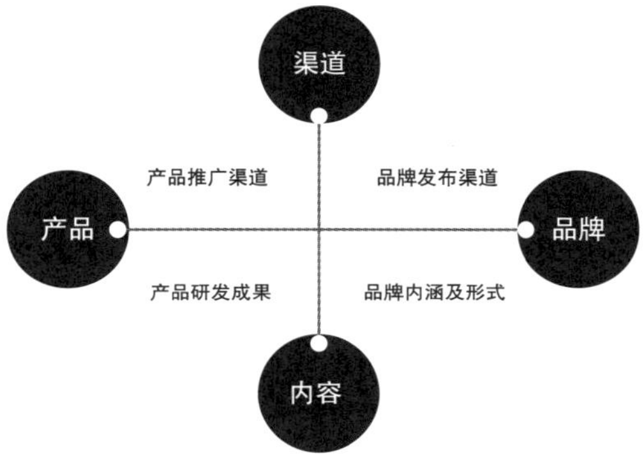

前面谈到大多数公司还处于无产品意识的阶段，无产品意识就不会有产品研发，没有产品研发就谈不上产品推广渠道，没有产品推广渠道就不可能建立起组织化销售能力。因此，上图中的左半边就废了。右半边情况如何呢？没有有力的产品，就失去了与客户交流的载体，品牌成了无源之水、无本之木，品牌宣传就是喊几句苍白的口号而已。一些公司成立了市场部，但面对无产品的状况，市场部也难有作为。

对小微型企业来说，市场工作的核心是产品渠道（左上角）。虽然未必是专业出身，但市场人员一定要参与到产品研发中去（左下角），充分理解客户特征和产品的价值主张，由此才能寻找到高效的产品推广渠道。设计公司战略管理培训课程中，有一个研讨题目：为产品找到五条具体的推广渠道。不能是定性的论坛、媒体之类，必须有具体的名称、周期、经费、对象的描述。之所以如此，是因为小微型企业资源非常有限，有限的资源要用在刀刃上。如果说，对产品的极致追求要做到“杀鸡用牛刀”的话，产品推广追求的是“手术刀”——足够精准。

大型企业的市场工作除了产品，还必须有品牌。品牌是能给拥有者带来溢价、产生增值的一种无形资产，其内涵是抽象化的、独特的、能识别的心智概念，表现形式如名称、术语、象征、记号或者设计及其组合（右下角），以显示其产品的差异性。就营销意义而言，品牌是在更高的层次上服务于产品的。最成功的品牌是商家与顾客共谋的产物。

我们看看一些公司的品牌理念：

AECOM 的 11 个字反映了产业型公司的特征。

hok 理念创造一切

nbbj 理念改变一切

GBBN architects 理念是设计的根源

AECOM 理念需要好的执行来实践

SHWGROUP 理念带来变革

第五章中，谈到产品的有效影响，是我们给客户的一个采购我们的理由，如果我们给不出这个理由，客户就会给我们定义一个理由——便宜。同理，如果你不赋予品牌含义，客户、竞争对手就会赋予它含义，遗憾的是，这种含义一般是负面的。所以，需要有意识地调控品牌。有形资产要管理，无形资产同样要管理，对设计这种智力型机构而言，品牌这一无形资产更重要。

前面五家公司的品牌理念非常简略，简略的好处是容易记，坏处是阐述得不够清晰。所以，大型公司在口号式的品牌理念基础上，应该有详细的阐述。Joe M. Powell 在《设计和建筑业中的新竞争力》一书中描述了一家加拿大的建筑公司对其品牌理念的阐述，以及与相关方的关系：

斯图亚特 · 奥尔森建筑公司
Stuart Olson Construction

品牌理念 People. Building. Progress.

Innovation adds value.
创新增加价值。
It's no coincidence our entire organization is driven by possibilities.
我们整个组织是由可能性驱动的，这是肯定的。
We are consistently innovative and innovatively consistent.
我们坚持创新、创新不懈。

大型公司的产品渠道可以由二级业务单元——产品事业部或产品团队来管理，品牌渠道应由总部的市场部门负责。

1. 客户	你相信我们，因为我们很守信。 我们努力地工作来理解你们的行业以及你们所希望得到的，以便于我们能够超出你们的期待。
2. 建筑师	你们对我们有信心，因为我们理解并且尊重你们的设计。 在合作关系中，我们共同合作来超出客户的期待。
3. 分包商	我们跟你们的关系是绝对公平和相互尊重的。 我们的项目领导风格造就了一个成功的环境——一个你走向成功的地方。
4. 雇员	我们之间建立彼此开放并且诚实的关系。 在我们的良好组织中，我们一起扩展职业生涯，劳逸结合。
5. 利益相关者	我们不会向价值或者价值观妥协。 他们会坚定地认为我们是可信赖的并且可以从我们身上获利。
6. 社会	我们支持我们所生活的地方的人们，因为那里也是我们所生活的地方，所以我们会对我们的社会负责。
7. 环境	我们将引领绿色施工，因为我们相信它。 我们必须在每一份工作中保护我们的环境。

无论是产品渠道还是品牌渠道，形式上都有两种：搭便车和自建。搭便车就是利用第三方搭建的既有渠道，好处是快速、花精力少、不影响客户的时间安排，不利的是客户针对性可能不强。自建是自己搭舞台，好处是作用力大、指向明确，效果如何取决于公司的影响力，换句话说，有综合实力的公司才有能力自建渠道。套用互联网思维的语言，自建渠道就是组建网络（生态圈），搭便车就是加入网络（生态圈）并成为节点。

在选择和评价渠道的有效性上，有一个技巧——发掘产品的多重属性，为每一个属性至少找一个渠道。比如，轨道交通建筑有哪些属性？首先是大型市政工程，其次作为交通节点对区域规划有重大影响，还有很重大的投资属性，对用户来说有使用、情感等属性，这就可以开发出至少四条渠道，四条渠道就可能是四个生态圈。互联网时代的营销特点之一就是：以产品为纽带，融入多个网络（生态圈）。

第五节 运营管理

设计公司的运营体系，狭义的范畴是用既定资源完成既定目标，广义上还包括资源组织和目标管理。现阶段，中国设计公司运营管理的范畴应该是广义的。

运营管理关系到公司最基本的业务单元——项目，涉及几乎所有员工，所以是日常管理的重中之重。只有销售、运营两个业务环节的初级设计公司，在过去供不应求的市场里，接项目不是问题，问题是怎么组织做项目，甚至有些公司认为抓管理，就是抓运营、抓效率。

这个问题可以细化为三个问题：什么是“效率”？为什么要提高“效率”？设计公司的“效率”是怎样体现的？

设计公司提出要提高效率，是因为感受到这几年的利润率在下降。很多公司还在琢磨 30%、40% 的超常利润率，这个数字是在一个不成熟的市场状况下才会出现的，成熟的市场都没有这么高的利润率。国外成熟市场的设计公司利润率普遍低于 10%。

2013 年，扎哈•哈迪德事务所收入 3690 万英镑，公司员工 354 人，税前利润 410 万英镑，工资总支出达到 1270 万英镑。算起来，税前利润率 11%，工资总额占比营业额为 34.4%，人均工资为 35875 英镑（折合人民币约 36.5 万元），人均营业收入 104237 英镑（折合人民币约 105.88 万元）。

扎哈是世界知名的设计师了，其事务所税前利润率也就 11%，税后 10% 都不到。国内设计公司这几年的利润率从 40% 到 30%，甚至到 20%，这是市场趋于理性、趋于成熟的状况下，必然会出现行业平均利润率下滑的情况。如果设计公司还在琢磨着 30% 以上的利润率，想通过提高效率达到原先的利润率，那是不太可能实现的，30%、40% 的利润率数字已是过去时。

效率≠利润率，提高效率不等于提高利润率。大型企业不仅看账面的利润率，还要看无形资产。苹果公司很有钱，但不如苹果这两个字值钱，微软公司也是这样。

从经济角度而言，效率是产出和投入之间的关系。我们可以把投入理解为成本、费用，产出理解为产值。设计公司的投入通常包括人工成本，还有其他成本，比如项目成本、租金、设备以及日常的各种开销等等。产值可以简化为量和价的乘积，量是设计的建筑面积，价是设计费单价。各要素的关系如下面的公式所示：

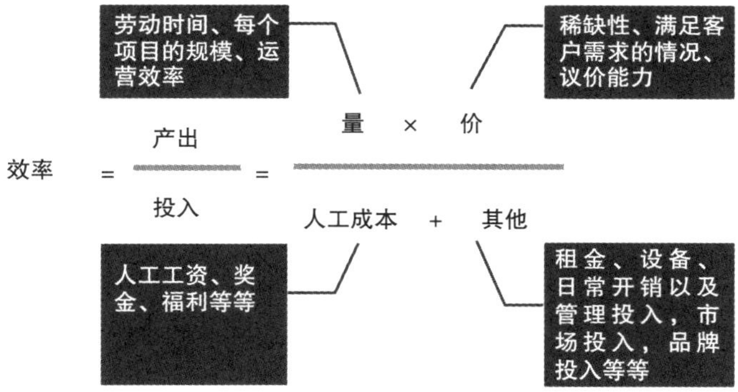

有了这个公式，提高效率的办法就有了：①产出不变，降低投入；②投入不变，产出增加；③产出比投入涨得更多，或者产出比投入跌得更少。

第一招是死路，是散摊子走人的节奏。人工成本降不了，而“其他”成本也不能降，原先保持那么高的利润率，很大一个原因是在压缩对“其他”方面的投入，如对市场、管理、研发的投入，正是因为这些必要投入的缺失，才导致了目前的困境。所以，投入只能增加而不是减少。

第二招和第三招的意思是一样的，都要提升“量”和“价”。

影响“量”的因素主要有三个。第一个是工作时间。过去十几年设计师普遍超负荷工作，不是在加班，就是在去加班的路上。如果按周统计工作时间的话，设计师肯定常年在五十个小时以上，七八十个小时也很常见。因此，这个行业的工作时间已经达到极限了，没有增长空间了，甚至应该适当地往下降，因为大家对生活质量有了更多追求。

第二个影响“量”的因素是项目的规模。以住宅设计为例，十年前，总建筑面积十万平方米以上的住宅小区项目是很少见的，大部分也就是两三万平方米，五万平方米算大的。现在，五万平方米规模的住宅项目是很少见的，基本上是二三十万、五六十万平方米的规模，甚至上百万平方米的规模。也就是说项目的规模在增大。从设计的工作量来说，50 万平方米的小区绝不等于 5 个 10 万平方米小区的工作量，实际工作量大大小于 5 个 10 万平方米小区的工作量。因此，这十年来项目规模的大幅增加，有效地降低了单位面积的设计工作量，用同样的工作时间可以干出更多的活来。这就是十年来设计费单价没涨，但人均产值还有所增加的主要原因。一线城市的大中型甲级设计公司，从原来的一年 30 万、40 万元的人均产值，增加到 40 万、50 万元，有的公司甚至有 60 万元。

第三个影响“量”的因素与运营管理相关，如项目衔接、人员安排、项目计划的制定、项目管理等等。

三个因素中，工作时间不能增加，项目规模是外部市场决定的，唯一能有所作为的就是运营管理。但是，我们不能对运营管理有过高的期望值。打个比方，建设项目从前到后分别有估算、概算、预算、决算，如果以决算为参照系，预算允许有 ±10% 的误差，概算允许有 ±20% 的误差，估算允许有 ±30% 的误差，运营管理能做的就是消减偏差率。对小微型企业来说，资源规模小，抓运营管理的作用有限，在产品正确的前提下，估计能提升百分之一二十的效率；对大中型公司来说，资源规模大，运营管理更重要，首先必须达到一个基本水准，否则整个公司会瘫痪，再进一步会提升效率，幅度最高可达百分之二三十。

“价”和产品相关，指的是产品的溢价能力，产品有市场稀缺性、更能契合客户的需求（需要），才会有涨价空间。这本应该是提高效率的重头戏，但遗憾的是，大部分设计公司没有产品，也就没有溢价能力，只能被动接受市场价。

效率公式中的几个要素在资源—流程—产品的三轴里，分属不同轴。

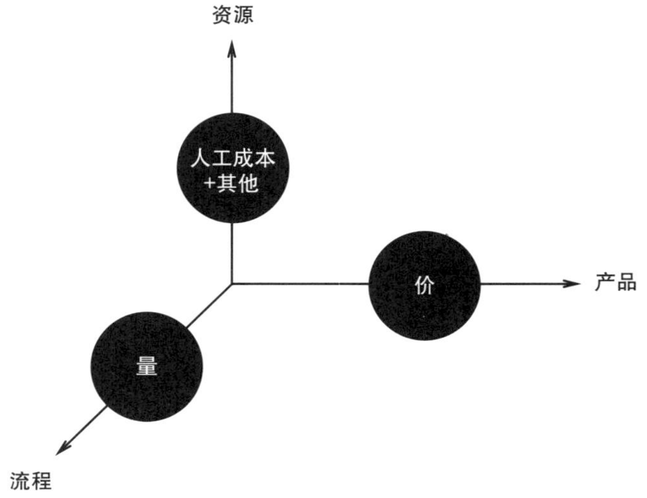

提高效率的有效途径只有两个，一个是产品，一个是流程。按照二八原则，产品对整个效率的提升起到 80% 的作用，流程对于效率的提升起到 20% 的作用。

借用管理大师彼得 • 德鲁克的名言——DO RIGHT THING RIGHT，正确的产品是第一个 RIGHT，运营管理属于第二个 RIGHT。

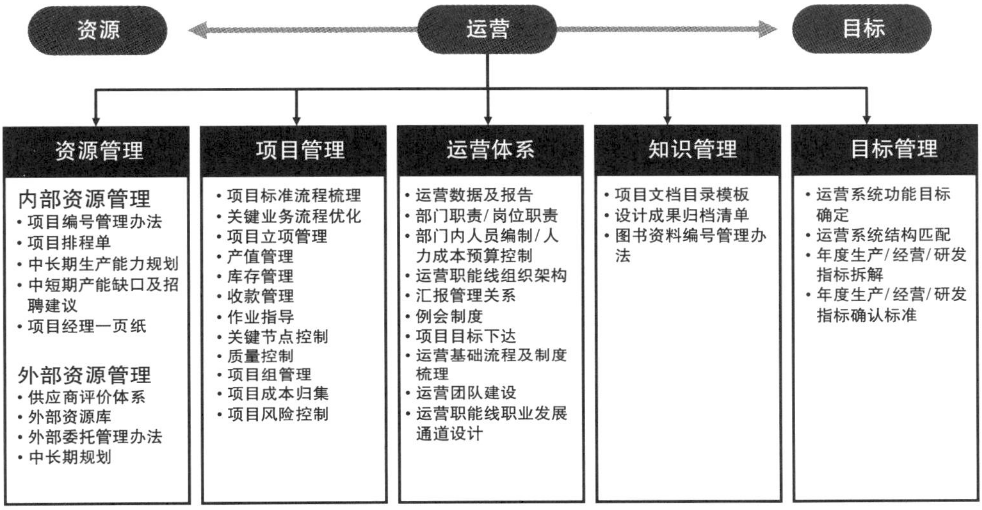

运营管理是非常细致的工作。上图中的框架显示了设计公司运营管理的基本框架和主要模块，更细化的流程、表格、责任关系等内容因公司而异、因业务而异、因产品而异。本书讨论的主要是项目管理和运营数据体系。

项目管理的三个视角

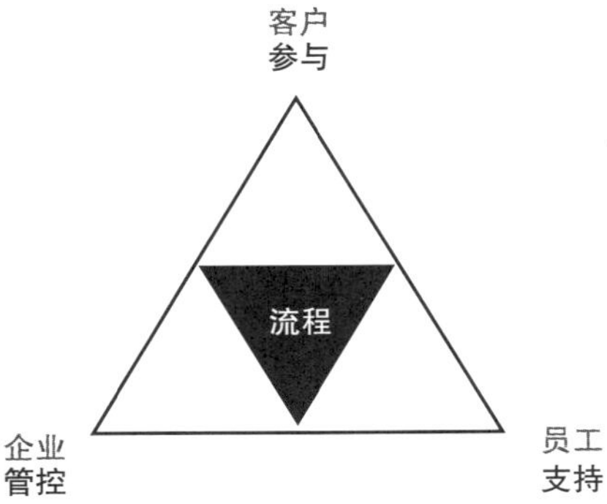

谈到项目管理，首先有个视角问题，哪些人对项目管理有需求？这些需求反映了什么样的诉求？作为管理者，第一反应往往是管控，希望通过有效的项目管理体系，能保证质量、进度，不出乱子，这样心里踏实。实际上，设计的项目管理涉及企业管理者、客户、员工三方，各方对项目管理都有诉求，如果仅考虑企业管理者自上而下的管控诉求，效果自然不理想。

首先是客户。客户与项目设计进程密切相关，但几乎所有设计公司在考虑项目管理时都没有考虑客户因素，基本上是自筹自划地安排内控的设计周期和节点控制，抱怨客户因各种各样的原因打乱我们原来的项目计划，比如，不能及时提供市政条件、销售部门突然提出要改房型、要求先出一版报建图、施工招标需要招标图等等。那么，我们为什么不把甲乙双方的活动都纳入项目管理计划中呢？客户找你是因为你是专业公司，类似项目你有丰富经验，你应该知道在操作这样的项目时，有哪些工作需要双方配合才能完成，有哪些工作需要经过政府部门的审批流程。例如，签合同时，甲方一般不会一开始就提供地质勘探报告，那他该什么时间提交呢？你在项目管理流程中排了这个节点了吗？客户知道这一点吗？如果他不专业，不知道该在初步设计前给设计单位提供地质报告，甚至不知道要做地质勘探，更不知道还有初勘与详勘之分，你也没提醒过他，反而理直气壮地说由于甲方没及时提交资料影响了设计进度，这究竟应该怪谁呢？

合理的项目实施计划应该是甲乙双方共同参与制定出来的，特别是双方交互界面要理清，常规设计合同中约定的时间节点是粗线条的，不足以支撑双方协作。理想的方式是以时间为轴线，轴线的左边是甲方的活动，右边是我们的活动，表明活动间的前后关系、因果关系，这样双方的沟通成本可以降低，效率提高。过程中因外部条件变化引发的计划调整，双方有章可循，有理可讲，该延期的可以延期，该申请的修改设计费可以申请。即使不能延期，甲方不愿给修改设计费，我们权衡利弊答应了甲方，也算送个人情给他，不至于公说公有理、婆说婆有理，互相抱怨。

一个细分市场中的客户是有共性的，这些共性意味着项目操作过程中甲乙双方的交互界面存在很多相似之处，公司可以组织经验丰富的项目经理们坐下来，开个头脑风暴会，取长补短，把相关经验整理出来，作为同类项目的操作指导文件，并持续改进完善，既支持了我们的项目经理，也向甲方展示了我们的经验、能力。

我曾有机会参与一个与 KPF 合作的上海陆家嘴超高层写字楼项目的设计，KPF 在项目伊始，就拿出一张详细的方案设计阶段计划表，其中包括有几次汇报，具体时间、地点，汇报前 KPF 将提交的会议准备资料，汇报内容，提请甲方准备的资料，汇报后需要甲方确认哪些技术事宜等等。能看出这是 KPF 针对中国项目的甲方特点制定的计划表，表现出很高的专业水准。

计划是一种承诺，没有特殊原因，一旦确定，双方都应该遵守。我曾经当过甲方，与设计院商定的设计进度计划经常被破坏，有甲方的原因，但更多的是乙方项目多、忙不过来导致的。后来，我不得不每天到设计院“上班”，就是为了盯着设计师们干“我的”活。设计师们烦透了，可我也没办法，工地上等着图呐。

其次，关于员工。很多民营设计公司的员工平均年龄都是30岁左右，30岁以下的员工比例普遍超过60%。虽然很多年轻人经验不足、能力不够，但是因为资源有限，也得用，而且年轻人很有热情，渴望经历项目锻炼，在技术上得以成长。那么，有经验的员工是如何指导他们工作的呢？

浏览一下招聘网站，可以发现很多公司都希望招到有工作经验的设计师，特别是工作5～10年的熟手，来了就能上项目。这个层级的设计师最难招，而企业自己培养又怕给他人做了嫁衣，这个现象要部分归结为员工培养成本太高。大家可能很奇怪，大部分设计公司的人力资源培训经费很低，员工培养成本怎么会高呢？这是两个概念，生手变成熟手，培训经费只是培养成本中的一部分。传统的作坊式方法是师傅带徒弟，要么师傅手把手地教，要么师傅不太管，靠徒弟自己不断试错，成本都是非常高的。能不能有方法让年轻人参照一定的规程，通过自我学习、师傅予以指导的方式实现快速成长？这样对企业而言，降低了培养成本，更愿意招应届毕业生，因为他们可以在项目中得到管理体系的支持，既能完成一定工作量，同时实现自我学习、成长，成才率高，成才速度也很快。

有一家建筑设计公司，2007年内部出台了一个比较成熟的项目管理流程，之后他们招大批应届毕业生，入职培训后一人发一本工作手册，就可以上岗了。项目经理每天给新员工安排一项工作，新员工打开手册，翻到某某页先看一遍，之后就大体知道该干什么、怎么干、完成的成果应该达成什么样。深圳的华阳国际更进一步，与一些专科学校联合办学，在毕业年级设立“华阳班”，挑最好的学生，最后一年的主要学习任务之一就是学习华阳的制图规范、样图、项目管理流程等等，毕业后就到华阳工作，工作效率很高。

不少管理者抱怨公司制定的项目管理规定得不到有效执行，认为是执行力的问题，我觉得这只是一部分，更重要的是这个规定是否综合考虑了企业的管控、客户的参与、员工获得支持这三方面的诉求，否则这个制度本身是否有可执行性都是一个问题。

项目管理的五个要素

项目管理涉及五个要素，用一句话概括就是："核心项目小组"在"技术管理"的支持下，运用"工具与技术"，按照"结构化流程"完成项目目标，过程中应接受"阶段性评审"以确保项目处于可控状态。可惜，不少公司在这五个要素中的得分都很低。

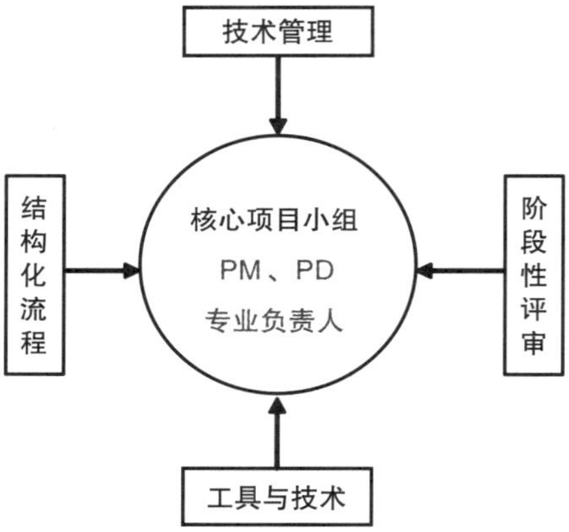

1. 核心项目小组。美国建筑设计事务所的项目核心团队包括项目经理（PM）、主创设计师（PD）、项目建筑师（PA），结构和机电的设计由其他专业事务所合作完成。三者分工合作的大体框架如下。

PM 作为项目目标的第一责任人，工作职责包括：

（1）参与合同（包括合同变更）谈判，负责项目收款；

（2）组织资源，特别是项目团队的人力资源安排；

（3）参与拟定项目预算并在预算获得批准后负责执行；

（4）在 PD、PA 的协助下制定项目计划；

（5）处理项目中相关各方的往来文件；

（6）负责项目组成员绩效管理，关注员工状态。

PD 对项目品质负责，工作内容包括：

（1）方案构思、创作、完善；

（2）方案成果表达；

（3）向甲方汇报方案以及相应的方案调整、修改、确认；

（4）把握项目全过程中与品质相关的技术要点；

（5）配合 PM、PA 的工作。

PA 对项目质量负责，工作内容包括：

（1）对 PD 的方案创作予以技术支持；

（2）各专业间的技术协调、配合；

（3）协调组织项目的校审（如三校两审）；

（4）与甲方进行技术沟通；

（5）负责现场配合；

（6）配合 PM、PD 的其他工作。

在中国传统设计院的项目管理体系中，没有 PM、PD、PA 这样的项目角色，设总是项目负责人。设总的职责大体与 PA 类似，以及一部分 PM 的责任，一些有方案创作能力的设总还承担 PD 的工作。国内设计公司近些年开始引进项目经理负责制，但都结合自己的实际情况加以改造，最常见的一种现象是在中小型项目上，方案阶段 PM、PD 合二为一，进入施工图阶段后，换一个项目经理，再将 PM、PA 二合一，有的 PM 还兼建筑专业负责人、设计人。经常有人问我，PM 该不该画图？这个问题与问所长该不该画图是一个道理。应该说，PM 是项目中的一个岗位，这个岗位不需要画图，如果这个项目经理还兼任专业负责人、设计人等其他岗位，那就需要画图。换句话说，这个人画图时，是以专业负责人（或设计人）的角色工作，做项目管理时是以 PM 的角色工作，不能混为一谈。

2. 结构化流程。一谈到流程，很多设计师就担心固化的流程会制约设计创意，最好是拿流程要求别人，自己可以随性一些。实际上，这是一个误区，只有有效的流程才能保证设计创意的发挥。管理学经验告诉我们，在任何一个我们称之为创造性的成就中，过去经验的总结对成果的贡献率高达 98%，真正能够发挥出创意并且达到较好效果的，不超过 2%。比如曼哈顿工程造出的原子弹，在人类历史上有划时代意义，但是制造原子弹的所有技术在曼哈顿工程启动前就全部具备了，曼哈顿工程把这些技术凝聚在一起成为一个体系，产品就是原子弹。建筑设计过程不可能比造原子弹更复杂，也不至于达到那种划时代意义的高度，完全可以有一种可行的结构化流程使设计工作更加有序，而不是随机的、个性化的工作方式。更重要的是，结构化流程能帮助我们理清项目的程序化工作和创意性工作，把创新能力发挥在可以创意的领域，同时也保证了项目的基本质量。按照二八原则，应该把 80% 的时间、精力投入到 20% 的高附加值工作（创意性）中，20% 的时间、精力用于 80% 的程序性工作。但实际上，大多数设计师只能等比例地分配时间、精力。

3. 阶段性评审。阶段性评审某种程度上是结构化流程中的一些重要节点，到了这些节点，项目团队的工作需要接受外部评估，以判断项目是否按预期目标执行，常规的评审项包括品质、质量、进度、财务等，有些项目还有研发、市场等方面的要求。一次评审不必涵盖所有事项，但项目策划书中的主要事项在进程中，总会参与几次评审。

4. 工具与技术。工具与技术指的是设计过程中能够获得哪些工具和技术支持。二十多年前我刚毕业的时候，在设计院还是趴在图板上手工绘图，没有用上电脑，直至二十世纪九十年代中期，计算机出图才逐步普及，接着各种设计软件的出现帮助制图效率大幅度提高，七八年前一些公司开始尝试协同设计，近几年 BIM 又成为行业热点技术话题。上述种种都是不同水准的工具与技术，对设计成果表达、效率、协作等方面有相当大的影响。

这里顺便谈谈我对 BIM 未来发展的观点。BIM 是对建筑全生命周期大有裨益的一项技术，目前，掌握和使用 BIM 技术的主要是设计公司，其他相关各方（业主、施工单位、监理公司、物业管理公司等）对这项技术还没有太多关注和投入，所以 BIM 还局限在设计环节，效用无法全面发挥。将来随着产业链上下游其他公司也能使用 BIM 技术，BIM 才会像以前的 CAD 绘图一样普及到各种类型的项目。五种类型的设计公司中，产业型公司最需要 BIM 技术，因为产业型公司可以为客户提供全产业链服务，BIM 能极大地提高工作效率。

从互联网思维的视角看，BIM 有助于把建筑与城市、建筑与建筑、建筑与人之间连接起来。如果 BIM 能将既有的大量二维建筑数据自动转换为三维数据，BIM 的应用会更快、更有价值。

工具与技术还包括诸如网络设施、信息化平台、办公条件等对一线设计工作有支持作用的方面，这些环境因素对人的行为和思维的影响是潜移默化的。国外有人做过一个实验，在一个商场的一个货架上，分别摆着德国和意大利的红酒，一样的规格、一样的价格、一样的质量，只有包装能非常显著地反映出原产国。在商场的背景音乐播放德国歌曲时，买德国酒的占 72%；在播放意大利歌曲时，买意大利酒的占 73%。但在询问消费者购买动机时，却没有人认为自己受到背景音乐的影响。

互联网时代的公司有一个很大特点，尽可能把员工连接起来。时至今日，手段更丰富，成本也很低，但设计公司在这方面做得还很不够，差的不是钱，而是意识。

谷歌公司的组织文化以开放、扁平化著称，这背后是有强大而独特的信息交流系统支撑的。不同于一般公司自下而上建立的数据收集渠道，谷歌很早就花巨资建立高度网络化的信息分享渠道：

（1）MiscList，移动信息服务列表，不断变化的创意、观点、想法的大杂烩，对团队的每一个人开放；

（2）MOMA，为内部的几百个项目提供网页和持续交流沟通，为团队间交流进展、获得反馈和帮助提供方便；

（3）Snippets，张贴个人一周工作和业绩总结的网址，任何员工都可以通过清单找到正在进行类似项目的个体，或只是获得相关同步信息；

（4）TGIF，每周一次在公司咖啡厅举行的会议，会上管理层介绍新员工、总结一周重要事件、自由发言的问答式讨论会。

5. 技术管理。技术管理有三个要素：技术体系、管理手段、管理对象，即运用有效的管理手段，将公司的技术体系落实在项目（管理对象）中。ISO 作为传统行业的有效管理手段，曾被国内设计公司寄予厚望，但实践结果并不理想，原因可能是智力型企业与传统行业的差异。国内设计公司在技术管理上的最大问题是普遍没有自己的技术体系。

在和 KPF 合作设计上海的那栋超高层办公建筑时，第一次三方会议上，KPF 的代表向甲方提出一个问题：该建筑单方造价预算是多少？甲方想了一会，回答大约七八百美元。KPF 回答：如果单方造价在 1000 美元以上，KPF 有能力做，如果只有七八百美元，KPF 的技术体系将难以胜任这个项目。我当时以为 KPF 是担心设计费达不到他们的预期，后来才理解 KPF 对不同造价的超高层建筑有一套完善的技术体系，包括幕墙、垂直交通、机电设备、构造、品质控制等等一系列做法，以保证建筑在此造价条件下的均衡度。单方 1000 美元是当时 KPF 超高层建筑技术体系的下限，低于这个造价，他们就要重新研发，这样的话，KPF 的设计费反而可能更高。技术体系从合同谈判开始贯穿项目始终，这才是真正的技术管理。

没有技术体系，技术管理就只能靠总师办的几位老法师，在项目的方案定案、图纸审定中把关，满足规范要求而已。中国设计公司没有技术体系的主要原因有两个：一是没有产品。技术体系不是标准图集，也不只是技术要求，而是与产品相关的一整套技术做法。多数公司还没有产品概念，那谈何技术体系呢？二是由谁负责。即便有产品，还有一个问题：设计公司里谁牵头负责这个事？似乎应该是各专业总师，但总师在中国语境里是公司最高技术代表，是名誉头衔，不负责技术体系的确立、升级。结果总师不干这事，其他人想干，却没有名分干。

设计公司的技术可以分为产品性技术和工具性技术。面向客户、构成产品技术界面的是“产品性技术”，如绿色技术、生态技术、体育建筑工艺、性能化消防、预应力等等；面向内部运营、构成作业流程技术条件的是“工具性技术”，如

CAD、协同设计、BIM、参数化设计等等。工具性技术并不直接产生客户价值，但对提高内部运营效率有作用。比如你交给客户的图纸，是在 BIM 条件下画的，还是用理正软件，甚至是趴在图板上手绘的，只要质量合格，对客户来说可能都是一回事。

项目管理五要素中，“工具与技术”中的技术属于工具性技术，“技术管理”中的技术主要是产品性技术。前面谈产品“技术策略”中所指的技术也是产品性技术。

对小微型设计公司来说，把有限的资源投入到“产品性技术”上以支持产品研发，而在“工具性技术”上采取跟随策略是比较合适的选择。对大中型企业而言，工具性技术的作用更显著一些。当然，在互联网时代，两者之间的界限变得模糊，有的“工具性技术”不仅是工具，也可能具有“产品性技术”的潜力。

“三个视角”和“五个要素”帮助我们理清了对项目管理的认识，下面的“项目策划”和“WBS”涉及项目管理的方法论。

项目策划

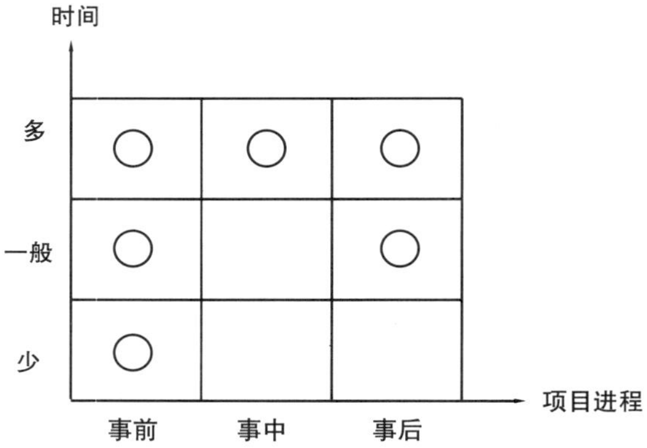

小微型企业的领导者会有大量时间投入到项目中，甚至每个项目都要过问，那么在精力有限的情况下，应该如何分配时间呢？

最重要的节点是事前，与项目组一起研究客户和项目的痛点、方向、立意、资源投入、目标等等，并达成共识。把要干的事情搞清楚，什么是 RIGHT THING。领导者在项目中的时间必须首先分配到这个环节。

其次是事后，在项目完成或阶段性完成后，所有项目组成员要坐下来，分析总结经验教训。成功要庆祝，结果不理想也要庆祝，还记得上一章说的臭鼬工厂的最后一句话吗？总结的目的不是奖勤罚懒（那属于绩效管理），而是为了完善、提高。善于反省总结的公司，员工进步快，产品迭代速度快。教一个小技巧：如果方便的话，项目总结会可以邀请甲方的相关人员，如设计总监、工程总监参加，那样效果会极佳，而且可能会有多方面的效果。还有，领导者参加此类会议时应该少说话，尤其是在没有经历项目的事中环节时。

事中是 DO THING RIGHT，花的时间最多，领导者很难有大量时间参与事中的全过程。这样的话，领导者必须掂量一件事：参与的时间能否保证对项目的把控？如果是 YES，那么你是主角；如果是 NO，那么你是配角。

道理说到这儿，估计大家觉得有道理，但遗憾的是，实践中能做到的太少了。大部分领导的习惯是有空就一竿子插到底，没空就撒手不管，项目做砸了就怪员工执行力不够。

事先环节的成果就是项目策划书，或者说项目任务单，就是达成共识的项目目标。

理论上说，项目策划书的内容包含时间、质量、技术、风险、组织、财务这六个方面。其他五个方面容易理解，组织维度除了资源保障之外，还有一些东西值得多想想。项目是设计公司最基本的业务单位，除了干活挣钱之外，有很多流程轴上的工作可以借助项目来完成。可以说，产品时代的战略焦点是产品，运营管理的焦点就是项目。

比如，流程研发工作可以通过项目来做。如果我是研发总监，今年有一些流程升级的研发任务，我发现某个项目恰是这类产品的典型代表，我就可以和项目经理商量：兄弟，这个项目你在干活的同时，能不能结合产品出一个流程研发的成果？有经费的。这是好事吧。反过来项目经理也可以找研发总监商量这事。同理，市场总监也可以在支点项目的进行过程中，得到项目经理的配合，完成产品推广的任务。有些公司在重点项目之初，就请摄制组进驻项目组，定期收集资料，市场部隔一段时间（比如两个月）就组织一次推广活动。所以，项目可以不仅是干活挣钱的事，项目策划书也可以不仅是干巴巴的六个维度的要求。

在矩阵式架构中，优秀的流程经理首先能充分利用既有业务活动和资源完成任务，而不是像金字塔结构中，必须成立强有力的部门，把资源隶属关系归集到部门内，靠上下级的指令才能干事。这一点和前面说市场的两种渠道——搭便车和自建——是一个道理，会搭便车的人才有可能在自建系统时，赋予系统包容性而不是封闭性，才值得组织投入资源搭建系统。

项目管理的基础——WBS

WBS（Work Breakdown Structure）是把项目工作逐级分解成较小的、易于管理的组成部分的过程。

项目都有“项目目标”，表现形式是项目策划书；把目标逐级“分解”就形成了“项目计划”；项目执行过程中的“实际成果”与“项目计划”间存在“差距”，对这种“差距”采取的措施就是“管理”。阶段、步骤、任务、活动用来代表计划的四个层级，我们不必拘泥于四层级分解，多少级都可以，只要具备可操作性。

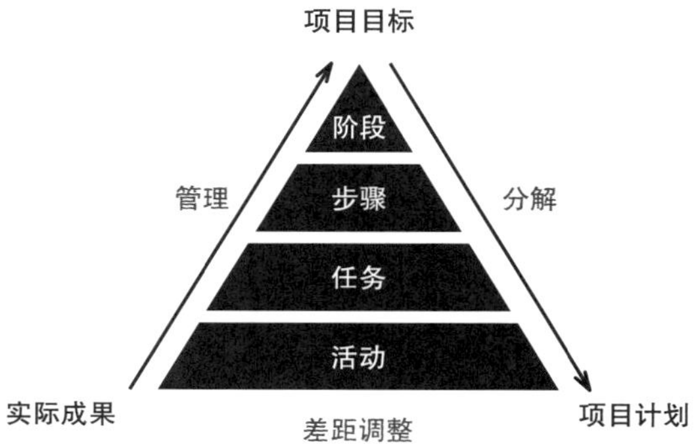

我旁听过一些公司的生产例会（或运营例会），会议进程大体都是项目经理们先汇报一下项目进展情况，有哪些困难（会上也得不到解决），最后领导强调几句质量不能放松、进度不能放慢、责任心要加强、搞好甲方关系等等原则性问题，就散会了。下次开会，还是这种浮在面上的形式，没什么作用，项目经理们不满意，领导也同样不满意。生产例会不是在进行有效的管理，而仅仅是在处理项目进程中冒出来的临时性问题，而且这些问题具有相似性，就那么几类。我估计这种会一个月开一次可以，一周开一次也可以，一天开一次也可以，反正就是一堆问题。你从任何一个节点抓下去都可以发现问题，不抓也能这么糊弄过去。这些问题都无法实施有效管理，只能处理，没完没了地处理紧急的事。

会议失败的一个重要原因就是没有有效的工作分解，没有分解就没有管理！如果项目目标没有分解成为计划，那就意味着连管理对象都没有，哪里还谈得上管理？

我们看一个家庭装修工程的分解案例。有过家庭装修经历的人，都知道那是件挺琐碎的事。有人就把家装工程进行了工作分解，首先分为六个阶段：设计思路、主体拆改、隐蔽工程、覆盖工程、安装阶段、收尾阶段。这六个阶段还不够细，没法操作，再往下分解，比如安装阶段可以分为橱柜安装、木门安装、散热器安装、木地板安装、灯具安装、五金安装、洁具安装等等步骤。再看其中的木地板安装，

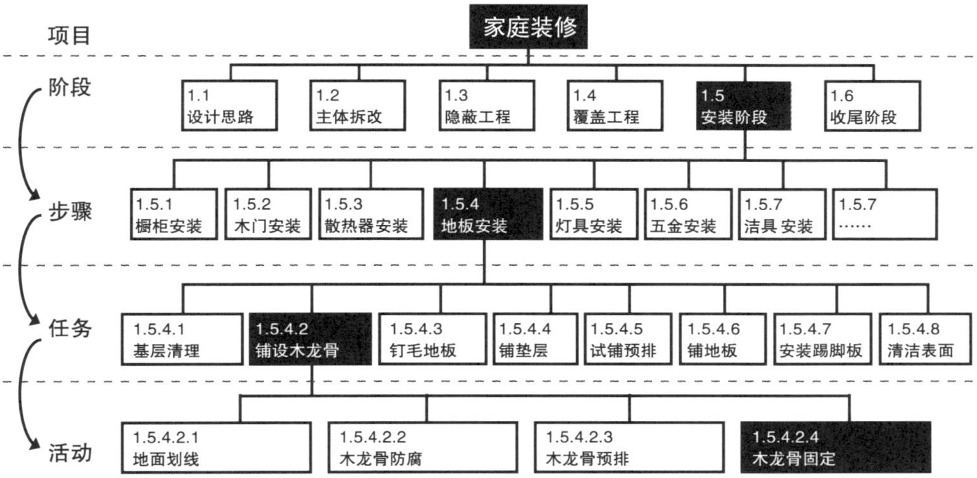

WBS 分解：
- 完整性——活动的总和完全定义了项目所有要完成的工作任务
- 最底层工作包以小时估计
- 最底层工作包可分配给个人

如果你打算安排一位老师傅完成这项工作，就不需要再分解了，因为他是熟手，知道该怎么做。如果想安排给经验不足的工人去做，就还需要把“木地板安装”再分解，比如分解为基层清理、铺设木龙骨、钉毛地板、铺垫层、试铺预排、铺地板、安装踢脚板、清洁表面等任务。

再以“铺设木龙骨”为例，有一定经验的工人很清楚如何完成这个任务，不会弄错。但这事没什么技术含量，完全可以安排学徒来干，这样成本也低，所以还需要再进

作业指导书

样图

- 木龙骨铺设方向：根据与地板铺设方向相垂直来铺设木龙骨。
- 木龙骨间距：木龙骨一般间距不大于 350mm。
- 木龙骨留空：木龙骨与墙或其他地材料间均应留出间距 5~10mm。
- 木龙骨垫高：地面有水管或地面采暖等设施，必须用垫木架高木龙骨，垫高后的龙骨与下方管道的距离应大于 10mm。
- 木龙骨固定：先用射钉把垫木固定于混凝土基层，再用铁钉将木龙骨固定在垫木上，垫木一般间距不大于 350mm。如果采用射钉透过木龙骨进入混凝土，其深度必须大于 15mm。
- 木龙骨找平：当木龙骨的水平度相差大于 5mm，用木楔调整水平度。
- 完工检查：铺设后的木龙骨进行全面的平直度拉线和牢固性检查，检测合格后，方可铺设木地板。

木龙骨安装示意图

一步分解成四个活动：地面划线、木龙骨防腐、木龙骨预排、木龙骨固定。光分解还不够，还需要提供作业指导书和样图。

有了这样的工作分解、作业指导书、样图，如果你是项目经理带着一帮学徒，还需要手把手地教他们吗？不用教，他们可以自己学，翻到手册某某页，先看懂，再去照图操作，回来告诉我结果就行了。如果没有这些指导，又只有学徒可用，结果肯定有问题，这些问题会带来客户投诉、不付款等等重大、紧急的事，你不得不花时间处理。

设计公司为什么总觉得五到十年工作经历的骨干人才不足？原因之一就是没有WBS，而有经验的设计师对WBS的要求没那么高，大而化之地分分工，项目就可以有效运转起来了。可是，我还没有看到一家民营设计公司的技术骨干人才是充沛的，不少项目都是一两个骨干带三五个毕业生，骨干往往还要兼顾多个项目。

WBS的重要原则之一是：承担最底层工作包的人有能力应对，而且成果的进度、质量等要求是相关人员达成共识的。所以，不同企业面对同样一项工作，因为人力资源状况的差异，分解层级应该不同。

我刚毕业的时候，在深圳的一家设计院工作过三年，那时正值1992年初邓小平南方谈话后，特别忙。我负责过一个高层建筑的设计，完全没经验，连规范都看不大懂，但人手不足，只能硬着头皮上。一次，要出报建图，建筑组组长提醒我要注意是否符合消防规范，我把高规找出来，看了半天没看懂，每个字都认识，不知道什么意思。翻完书，再看图，我也不知道哪儿是对的，哪儿是错的，估计年轻人都有过类似的经历。之后我继续辛辛苦苦画图，一天中午吃饭的时候，组长从我办公桌前经过，扫了一眼图纸，哎呀，你这图有问题，我说怎么了，他说你看这儿不符合消防规范，我问怎么不符合消防规范，他把规范翻到某一页说，你看这一条，是不是有问题。我傻眼了，返工要花一两天时间，自己辛苦也就罢了，怎么向甲方交代？要是早把这一条拎出来告诉我，不就少走弯路了吗？一本规范，对某一工作环节来说，重要的只有几条，直接拎出来放进作业指导书中，再有样图作参照，工作效率就大大提高了。说明一下，当时组长对我们这些年轻人很好，没有工作流程和作业指导书不是他的责任。

项目管理手册的核心内容有三个：流程、作业指导书、样图。不是每个最底层工作包都需要作业指导书和样图，有的只需要作业指导书，有的只需要样图，有的两样都不需要。还有，不是每一个最底层工作包都能交给年轻人去做，技术含量高

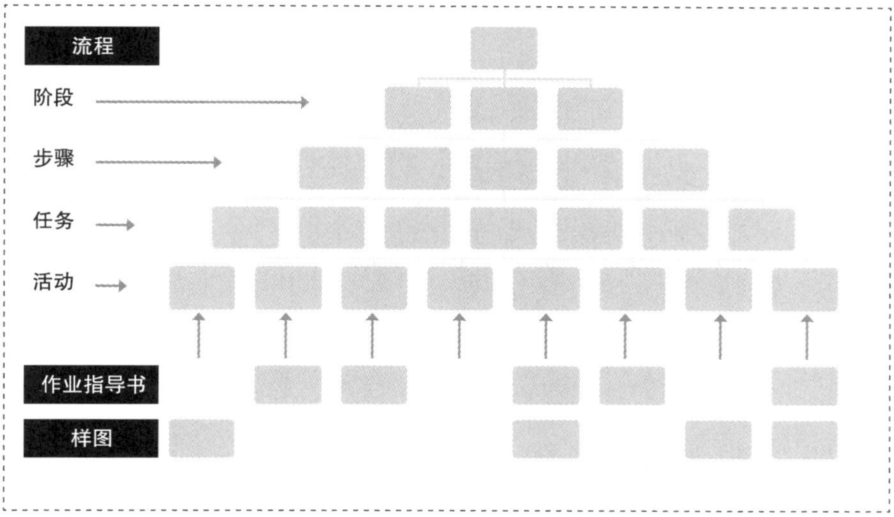

项目管理手册的核心内容：流程、作业指导书和样图

的工作包应该安排给有对应能力的设计师，比如方案评审，这件事无法也不需要做详细的工作分解，因为这事必须由总建筑师或副总建筑师来完成，他们都是工作很多年的，经验丰富，只需要一张评审记录表提醒他们避免子项疏漏就可以了。

流程图中，越是上层级的工作包，之间越应该是串联关系，比如做完方案再做初设，做完初设再做施工图，不能来回颠倒，否则返工量极大，设计过程中比较大的返工都是破坏了上层级工作包的串联关系造成的。越是下层级的工作包，之间既有串联又有并联关系，返工造成的影响也小得多。

谈到这里，大家可能觉得 WBS 的技术难度未必很高，但是很复杂、很琐碎，出一本这样的项目管理手册成本不低，有必要吗？前面提到家装的 WBS，确实很细致，家庭装修对房主来说是一次性的，要是这么分解实在是太繁琐，不合算，也没必要。那么，谁需要呢？装修公司，因为它一年要装修几百套，甚至上千套房子，要组织很多工人完成数百次重复性的工作，有这套项目管理手册的支持，效率就提高了，质量也有一定保证，项目毛利率也会提高。设计公司一年有几十个、上百个项目，同样应该有这样的项目管理手册，这就是流程研发，研发成功后应用到几十个甚至上百个项目上，产生规模效应。

注意，不同产品的项目管理手册内容有差异，不能指望一套手册包打天下，住宅的方法不能用到写字楼上，写字楼的方法不能用到体育建筑上。对已经占领的山头（地位比较稳定的市场，处于成长期和成熟期的产品），WBS 可以比较细致到位，让年轻人承担起大量程序性工作；对正在激烈竞争中的山头（或处于导入期的产品），粗略的分解就可以了，这是因为主要资源应投入在攻山头上，而精细的 WBS 属于挖战壕、修碉堡的性质，不是现在的事，另外，现在这类项目的经验我们还不够丰富，还需要积累。

在资源分配的策略上，成熟产品可以配置更多经验不足的员工，前提是具备有效的项目管理手册，尚未确立领先地位的产品中应配置更多经验丰富的员工。新兵守山头，老兵攻山头，守备部队的战斗力肯定不如野战军。CCDI 在做“水立方”设计时，把全公司高层级技术人员筛了一遍，能抽出来的全部调到北京体育事业部，几年后，占山为王了，再撤出资源。

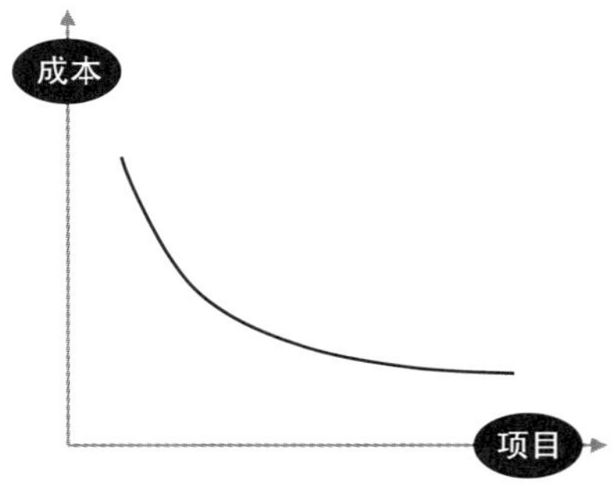

有意思的是，很多设计师有能力出色地完成设计任务，却没法把自己的作业过程分解出来，这说明我们缺乏流程能力。

做好了成熟产品的流程、作业指导书、样图之后，就能够实现产品的边际生产成本递减，也就是在同一产品系列中，第 5 个、第 10 个、第 20 个项目直接成本逐次递减。这是品牌提升、技术研发、流程完善、经验积累所带来的。

2013 年初，深圳有家公司的老总在和我交流时说了这么个事。他们的业绩主要是住宅，很想挤进商业建筑市场，要积累经验和业绩，正巧有机会参与江西的一个十几万平方米的商业项目。报价时，他们反复测算成本，结论是每平方米设计费 50 元，从方案到施工图。结果，三益中国报价也是 50 元，业主当然把项目给了三益中国。这位老总的疑问是：我不明白，以三益中国的品牌，为什么和我用这种方式拼价格，我报成本价是为了业绩，三益中国为什么不挣钱要抢这个项目？

我说，你 50 元不挣钱我信，但谁说三益中国不挣钱呢？对你来说这是第一个商业项目，没有经验、技术和人才，50 元的成本价是正常的；但三益中国已经做了上百个类似的商业综合体，这产品对他太成熟了，有一整套高效的项目管理程序，对他来说成本可能只有 15 元，毛利率 70%，而且质量还比你稳定。

这就是规模效应，在资源有限的时候，产品聚焦才可能产生规模效应，这就是上一章在谈产品聚焦的时候，为什么 60%×1 的利润率远好于 20%×3 的原因。越是成功的产品，越有机会获得这样的规模效应；反过来说，是否有规模效应也说明了产品是否足够成功。

运营数据系统

> 前段时间感觉人力资源还够用，现在几个项目同时上施工图，人力紧张，现招人又来不及，怎么办？
>
> 今年前三个月，全公司一线员工的工作饱和度分别是70%（即按一天工作8个小时算，有5.6个小时计入项目工时）、80%、85%，一月份数据低与春节有关。上个月，即四月份的工作饱和度上升到105%，个别员工已经达到140%，加班很多。现在有4个项目同时在做施工图，施工图设计周期都是两个月，预计本月工作饱和度还将继续上升，并持续到下个月。这4个项目总产值2000万元，按施工图阶段产值占比45%计算，仅这4个项目两个月完成的产值有900万元，估算投入各专业人员共40人，人均月产值11.25万元。公司以往一线员工的实际招聘到岗周期（用人部门发出招聘需求至新员工到岗之间的时间）平均为45天，现在招聘来不及缓解本轮人力紧张状况。怎么办？

上面两段话模拟的是运营部经理在公司月度例会上的发言，你觉得哪段话把情况说清楚了？显然是后者。前者说的是感觉，后者尽可能用数据进行客观描述。至于如何解决，各公司情况不同，能采取的有效应对措施不一样。但是，量化描述已经让参会者了解到真实情况，不论采用什么管理措施，心里都有底。

大部分设计公司没有数据系统，决策缺乏量化依据，靠拍脑袋，各级管理者都是“三拍干部”——决策拍脑袋、干事拍胸脯、坏事了拍屁股（走人）。拍脑袋就是凭感觉决策，问题是面对同样的情况，感觉是因人而异的，比如在一家公司的年度管理会议上，有人说公司今年发展速度太快了，有点乱，也有人说觉得还不够快，双方争执不下，谁也说服不了谁。后来我问了一下人力资源部经理，粗略计算出该公司今年的新员工入职率是31%，流失率16%，实际增长率15%。感觉增长慢的是看到实际增长率不高，赶不上接活速度；感觉太快的人是觉得流失率太高，员工队伍不稳定，双方专注的焦点不同。数据拿出来后，大家很快统一了认识。这不是简单的快慢之争，只要能降低员工流失率，双方的问题都能解决。

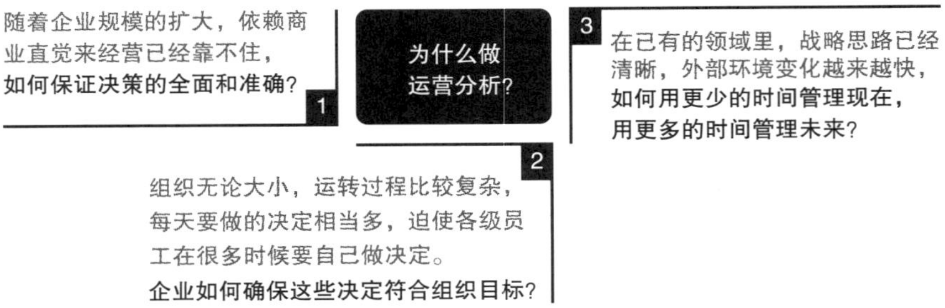

上面这例子还比较简单，公司的运营管理要复杂得多，靠感觉拍板容易出问题。而且运营事关全局，一出问题就可能是大问题。开过车的人都知道，驾驶座前面有仪表盘，显示车辆行驶时的速度、发动机转速、温度、油耗、胎压等等数据，对司机安全行驶提供支持。如果没有仪表盘，你敢开车吗？经验丰富的司机有可能敢开，但也只敢开短途。公司运营管理也是如此，规模小的时候凭感觉决策，问题不太大，因为感觉与实际相差不大，等有了一定规模，要开长途车了，再不建立运营数据系统，风险就大了。

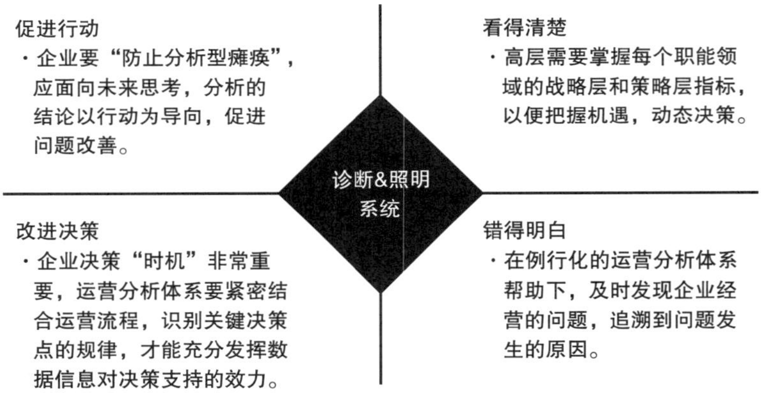

2006 年 2 月，我担任 CCDI 首任运营副总。坐在那时位于深圳卓越大厦六楼的办公室里，我琢磨该如何建立公司的运营数据体系。三个月后，在几名同事的帮助下，拿出了第一版 CCDI 运营数据系统。

运营数据体系分为四个层次。最基层的是数据收集，有了基础数据就可以汇总生成各个管理模块的数据报表，之后形成整个公司的运营报告。指标结构是数据系统的核心，数据采集、报表、报告都建立在指标结构的思维上。

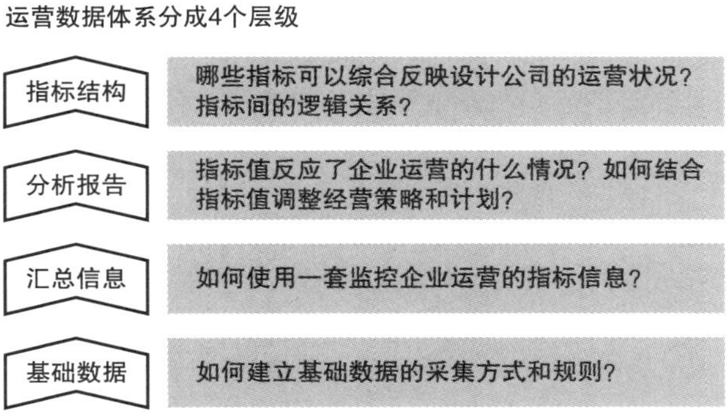

合同、产值、收入、支出、利润，这五个词是设计公司内部管理中经常提到的。在过去十几年中国蓬勃发展的外部市场条件下，对大部分公司来说，这五个数据之间的关系是一个比一个大：合同比产值大，产值比收入大，收入比支出大，支出比利润大。进一步研究还可以得出它们的量化关系，比如 100 个单位的新签合同额，大约有 85 个单位的产值，75 个单位的收入，55 个单位的支出，20 个单位的毛利润。但是，这些指标不能指导日常管理行动，只能作为阶段性总结。如果你是经营部经理，仅有这些指标，知道该干什么吗？不知道。这合同该不该签，价格是否合适，签下来有人干吗？一系列问题都没有答案。

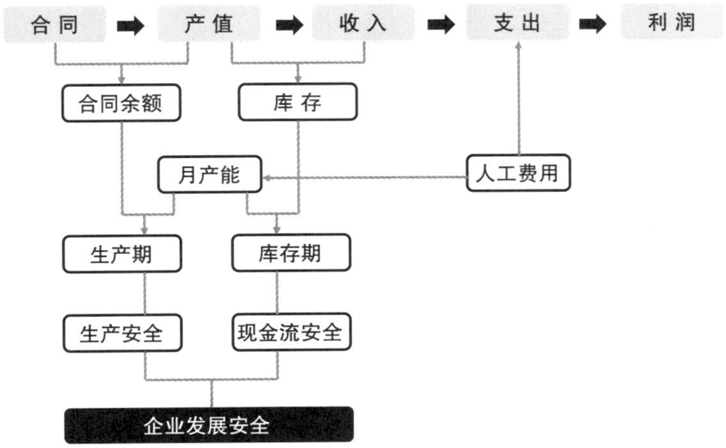

答案要从企业安身立命之本的角度来思考。有两个词对任何企业都很重要：发展、安全，但这两个词是概念，不是量化指标。由发展、安全可以再导出两个概念：生产安全、现金流安全，这也是两个概念，但更直观，容易理解。智力型企业是轻资产公司，现金流安全尤为重要；生产安全就是一线员工保持相对合理的工作状况，忙闲程度适中，太忙或太闲都不太安全。太忙的时候，大家工作压力大，设计质量可能会下降，甚至有人会因此而离职；太闲就意味着产能空置，员工们也会担心薪酬受影响，也不利于个人成长。这两个概念还是不能量化，管理学上有一个说法，不能量化就不能管理，历史学家黄仁宇在《万历十五年》中，把中国落后的原因归咎于技术上不能实施“数目字管理”，说的也是这个意思。

生产安全的概念可以用生产期来反映，现金流安全的概念可以用库存期来反映。生产期和库存期这两个数字是什么意思呢？

生产期＝合同余额 ÷ 月产能，意思是如果没有新签合同额，现有合同未完工部分的工作量需要多长时间才能完成。当然各个项目所处阶段不同，有的在做方案，有的是初设或施工图阶段，还有的在施工配合中，有计划很紧的，也有不太急甚至暂停的。实际上，即使真的没有新签合同，也不可能在这个生产期内把合同余额都完成，但并不是说生产期没有指导意义，因为林林总总加起来的几十个乃至几百个项目，总体上会有一个合理的均衡，样本量越大，参考意义就越大。

库存期＝库存 ÷ 月产能，这不是财务意义上的严谨概念，但是它可以反映我们未来数月是否有合理的现金收入，财务的现金流是否安全。设计公司的现金收入来源于库存，只有先生产出来，然后按照合同达到收款节点时，才可以找甲方申请设计费，所以没有库存就没有现金收入。丰田模式所说的零库存，对设计公司是不适用的，实际上，丰田的零库存是把库存压力转嫁到零部件供应商身上而已。有人说，如果整个产业链一起搞 JIT（Just In Time：准时制生产方式，又称为无库存生产方式），就可以实现零库存了，我想不至于如此简单吧，总不能等客户下了订单，才开始开采铁矿石吧。月产能与人工费用（成本）有近乎直接的线性关系，而人工费用在公司总支出中占一半以上，并且比例大致恒定，所以月产能的高低在某种程度上可以反映公司现金支出情况。

合同余额＝合同额－产值。合同额是公司所有未完结项目的合同总额，包括补充协议中的修改设计费。合同额有损耗的可能，甲乙双方都有可能出于种种原因暂停或终止合同，这就需要在数据统计上扣减合同额。合同额还可以细化为两种：有效合同、储备合同。比如，甲方和我们签了一个大合同，项目分三期开发，先启动一期工程的设计，二三期工程将根据一期的销售情况再定。这种情况下，一期工程是有效合同，二三期工程是储备合同。一般情况下，如果一个合同在设计周期、设计范围、设计费、付款方式这四个方面全部有明确规定的话，就是有效合同，储备合同不会都具备。运营数据中的合同额是有效合同额。

产值指的是已经完成的工作量，不论是否收到款，以前业内常说的年产值实际上指的是现金收入。产值有两种：经营产值、分配产值，运营数据中的产值是经营产值。

库存＝产值－收入。这里的收入指的是现金收入，以到账为准，与上市或拟上市公司的主营业务收入不是一个概念。库存包括产成品库存和在产品库存，产成品库存就是财务管理上的应收账款，即根据合同已达到收款条件但尚未到账的，在产品库存是尚未达到收款条件的已完成工作量。运营数据中的库存是两者的合计，当然，两者之间应保持一个合理比例，在产品库存过高的话，公司未来数月的现金流会有问题。

月产能指的是理论产能，即公司所有一线员工在正常情况下，理论上一个月能完成的产值。理论产能有两种算法，一种是管理水平高的专业化公司的方法，如一位设计师每月总工时＝8（小时）×22（天）＝176小时，利用率为80%（另外20%用于培训、研发、管理等，不能对外收费），他的每小时对外服务价格是600元，那么该员工的月理论产能＝176（小时）×80%×600（元／小时）＝84480（元）；另一种是国内企业常用的产值提成制算法，假设某设计师的职级目标年薪是24万元，其中4万元是基本工资，不参与产值考核，另外20万元要经过产值考核才能拿到，公司规定的产值提成比例是20%，那么该员工的月理论产能＝20（万元／年）÷12（月）÷20%＝8.33（万元）。

经过一段时间（一般是半年左右）的数据积累，我们就能找到公司生产期和库存期的合理区间，如果出现异常情况，公司各管理部门就需要考虑采取对应措施。

假设某公司生产期的合理区间是8～10个月，本月运营数据显示，生产期是14个月，远超出合理区间，意味着生产上现在很忙，产能严重不足。这时，除了特殊项目，经营部门不能轻易签合同，特别是设计周期要求紧的合同，特殊项目有两类，一类是支点项目（骨头），能帮助公司确定细分市场地位的，比如再来个“水立方”，那就全体总动员，大家一定愿意豁出去干一把；还有一类是特别有利可图的项目（肉，很肥的肉），比如公司正常的住宅设计收费是一平方米 35 元，现在甲方就是看中了公司的技术能力，设计费给到一平方米 50 元，那就和大家商量商量，能不能再辛苦点，公司多发些奖金。同时，运营管理部门把所有项目再分析一遍，根据轻重缓急重新调整一下人力资源，还可以适当考虑把部分子项外包；人力资源部尽快补充新员工，原本属于可招可不招的可以马上发录用通知函。

反之，如果生产期只有 5 个月，远低于合理区间，意味着产能空置严重，经营部门应尽快签合同，在价格上与甲方正拉锯式谈判的项目可以适当降价，因为产能空置的成本更高。运营部门在这段相对空闲的时间里，可以多组织培训、研发、参观考察，员工福利上可以组织年度旅游、休假等，人力资源部门要放慢新员工招聘进度。

假设库存期的合理区间是 3 ～ 4 个月，而本月运营数据中，库存期是 6 个月，意味着库存太高，库存坏账的风险加大，个别项目的账期已超出合理期限。前几年金融危机的时候，不少设计公司的库存期应该是大幅上升了（如果有运营数据的话），2014 年下半年，类似情况在一些公司再次出现。这时，运营副总在会议上，应提醒项目经理们抓紧收款，特别是应收账款数额较大、账期超长的项目，别被甲方忽悠得还在赶进度，否则库存越来越高，越来越被动。

反之，库存期如果只有 2 个月，未来几个月公司现金流会有问题，轻资产型的公司也没有什么融资办法，怎么办？老总签字的时候能抠的抠点儿，这几个月别轻易花钱，供应商（模型、效果图、晒图等）的钱缓一两个月再付。更重要的是，项目经理们赶紧干活，想方设法把设计进度往前推，这样才能增加库存量，才能缓解现金流压力。

需要特别说明的是，上面提到的数据和管理措施仅是举例，每个公司的内外部条件有差异，实际数据状况都有区别，即便是同一家公司的不同业务单元（事业部），由于面对不同细分市场，数据也不尽相同。数据异常时，采取的管理措施更需要结合其他情况综合判断，不能从拍脑袋决策变成唯数据决策，从一个极端走向另一个极端。

运营数据结构的核心是产值，如果不能对产值进行有效统计，那么数据结构就可能严重失真。

前面谈的是公司层面的指标结构，而公司数据是把若干个项目数据汇总组成的，下面分析项目层面的指标结构。

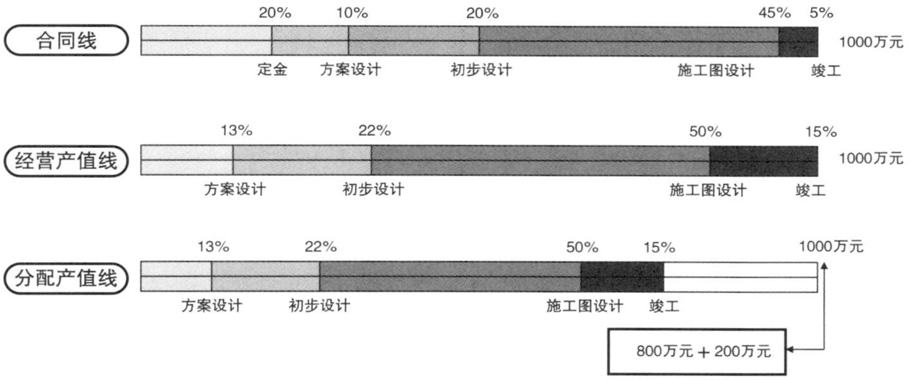

项目层面的指标要从合同线、经营产值线、分配产值线这三个角度来认识。合同线是按照合同的收款节点把项目分为几个阶段，图中假定一个总设计费 1000 万元的项目有五个收款节点：定金、方案交图、初设交图、施工图交图、竣工验收，付款比例分别是 20%、10%、20%、45%、5%。但是，这些节点不能用于内部生产安排，我们还要有一条经营产值线，两者的总额相同，但比例和阶段不同。阶段上没有定金，因为成立项目组时，公司不需要给大家先发定金；比例不同是因为项目进展过程中的内部资源投入，不是按照合同比例发生的，而是按照我们认为合理的各阶段投入比例产生的，图中假设四个阶段比例分别是 13%、22%、50%、15%。按产值来考核一线员工薪酬的公司还需要分配产值线，因为项目肥瘦不均，需要对各项目分配产值进行调节，不能直接把合同额当分配产值，比如常规收费一平方米 35 元的住宅项目，结果 50 元 / 平方米签下来了，分配产值可以适当提高，比如按 40 元 / 平方米，但绝不能按 50 元 / 平方米进行产值分配。另一种情况是支点项目（骨头），对企业品牌建设、技术发展很重要，但设计费低，只有 30 元 / 平方米，在考虑分配产值时就一定要提高到合理水平。分配产值线与经营产值线的区别是总额不同，阶段

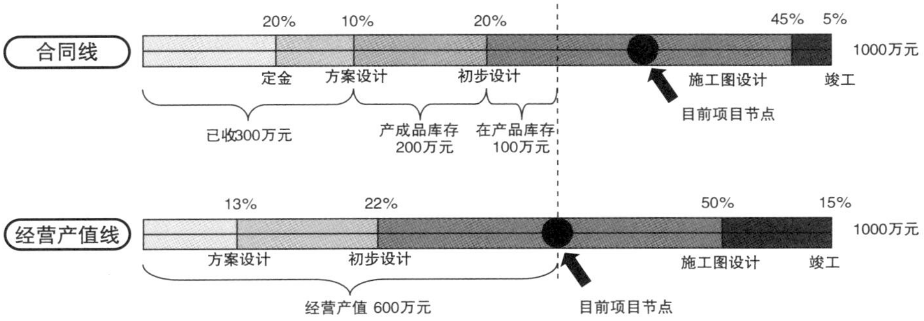

和比例相同。图中假设该项目分配产值是 800 万元，另外 200 万元可能来源于品牌溢价能力、经营部门的合约谈判能力等其他非生产因素。所以，分配产值也可以理解为生产环节创造的价值。有些公司，特别是正规外企，采用年薪制而不是产值考核，就不需要分配产值线。

把项目层面和公司层面的数据结构对照，就能直观地理解前面提到的几个关键指标的含义了。假定现在该项目形象进度为完成施工图设计阶段的 50%（图中圆点位置），指标数据如下：

合同额：1000 万元；

产值（经营产值）：600 万元；

收入（已收款）：300 万元；

库存：300 万元，其中产成品库存 200 万元，在产品库存 100 万元；

合同余额：400 万元。

项目中没有生产期、库存期之说。

给大家留一道思考题：如果现在该项目甲方因某种原因提出终止合同，并承诺按合同约定，根据已完成工作进度结算设计费，我们应要多少设计费？

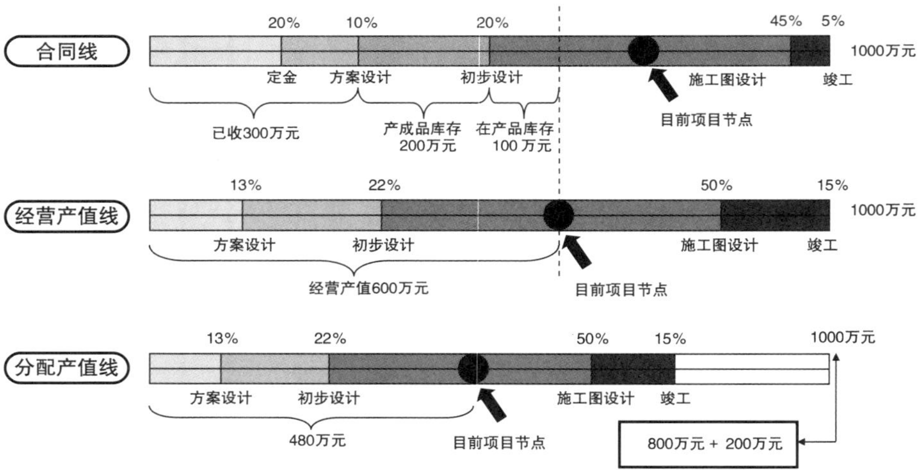

三条线上都标有施工图阶段 50% 进度的位置，分别对应 725 万元、600 万元、480 万元的结算设计费总额。但是甲方并不知道下面两条线，双方的谈判基础是合同线。

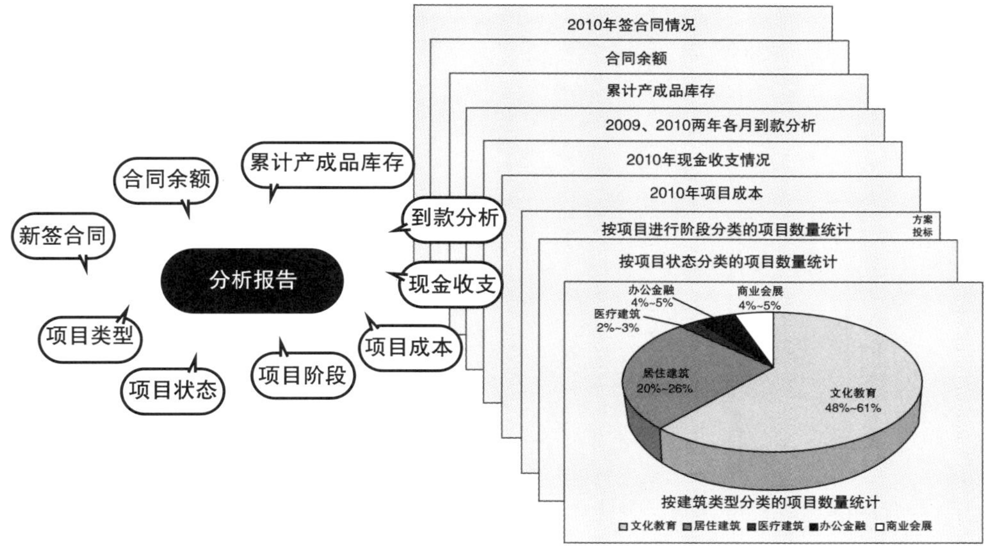

对基础数据进行分类、汇总、提炼就可以做出月度运营报告。也可以每周做，但管理成本就高了，还可以按季度做，但对日常管理的指导就缺乏及时性。

数据收集是自下而上的过程，整理成报告、报表后一定要再有一个自上而下的信息分享过程，各级管理者都需要得到信息反馈来支持他的管理决策，所以报告、报表应根据阅读对象的需求分类，比如提供给运营总监、部门经理、项目经理的报表是有差异的。月度运营例会的第一件事就是通报当月运营情况，用数字说明问题，在数字的基础上讨论问题。

各公司在规模、架构和产品上有区别，需要在理解上述概念的基础上开发适合自己的数据体系，这时，一定要注意几个要点：数据的定义是什么？数据间的逻辑关系如何？该数据与哪些业务部门或业务单元的活动相关？

上面谈的是整个运营数据体系的概念框架，如果你能坚持看到这里，也许会有“不明觉厉”的感觉，但这只能说明设计行业的管理水平太低了。这套数据体系既复杂也简单，没有数据思维、没搞通数据逻辑关系的人会觉得很复杂，甚至拿到数据报告也不知道有什么用；反过来，搞明白的人觉得很简单。

在依据运营数据采取管理措施的时候，要避免两种极端方式：简单归因和复杂归因。简单归因就是割裂数据间的关系，简单地把数据与业务单元或部门直接对应，哪项指标有问题就找哪个部门，合同额低了就是销售部的事，产值低了就是运营部的责任。但实际上，各指标间是相互关联的，比如产工比（产值与薪酬之比，是单要素劳动生产率）是衡量资源团队业绩的主要指标，与产值、职级、工时等数据直接相关，反映的是资源使用效率，可以从个人、项目、资源团队、业务单元、公司等多个层面和维度来统计。产工比如果低了，光打资源团队负责人的板子行吗？复杂归因是另一个极端，即过分强调数据关联度，导致要么无法动手解决任何问题，要么一件小事也必须折腾得惊天动地。确实，很多事情都牵涉到若干方面，但总能找到一个入手点，逐步解决。

实践中，解决应急问题可以简单归因，解决中长期问题则要系统思考，复杂归因。2014 年，很多设计公司业绩大幅下滑，有人问我怎么办？短期办法就是抓销售，活下来再说。不过，这方面 ADU 帮不上什么忙。一旦缓过劲来，就要找产品，在研发、市场方面进行投入，这样才能逐步走上良性业务模式。这有点像中西医的关系，急病要看西医，快刀斩乱麻；调理、养生找中医。但是，大多数人一旦熬过短期危机，就会好了伤疤忘了疼，非等到下一次危机一命呜呼时才悔之晚矣。

第八章

资源轴

本章中的个别概念在《白话设计公司管理》中有所阐述，本书做了不少补充、调整、完善。建议老读者详细阅读。

设计公司在资源轴上的主要问题有四个方面：

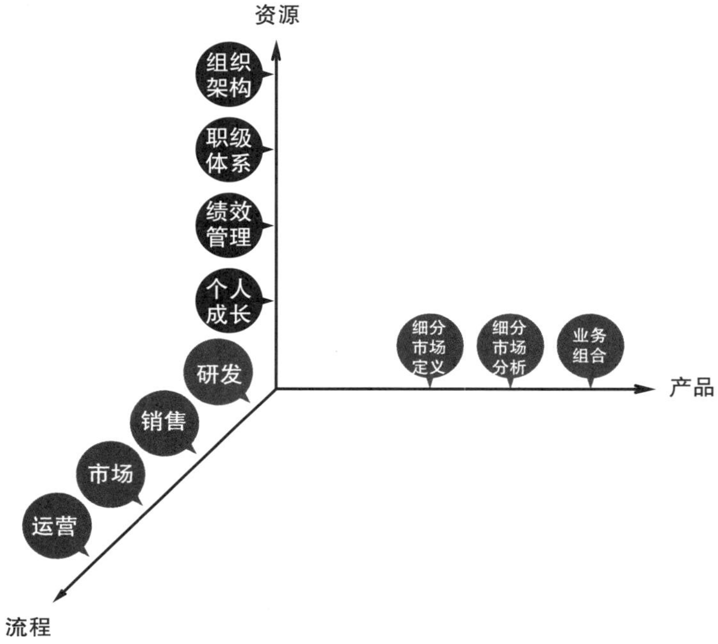

第一节　组织架构的调整

前面谈过，中国的设计公司大体上是单资源轴增长的格局，很多内部管理问题的具体表现都在资源轴上。

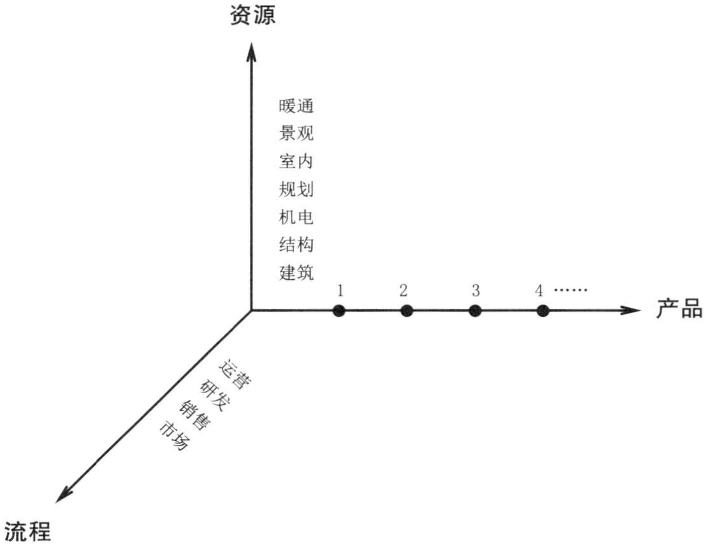

第三章的顶层设计和第四章的组织架构论述的都是资源轴上的安排，前者反映了核心资源之间的关系，后者反映了其他资源的组织方式，成功企业组织架构的两个必要条件是：成本中心、矩阵式结构。在讲完产品轴和流程轴的主要内容后，我们要再次审视组织架构。

这是“设计公司战略管理实战训练营”课程中的一个研讨题：把公司现状的二级业务部门或二级业务单元标在上面的三轴图上。

培训中，大部分公司的部门都落在资源轴上，流程轴是残缺不全的。有些名称

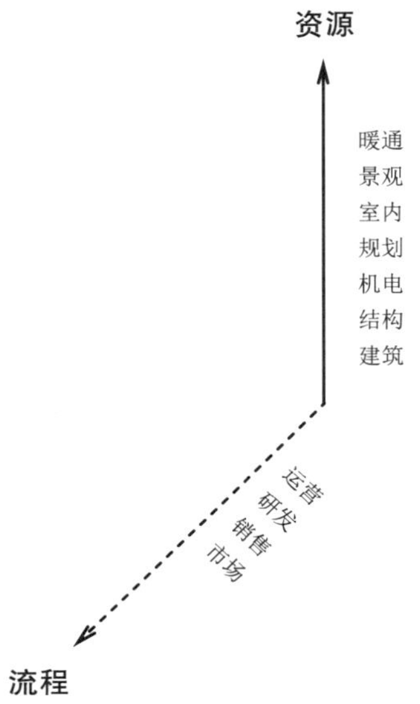

上属于流程轴的部门，如研发部，没有用矩阵式思维去理解，促成资源间的协同、联动，而仍旧在金字塔型思维下，组织一帮人闭门研发，实质上还是资源轴上的部门；产品轴上基本空白。说得客气点，大多数中小型设计公司在资源—流程—产品三轴上表现为一轴半的状态。

从单资源轴格局调整到三轴打开，不能一蹴而就，可以尝试“两轴半”模式，这种模式对中小型企业比较合适。

首先是让流程轴发挥作用，让项目经理、运营经理、研发经理、市场经理、销售经理等流程经理的职责从传统的全才型资源经理（所长）中剥离出来，促进资源的横向协作、交流。如果用金字塔的竖向思维来看这件事，就会理解为分（夺）资源经理的权，用矩阵的横向思维来看，这是打开资源间的壁垒、为人尽其才创造组织条件的举措。这种开放式空间不仅有

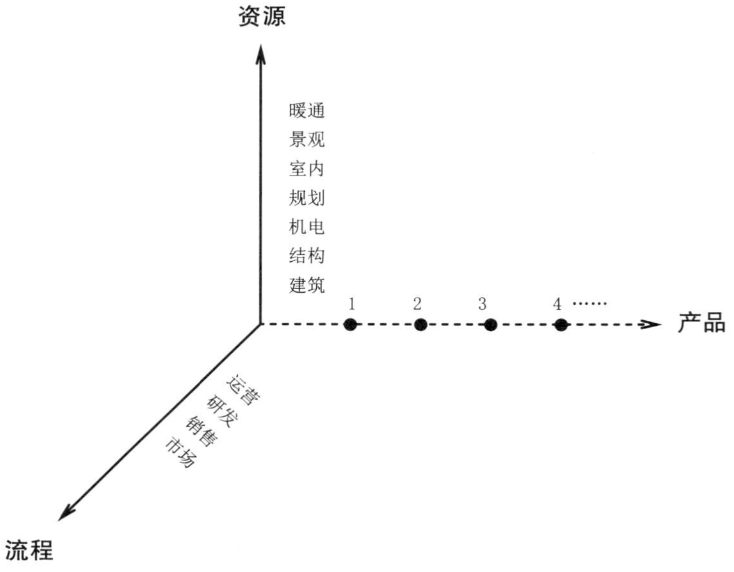

利于员工成长，对不得不扮演全能型角色的资源经理也是一种解脱，有些资源经理可能更适合干流程经理的事。

这里，要特别注意，千万不要搞“假改革”，用打着流程经理旗号、本质上还是资源经理的一帮人去替换原来的资源经理，换汤不换药。拉开二维矩阵，不是另封一帮诸侯，一定要在思维方式的转变上下功夫。同时，要发布一些横向协作的体系化文件，如组织架构图、研发管理体系、运营管理体系，说明各业务部门、业务单元的职责变更，以及相互之间的关联、协同方式，以帮助大家的行为转变。

与此同时，中小型企业在产品轴上未必要成立事业部（二级矩阵）。在选择合适的产品（组群）后，可以组建一个或多个、规模不大（初期三五人即可）的产品团队，赋予其“臭鼬工厂”的性质，负责牵头该产品（组群）的研发、市场、销售、运营工作。产品团队的灵活性保证了公司在几个潜在的产品（组群）方向上，可以随市场需求调整资源配置。有的产品团队未来可能发展成事业部。产品团队在财务上的成功表现为业绩增量的主要来源（第五章最后一段提到的）。

特别提醒，对小微型企业来说，资源很有限，必须聚焦到一个产品（组群）才可能有所突破。即便对很多中型企业来说，能拥有一个市场潜力够大的有力产品（组群）已经很成功了。在组建产品团队初期，可能因为难以取舍，出现多个产品团队，企业领导者在随后的运作中应慎重把握产品间的相关度（如客户群、技术、商业模式等方面），在适当的时机进行战略抉择。有些产品可以聚焦成一个产品组群，有的产品应该放弃。

第二节　职级体系

设计公司（尤其是产品、技术和生产导向型企业）的关键资源是“人”而不是资本，但人才恰恰是最难把握的。如果一家公司有几千万元的资本而缺乏优秀设计师，另一家公司没有多少启动资本却拥有五位业内知名的设计师，相信大家都会看好后者而不是前者。

人力资源管理有六大模块：人力资源规划、招聘与配置、员工关系管理、培训与开发、薪酬福利、绩效管理。其核心是能力模型支持的职级体系，这样才能把六个模块的工作协调起来，各模块也必须以这个核心为基础来考虑工作开展。

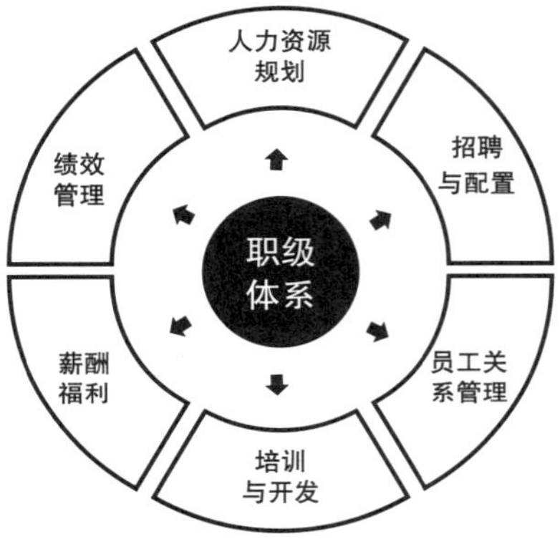

人际沟通方式

加拿大著名管理学大师亨利•明茨伯格在《卓有成效的组织》一书中，将人与人之间的沟通方式分为三种：直接沟通、监控和标准化。

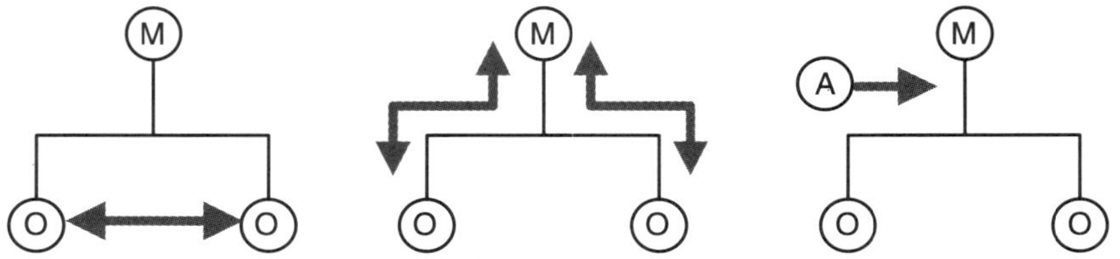

直接沟通，就是所有事件相关人可以随时、用任何他（她）认为有效的方式与他人沟通，以传递信息、协调工作。头脑风暴会议就是这种方式的典型代表。直接沟通的优点是每个人都有机会发表见解，成员有参与感、归属感，团队凝聚力强，特别适合小型团队（如臭鼬工厂式的产品团队）应对有挑战性的工作。随着团队规模扩大，仅靠直接沟通，效率会大幅度下降。10 个人的团队理论上存在 45 条两两直接沟通渠道，20 人的团队存在 190 条两两直接沟通渠道，沟通变得非常麻烦。政治上也是如此，就参政议政的效果而言，参会人数越多的会议，越没有实际意义。

于是，就有了第二种沟通方式——监控，监控这个词不太好听，在这里是一个中性词。团队成员（上页图中的 O，即操作者）之间有问题需要协调沟通时，不直接交流，而是向上级（上页图中的 M，即经理）汇报，由上级来判断如何处理这个问题。这样， 10 个人的团队，1 个上级，9 个成员，沟通渠道只有 9 条，20 人的团队只有 19 条，沟通效率可以大幅度提高。有效的监控有两个前提条件，一是这个上级的能力、经验、个人魅力等方面被成员们认可，大家相信上级的判断是最佳的；二是团队规模受个人管理幅度（指管理人员能有效管理的下属数量）的制约，不能太大。大多数产品型公司（大师的事务所）的内部沟通往往以这种方式为主。

上述两种沟通方式非常适用于 50 人以下的微型设计公司。曾有微型公司的老总与我探讨建立管理制度的问题，我说你不需要，至少现在不需要通过制度来管理，制度化管理的成本也不是你现在能承受的。

更大规模的公司仅靠上面两种沟通方式就不行了，一个经理面对十几个下属还能应付，管一百个人是不靠谱的。当然有人说，设一个中间层，分层管理，一百人的公司设三级，一千人的公司设四级，这样每个经理只需要管理十个人。这确实是个方法，机械思维时代的金字塔型组织结构就是这么来的。但是金字塔型结构有个很大的问题，就是信息传递不通畅，信息自上而下传到基层，经常已完全走样。日常工作中，真正了解情况的一线员工没有决策权，领导有决定权但又不清楚具体情况，决策的合理性、及时性、准确性难以保证。

在军队这种素来以严格的金字塔结构著称的组织里，以色列国防军独树一帜，一线士兵有很大权限，这是相对于其小规模，战斗力超强的原因之一。一线士兵（员工）获得授权的前提是标准化。标准化是把经验和技术等诸多要素整合、提炼形成的一套有效方法，用以指导工作。标准化不能涵盖所有的情况，但能考虑到大多数条件。有了标准化基础，就知道什么该放、什么该收。中国社会和企业经常出现所谓“一管就死、一放就散”的现象，就是因为没有规则（标准化）的基础，要么全放、要么全收，走极端。

小型公司（50 ～ 200 人）开始面临制度化建设的需求，这在沟通方式上，就意味着要建立标准化的沟通渠道，否则，沟通成本将高到无法承受。第 186 页下图中 A（分析者）的任务就是对日常工作进行分析、研究、分解，并提出标准化的方法、要求，大家按规则各司其职，可以减少大量程序化沟通。出现例外情况时，先个案处理，再由 A 考虑是否需要修改规则。特别强调的是，A 是一种职能，未必是特定的某个人或某些人来定规则。设计公司中最常见的情形是就某个技术或管理问题组织相关人士讨论，达成共识，形成流程。

标准化沟通分为三种：成果标准化、流程标准化、技能标准化。

成果标准化就是对最终成果或阶段性成果提出明确要求，而不论中间过程如何。现在，甲乙双方签订的设计合同，越来越厚，除了一般标准合同上对设计成果的要

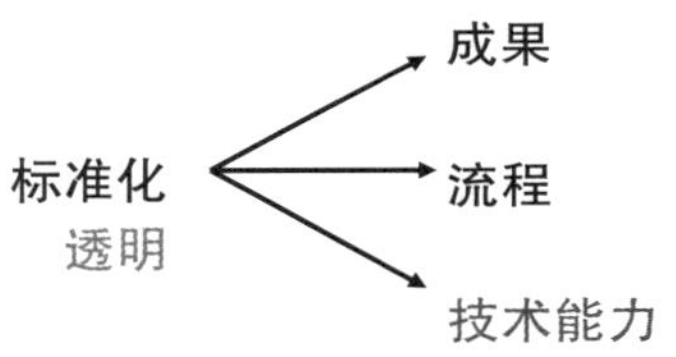

求外，甲方还有很多个性化要求。设计公司内部管理上，成果标准化的沟通方式也很常见，各专业、各设计阶段的界面要求（如施工图阶段专业间互提资料深度要求）就是成果标准化的体现。

对经验丰富的设计团队来说，把成果沟通清楚就可以了，因为他们完全有能力保证成果符合要求。但是，且不说高手总是稀缺资源，任何组织都难以做到高手云集，即便真有这个条件，企业恐怕也难以承担高额的人力资源成本。实际情况是，企业的人力资源不可能那么充沛，如果你把任务交给一个经验不足的设计师，不问中间过程，半个月后他交出的成果很难达到你的期望，这时虽然你有权力处罚他，但已经造成很大损失了。所以，期待成果就必须关注过程。

关注过程一般有两个方法，一是人盯人式的监督，但监督成本很高；二是流程标准化。最典型的流程标准化就是制造业的流水线，流水线制造的产品虽然缺乏个性，但产量高、成本低、质量稳定，对员工素质要求也没有那么高。

上一章中谈到的 WBS 就是设计公司的流程标准化。智力型组织的 WBS 与制造业的流水线都是出于关注过程、规范行为的目的，但内涵有很大区别。首先，流水线上的工人在工作中投入的主要是体力（生理性的），智力型组织的员工投入的主

要是智力（受心理影响很大），所以，前者可以细化到动作层面，后者则不能也没必要。其次，传统制造业的产品是标准化的，设计公司的产出是定制的，WBS 的目的不是消除项目的个性化需求和设计师的个性化创作。第三，传统制造业设计流水线的出发点完全是从产品出发，不太考虑工人的心理需求，甚至仅把人当作替代机器操作的工具而已（因为人比机器便宜）。但是，过度流程化使工人无法感知其工作与最终产品之间的关系，缺乏成就感、价值感，工作中也没有乐趣可言。大学毕业后，我曾经在深圳关外一家台资工厂的流水线上当过两个月工人，对此有一定体会。与此相反，设计公司在 WBS 工作分解中，必须综合考虑客户、企业、员工三者的诉求，特别是要满足员工成长的诉求，否则执行效果一定不佳。

但仅有成果标准化和流程标准化还不够，更重要的是安排能力适合的人去从事相应的工作，比如，我是学建筑学的，你把结构设计的工作交给我，告诉我成果要求，再给我项目手册，流程、作业指导书、样图一应俱全，我还是干不了，因为我不具备相关技能。再比如方案评审，你要一个刚毕业的去审图，他肯定什么问题也看不出来，因为那是高级建筑师（工程师）才能胜任的工作。管理上所说的“安排合适的人去做合适的事”包括三个含义：“合适的事”就是通过 WBS 把项目分解成合理的工作包；“合适的人”就是甄别员工的技术能力，对技能予以标准化认定；“安排”就是运营管理，将“合适的人”与“合适的事”匹配。

对智力型组织来说，三种标准化方式中，技能标准化最重要。一位大学数学老师告诉我，为应付教委的学科评估，他们教研室不得不把教案细化到每五分钟讲什么内容、有哪些关键字，甚至关键语句也要写在教案中。这是一种多么变态的追求流程标准化啊！难怪中国的教育看不到希望。1925 年，清华大学创办国学院，聘请王国维、梁启超两位国学大师担任导师，再加上随后的赵元任、陈寅恪，史称清华国学院“四大导师”。校方聘请“四大导师”，重视真才实学，不慕虚名，不轻信文凭。“四大”中，只有赵元任有哈佛大学博士学位，而王、梁、陈等三位，均无博士、硕士头衔，较为年轻的陈寅恪连个学士学位也没有，梁启超的“文学博士”称号是后来耶鲁大学赠予的。

现代企业中，直接沟通、监控、成果标准化、流程标准化、技能标准化这五种沟通方式都同时存在，侧重哪种方式与组织规模和企业性质有关。规模小的公司，内部沟通偏重直接沟通和监控，规模大的公司，对标准化的沟通方式要求高。制造业以流程标准化为主，智力型组织注重技能标准化。

前面提到过，成本中心的组织思维模式是企业发展整体实力的必要条件，而成本中心对管理能力要求高，很多中国企业一旦规模扩大就难以维持统一管理，不得不放弃成本中心，转为利润中心，根源之一是在沟通方式上无法建立标准化渠道。中国文化有人治的传统，习惯于直接沟通和监控，政治上“阴谋”、“阳谋”盛行，而标准化沟通方式所依赖的基础——透明，在中国没有根基。在体育界，世界纪录是用来被打破的；而在中国，法律是可以触犯的，企业管理规定是可以破坏的，而且这些例外都是自上而下蔓延开来的。要想把企业做强做大，必须过这一关。

还有一点，标准化不是僵化，不论是成果、流程、技能，本身都是动态的。互联网时代的产品需要“快速迭代”，产品背后的标准化支撑体系也需要及时升级。

职级体系

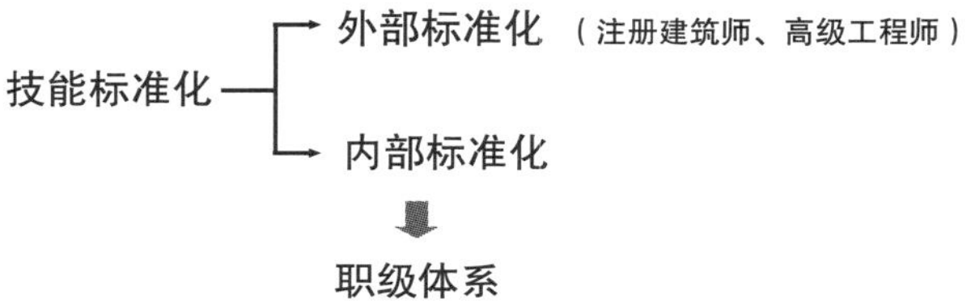

技能标准化的形式有两种：外部标准化和内部标准化。其实，外部技能标准化我们一点也不陌生，注册建筑师、注册结构师、注册机电设备师、教授级高工、高级工程师、工程师、助工，这些都是企业外部对员工技术能力的认定。但是，我们发现在企业实践中，不能完全按照外部技能标准化来进行工作安排。比如，考过一级注册建筑师意味着该员工应该有独立执业能力，但他的实际能力未必能胜任。我曾经的同事中就有一次考过九门，拿到一注的，原因之一是他刚毕业不久，会考试，那时哪怕让他当个建筑专业负责人，他自己都不敢干；同时，还有一些人屡考不过，甚至索性放弃了，但是他的专业能力很强，能当PM、PD或PA，有的业主还慕名而来。所以，不能单靠外部的标准化替代对员工实际技能的认定，企业（尤其是大中型企业）必须有自己的技能认定标准，这个标准就是职级体系。

设计公司可以根据员工工作性质的差异将职级体系分为若干序列，如管理序列和技术序列。

需要特别强调的是，职级是能力的反映，既不是职务也不是岗位，没有名额的

职级序列——技术类

职级	助理设计师	设计师	主管设计师	副主任设计师	主任设计师	设计副总监	设计总监	设计副总裁	高级设计副总裁	设计总裁
10										设计总裁
9									高级设计副总裁	
8								设计副总裁		
7							设计总监			
6						设计副总监				
5					主任设计师					
4				副主任设计师						
3			主管设计师							
2		设计师								
1	助理设计师									
成长阶段	学习阶段	发展阶段		成熟阶段		专家阶段		卓越阶段		

职级序列——管理类

职级	助理	专员	主管	经理	高级经理	副总监	总监	副总裁	高级副总裁	总裁
10										总裁
9									高级副总裁	
8								副总裁		
7							总监			
6						副总监				
5					高级经理					
4				经理						
3			主管							
2		专员								
1	助理									
成长阶段	学习阶段	发展阶段		成熟阶段		专家阶段		卓越阶段		

限制。比如：副总建筑师是职务，负责技术管理方面的工作，需要技术职级达到五级或六级的员工来担任；项目经理是岗位，根据项目任务的难易程度，可以由四级、

五级或六级的员工担任。不少公司建立的职级体系把职级与岗位混为一谈，比如三级的称谓是专业负责人，四级的称谓是项目经理，因此还有各职级的工作职责说明，这在概念上是根本错误的。职级与能力相关，其称谓是开放式的；职责是与岗位对应的，其称谓是封闭式的。在日常工作中，专业序列员工的岗位通常有两种：中长期的和临时性的，总工、副总工是中长期的技术管理岗位，项目经理、专业负责人是临时性的岗位。

有趣的是，中国唐朝的官场上也有职级和职务之分，但在称呼上没有区别，不易辨别，也没有技术官僚和行政官僚之分。唐朝官员的职级有九品三十阶，并且是分级管理，高级官员（五品以上）由宰相推荐，中基层官员（六品以下）由吏部决定。拥有职级的官员被称为“散官”，但未必担任实际职务（职事官）。在任职中，职级和职务的品阶也未必一致：高散官低就，官名前加“行”字；低散官高就，官名前加“守”字。当今中国官场也有类似现象，某处长（职务）的名片上可能会有“享受副局级待遇”的字样，意思就是“行”；某副处级（职级）官员的名片上可能有“代处长”，意思就是“守”。

职级序列可以根据企业规模逐渐细化，中小型公司有技术和管理两大类就大体够用了，更大规模的公司可能需要更多的序列，比如有的巨型公司销售线上员工就有两三百人，可以单列出销售序列。是否需要更多的序列取决于两点：一是不同序列的能力模型描述是否有重大区别；二是管理成本能否支撑。

上页图中的职级分为十个大档，一般在实际操作中，大型公司需要十档，中型公司需要八档，小型公司有六档即可。每个大档再细化为 3 ～ 5 个小档。大档之间在能力模型描述、待遇、称谓上有明确区别，且要对内外公开；同一大档的小档之间仅有薪酬待遇上的一些区别，一般不必公开，本人、主管资源经理、HR 部门三方掌握即可。

在职级与薪酬的关系上，每一个职级序列对应一个薪点表，也就是管理序列和技术序列的相同职级，薪酬会不一样；同为技术序列的不同专业（如建筑、结构、机电等等），相同职级的薪酬也可以不一样。薪点表上各职级的薪酬标准要依据三个方面来确定：一是行业的大致薪酬行情；二是社会经济状况（比如通胀率）；三是本企业运营情况。每隔一两年，企业应检视一次薪点表，以保证其合理性。有时，员工的职级没有变化，但薪酬有所上升，就是薪点表变动带来的。

在实行年薪制的公司，职级薪酬基本就是员工的实际收入了（有的公司会再发相当于一两个月月薪的奖金），绩效考核影响的是员工未来的职级和成长，而不是当期收入。

但在更多的设计公司，绩效考核讲究现世现报，其结果要直接反馈到当期收入中，这时，职级薪酬是一种标准，在测算产工比、理论产能、组建项目团队、研发、市场等方面仍有很大作用。职级相同的员工，月发标准是一样的，但绩效考核结果的差异会导致最终年收入的不同，同时也会影响职级晋升。注意，职级晋升的依据是能力的提升（表现出来的能力，不是自我欣赏的内秀），而不是当期工作量的多寡。所以，在偏重于工作量考核的公司，有时会出现加班多、奖金高的员工未必晋级，奖金不太高（当然也不会很低）的员工反而晋级的现象。

在一个绩效管理周期里（一年或半年），人力资源部门要牵头组织完成一次职级调整作业，部分员工得以晋升，部分员工保持不变，甚至极个别员工会降级。作业中，应该有提名、评审、申诉、复议的程序，还要分序列、分级来进行。

曾经有家公司的老总告诉我，公司平均不到一年就要进行一次组织架构调整，我觉得很奇怪，问他为什么，他说年轻人逐步成长起来了，需要给他们予以认可，认可的方式就是给个官衔。结果是，一个不到 20 人的专业所，有所长、副所长、所长助理、组长四种头衔，超过 1/3 的人有帽子，至于要做什么管理工作，谁也不知道。这就是技术行政化在设计公司的表现。技术成长通道本应该是开放式的，而行政管理体系是金字塔型的，两者在理念上有根本冲突。如果有职级体系，这家公司就不必频繁发官帽，技术职级晋升就可以起到肯定、激励员工的作用。

职级体系是建立开放式组织架构的又一个必要条件，员工成长不必走千军万马过独木桥式的金字塔型通道（设计做得好的标志是当所长、当院长，路越走越窄）。十年前，我在 CCDI 上海公司工作时，有一个所长（女性）向我辞职，不是要离开公司，而是要辞掉所长的职务。当时上海公司初创不久，实在没有替代人选，还是请她再坚持了一段时间。半年后，有了新所长，她卸任所长并继续从事技术工作，至今她仍在 CCDI，技术职级已经很高了，远高于一般所长的职级。在矩阵式结构中，大约 20 人左右的基层资源团队的所长，职级大致是四级或五级，而所内员工的职级会有与所长职级相同甚至更高的。我工作过的一家公司，就有所长是四级，在开放式办公区办公，而所内有位五级（副总监）员工在独立办公室办公。

2006 年初，我调任 CCDI 总部运营副总，第一天到当时位于深圳的总部上班时，看见一间约五十平方米的办公室，我问这是谁的办公室，答案是傅学怡总的（全国工程勘察设计大师），当时 CCDI 唯一的一位十级员工；隔壁一间二十多平方米的办公室是谁的？答案是单增亮，当时 CCDI 的总经理，八级；再隔壁的一间十几平方米的办公室是我的，七级。就待遇而言，职级比职务更重要。

有人说，职级把人分成三六九等，搞等级制，不利于建立追求平等的企业文化氛围。这是误解，人与人之间的能力是有差异的，不可否认，否认是虚伪。职级是把这种能力差异反映出来，以便于沟通、协作。等级制度的落后，核心是等级的锁定，如印度的种姓制。盐野七生在《罗马人的故事》中描述，两千多年前的罗马共和国时代，虽然有贵族、平民、解放奴隶、奴隶等社会等级之分，但等级间有流动的可能。这与中国历史上身份世代固化、唯有造反才能改变身份是不同的。

职级的等级与顶层设计中的合伙人等级是类似的，在西方有些合伙人制的设计公司里，两者合二为一，高职级员工即是不同等级的合伙人。

能力模型

评判职级的依据是能力，不同类型的公司、不同的发展阶段、不同的产品（组群）方向、不同的企业文化会影响到企业对人才的需求，这种需求会反映在能力模型的描述上。

有的公司推出职级体系，但没有能力模型，结果职级评定被员工理解为论资排辈，职级的作用是发工资、奖金，这就完全走偏了。

在技能判断上，追求量化是没有意义的，这和运营管理中量化数据能帮助我们识别企业状况不同。有人会问，不能量化，如何做到客观呢？其实，在对人的判断上，客观就是主观。我在好几家公司做过尝试：一个部门十几个人，长期在一起工作，给他们每人发一张纸，要求大家无记名地把十几个人按能力高低分为三档，结果基本一致。

在设计公司谈能力，多数人的第一反应是设计能力，会不会做方案，能不能画施工图。实际上，设计能力是能力模型中专业能力中的一部分，但不是全部。如果沉醉于象牙塔式的孤芳自赏，不仅没有实际价值，实际上也根本无“芳”可赏。2014 年 10 月，在上海的一次论坛上，世茂集团的副总裁张滨（我的大学同窗）在演讲中说，甲方对设计师的能力要求经历了四个阶段：第一阶段是会设计；第二阶段是会讲故事；第三阶段是会算账；现在是第四阶段，要懂生活。

显然，不同职级序列的能力模型有区别，但都包含三个方面：核心能力、领导能力、专业能力（大致对应三轴理论的产品轴、流程轴、资源轴）。所谓基于能力的职级体系，就是将企业的核心竞争能力通过能力素质模型有效地转化为员工的能力描述。

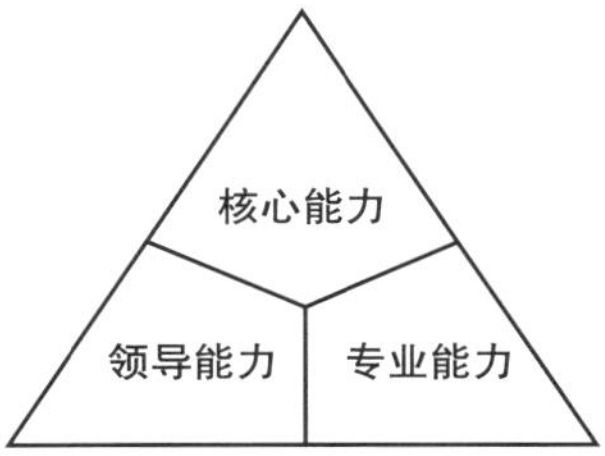

核心能力反映了企业价值观，是所有员工都必须具备的，不同的是在各个岗位上的表现形式有差异，如创新、追求卓越、客户导向、团队合作等等。本书最后一章会谈到企业价值观。

领导能力是各级管理人员率领团队或组织成就卓越的能力，是优秀领导者必须具备的行为、思维能力。对普通员工则意味着自我管理能力。

专业能力指的是某一工作群体或某一类专业性岗位所需具有的特定的知识、技能、行为和观念。

下面两张图是技术序列员工的领导能力和专业能力框架性示意。

领导能力模型

领导力职级	专业职级	每个职级拥有6～8个领导力 每个职级都有3～5个上一级和下一级相同的能力						
10	设计总裁	管理多样团队	培养下属	战略管理	管理多样业务			
9	高级设计副总裁	组织能力	前瞻能力	管理多样团队	培养下属	绩效管理	战略管理	
8	设计副总裁							
7	设计总监	绩效管理	团队建设	质量管理	流程管理	前瞻能力	组织能力	
6	设计副总监							
5	主任	抗压能力	结果导向	关注焦点	团队建设	质量管理	流程管理	沟通能力
4	副主任							
3	主管	行动导向	事业心	抗压能力	自我管理	结果导向	关注焦点	沟通能力
2	设计师							
1	助理设计师	工作与生活平衡	持之以恒	时间管理	自我管理	行动导向	事业心	

专业能力模型

级别	技术职级	专业能力						
		专业技术知识	解决问题能力	计划能力	学习能力	专业综合能力	沟通能力	客户理解力
10	设计总裁							
9	高级设计副总裁							
8	设计副总裁							
7	设计总监							
6	设计副总监							
5	主任设计师							
4	副主任设计师							
3	主管设计师							
2	设计师							
1	助理设计师							

对能力模型的每一项要做细化描述，下面以华为公司对研发人员素质模型中的“团队合作”能力为例，说明如何细化能力描述。

评价等级	行为描述
0 不沟通 在工作中单独作业，不与他人沟通。	在工作中单独作业，不与他人交换信息，也表现为不同部门的成员之间在产品研发和销售的环节中缺乏沟通。
1 愿意合作 愿意与他人合作，与群体中的其他成员共同交流，分享信息和知识。	愿意与他人合作； 与群体中的其他成员共同交流，分享获得新信息和新知识； 或者与其他成员交换思想和看法，以便对于问题取得共识。
2 愿意帮助 愿意帮助工作群体中的其他成员解决所遇到的问题，或者无保留地将自己所掌握的技能传授给其他成员。	愿意帮助工作群体中的其他成员解决所遇到的问题； 无保留地将自己所掌握的技能传授给其他成员。
3 主动合作 主动与其他成员进行沟通，积极寻求并尊重他人对问题的看法和意见；或鼓励群体中的其他成员，而促进群体成员之间的合作或提高群体的合作气氛。	保持与其他成员的沟通，主动寻求并尊重他人对问题的看法和意见； 或鼓励群体中的其他成员，而促进群体成员之间的合作或提高群体的合作气氛； 这个水平表现为个人有意识地鼓励群体成员相互合作，使得每个人时刻感到群体的存在，从而促进团队精神。

简单地说，0 等级是不合作，如果公司把团队合作作为核心价值观，那么 0 状态的员工是必须排除的；1 等级的员工能做到被动合作，是团队的有效组成部分；2 等级的员工能做到主动合作，为达成目标，寻求多方面资源的合作，往往是中层核心骨干，如流程经理（研发经理、项目经理等）、产品经理；3 等级的员工是组织层面合作精神的塑造者、发动机，能促使一个封闭的组织转变为开放、合作。

建立在能力模型基础上的职级体系对人力资源管理的六个模块起到重要的指导、牵引作用，或者说，人力资源工作的目标就是支持公司和个人的能力持续提升。比如招聘，用人部门告诉人力资源部门需要招聘三名员工，一名四级的和两名三级的，清晰明了。职级不同，薪酬福利、劳动关系管理、需要接受的培训、绩效管理方法都有差异。

第三节　个人成长

职业发展通道

对员工来说，建立在能力模型基础上的职级体系能帮助员工认识并发展自己的特长，激发潜能。每个人都可以思考、寻找自己独有的成长路径。

二十多年前，深圳设计圈最抢手的人才只有一种，就是能把效果图画好的人。那时还没有电脑制作的效果图，快枪手两三天完成一张手绘效果图，就可以拿到三五千块钱，是干私活收入最高的“工种”，很多民营设计公司的创业者们都曾经是其中的佼佼者。这是 1.0 时代初期的独特风景。随着 1.0 时代的深化，人才需求变得多样化。

在设计公司，有技术背景的员工可以有多种发展方向，下面列举了六种：大师、专才、通才、行家、参谋、管理者。

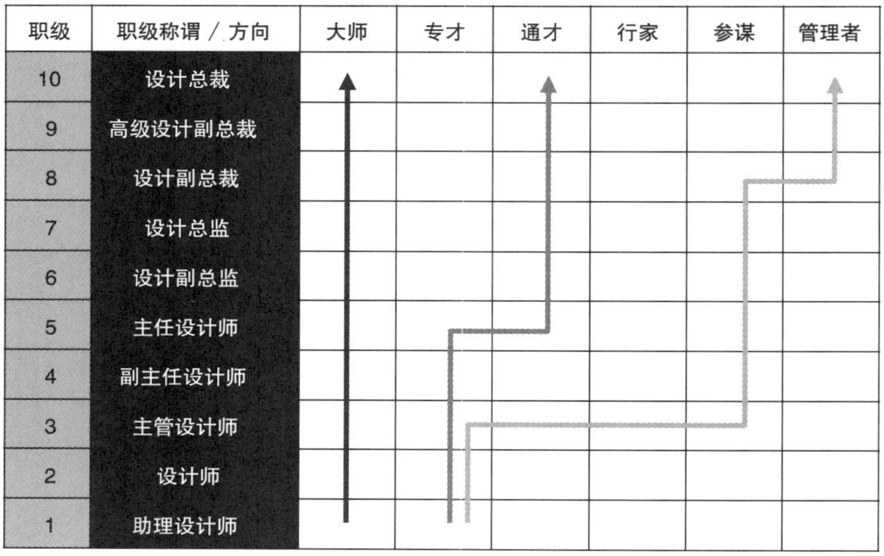

大师方向就是要在设计创意方面有所成就，最高成就就是“大师”，是极度稀缺的社会资源。设计大师有异于常人的对文化、艺术、空间、色彩、材质的感知力，适合创办个人事务所或工作室等形式的产品型公司。在 2.0 时代，大师也将呈现多样化，如产品大师、架构大师。

专才是在某一专业领域研究得比较深，但是广度不够，专才方向的最高称谓是专家（不是砖家）。相对于大师的可遇不可求，成长为专家的成功率要高一些。

通才的知识面具有一定广度，其重点是各纵向专业领域间的横向联系，与专才恰好互补。通才在设计公司适合担任项目经理等技术管理职务，协调组织各类专才、行家完成项目任务。

行家就是在某个专项领域执行力最强的人，相当于高级技工。二十世纪九十年代初，我在深圳工作时，就听说在香港有年薪过百万的绘图员，比大多数设计师都高，他是个行家，不太会做设计，但他的绘图能力极强、速度很快。建筑师（大师或专才）勾出的设计草图，交给他，很快就能用手绘效果图、CAD 等形式表现出来。

参谋是具有发散性思维能力的人，能从不同的角度看问题，并提出有建设性的想法，但不善于或者不愿意拍板。

设计公司的各级管理者需要具备一定的技术背景和功底，这个功底是帮助他有技术的理解力、洞察力，而不是要去做具体的技术工作。我走的就是“管理者”这条路。

不同发展方向，能力要求各异

方向/能力要求	专业能力	决策能力	执行能力	前瞻性	组织协调
大师	●	◐	◔	●	◔
通才	◐	◔	◕	◔	◕
专才	◕	◔	◐	◕	◔
行家	◐	◔	●	◔	◐
参谋	◔	◐	◔	●	◔
管理者	◔	●	◐	◐	●

根据不同成长方向体现在能力上的差异，前面提到能力模型可以进一步细化，对应多种发展方向对能力的差异化要求，以支持员工成长。

现在刚刚进入 2.0 时代，设计公司对人才的需求更加多元化，很多大中型企业在人力资源上的最大问题之一就是人才单一。2.0 时代的领跑者是那些能以产品为核心，把多专业、多背景、思维方式和特长各异的人才组织起来，实现团队协同工作的企业。这样的企业能为员工提供多种成长通道。

个人成长的三角

不论选择何种成长方向，我们都期望取得成功。我想，成就感应该源于意愿、能力（潜力）、外部需求这三者之间的大致匹配。

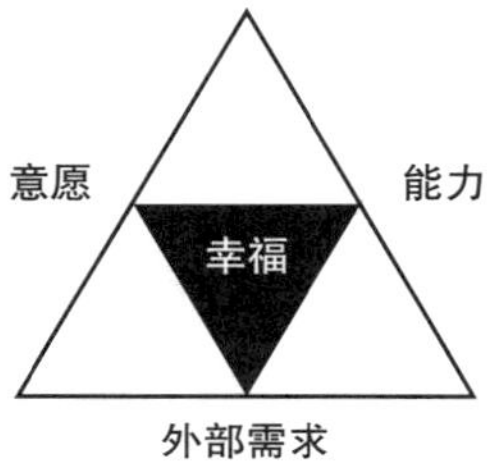

意愿就是指你干某一件事情的强烈愿望，能力指的是能不能干成你想干的这件事儿，外部需求指的是有没有人为你想干的这件事情买单。

也有人把意愿理解为梦想，梦想是什么？电影《中国合伙人》里有一句话：梦想就是只要在干着，你就觉得快乐。这件事在过程中就会给你带来快乐，而不是苦哈哈地干，就为了最终成功的那一刻能得到其他回报。真正的高端人才能听到自己内心的呼唤，知道自己喜欢干什么事，这样才会有内生动力，而不只是被外部的胡萝卜（利益）所诱惑。本书的读者基本都是设计出身，你可以问自己一个问题：真的喜欢做设计吗？还是把设计仅当作谋生手段？

能力是指我们是否具备从事某项工作的素质或潜力。举个例子，学建筑学的很多人都想成长为大师，但是大师之所以是大师，一万个建筑师里面出一个，也就意味着绝大部分人成不了大师，有意愿没能力，心比天高、命比纸薄。

在市场经济条件下，外部需求就是指是否有人为你想干而且能干好的事买单。对新兴行业，这方面的风险比较大，2000 年的互联网泡沫破裂，很多互联网公司倒闭了，原因就是互联网的商业模式不明确，外部需求模糊，大家都在探索。这两年打着互联网思维旗号创业的公司很多，其实失败率很高，原因就是商业模式不明。当然，不能因此就放弃创新。而建筑设计这样的传统行业，已经从二十年前只需要画图的设计师进化到现在需要各种多元化人才，外部需求非常丰富，哪怕你干的是一件很小的事情，只要是最牛的，总会有人给你买单。还有，外部需求不能时空错位，否则也挺惨，比如艺术大师梵高，有意愿、有能力，但没有外部需求，所以生前穷困潦倒、死后流芳百世。

意愿、能力、外部需求三要素中，最大的问题是意愿和能力，尤其对中国人来说很难，因为我们被“教育”得丧失了一种能力——内观能力。小时候我们被要求听家长的话、听老师的话，大了要听党的话、听领导的话，据说他们都是为你好。慢慢地，我们的人味就少了，“我是一块砖，哪里需要哪里搬”，没有自己的观点，不会洞察自己、了解自己，不明白自己的意愿和潜能，习惯了竖向的命令服从关系。这种情况下，能有什么创新呢？我曾经和一个年轻人聊天，我问他的梦想是什么，他说多挣点钱；有了钱干嘛呢？买辆车；之后呢？买套房子；再往后呢？换辆好车，买套大房子……这孩子很朴实，说的都是实话，但是说到最后，他有点明白了，明白了自己没有梦想，车子、房子都是别人告诉他应该要的，是社会的价值评判标准。梦想和物质之间从来就不矛盾，拥有梦想不是要放弃物质，而对于人来说，仅有物质是不够的。三十多年前，我们既没有物质也没有自己的梦想，是“螺丝钉”；现在物质条件大大改善，但依然没有自己的梦想，是“生物”；人应该既有物质又有梦想。

这些年，我有个阅读习惯，大凡看到“为贯彻……精神”、“为响应……号召”之类的文章，一概略过，因为这样的作者脑子里自己的东西不会太多。甚至有学者担忧，中国大陆的人文教育已经到了导致种族退化的地步。这几年我看了一些书，虽然吃的是企业管理这碗饭，但看得最多的是人文方面的书，为的是补课。我比较晚熟，四十岁之前不知道要看书，四十岁之后明白点事了，才发现要补的课太多，能补多少算多少吧。顺便说一句，补课的过程很开心。

一般来说，意愿、能力、外部需求三者缺一不可。每个人都要探寻自己的发展方向，把三者结合起来，享受成长的乐趣。

全才还是专才

正在参与国内一大型建筑建设，经历感受很深。中国缺的是正确的机制和理念，中国设计院太大，想包罗万象，却很难做到真正的设计全面专业化。在现今建筑既要满足美学效果，又要满足现代高功能，仅靠高级建筑师是远远不够的。欧洲发达国家一般在项目一开始，建筑设计、机电设计、水暖通风、火灾工程四家来自不同公司（通常是通过招投标获得的最佳搭档）的设计师就开始协同设计，最大程度地满足设计要求，同时避免后期建筑师不停地更改。都说中国建筑师什么都要懂，在当今分工越来越精细化的工程设计领域，应该改变机制，从而也可使建筑师被解放出来，不是成为一个打杂设计师，而有机会造就真正的大师。

这段话是我的一个同学在微信交流中写的，她在瑞典某防灾设计公司工作。上述现象反映的是“全才”还是“专才”的发展方向选择问题。全才型的建筑师（或设计公司）就是什么建筑都会设计，今天设计宾馆，明天设计殡仪馆；专才型建筑师是在某一专业领域或产品领域中持续积累，力求成为该领域的专家。

该往哪个方向培养自己的能力呢？

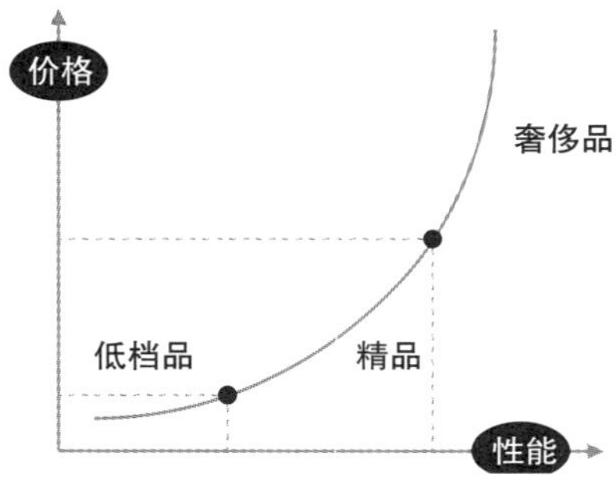

可以用性价比曲线来说明这个问题。

改革开放在性价比曲线上的表现就是曲线向上移动，中国一二三四线城市的梯次发展也就表现为曲线位置的高低差别。

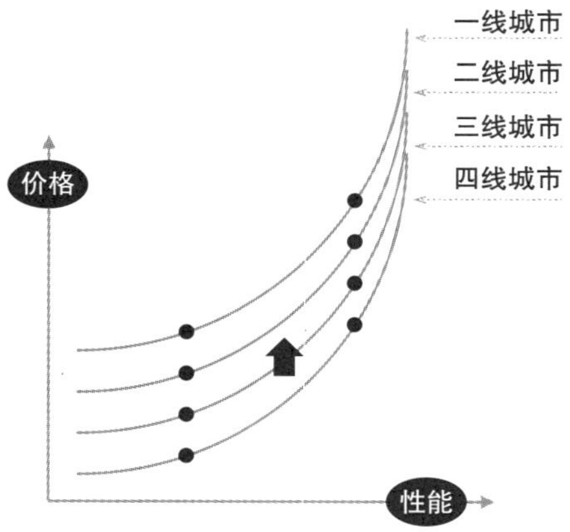

再看设计行业，三十年来的变化可以概括为两条曲线。

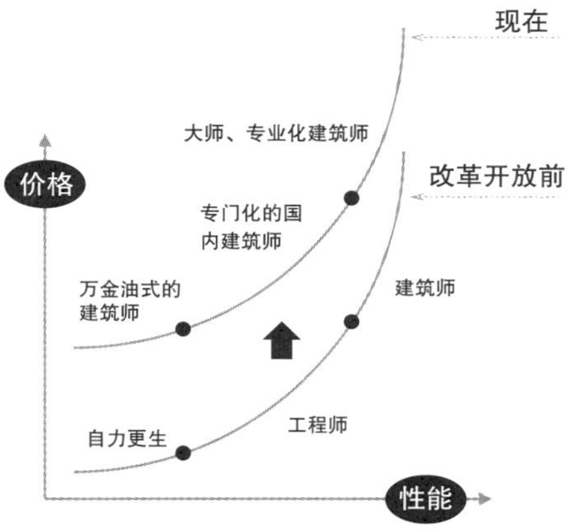

改革开放前，大部分房子都是自力更生、自己动手造的，不需要请工程师或建筑师（专业设计师也很少），这是低档品。精品是需要一定的工程技术人员（工民建专业）参与设计的建筑，比如厂房、宿舍楼等。那个时候需要建筑师设计的才是奢侈品，比如国庆十大工程之类。据说 1980 年当年中国毕业的建筑学本科生只有 300 人，那么大一个国家，就 300 名应届毕业生，意味着需要建筑师设计的房子就算奢侈品了。

现在所谓的低档品也需要建筑师设计，但多是万金油式的建筑师，特别在三四线城市，这种现象很明显。作为一个建筑师，好像得什么都会干，什么都要懂，否则都不好意思说自己是建筑师，实际上这种服务提供的是低档品。在中国一二线城市，情况有所不同，一些设计院开始出现比较明显的专门化分工，聚焦在一些建筑类别上，比如三益中国的商业领域、中原国际的医疗建筑、CCDI 的体育建筑。如果你现在号称什么都会干，客户未必信任你。听说上海有些设计公司在招聘时，对有十年八年工作经验的建筑师，会询问专业特长和发展方向。高端的奢侈品市场被国际大师或专业化建筑师占据，如 SOM、RTKL、GMP 等等，中国企业参与的主要是施工图阶段。

全才型建筑师在过去的二十年是主流，原因有二，一是设计师在市场上供不应求，二是 1.0 时代的产品解决的是有无问题。所以，会画图就能挣钱，差异化的、有专业特长的建筑师反而不好用，也没有溢价能力。这时的好公司是由一群各个层次的全才构成的，组织架构往往是金字塔型的。

现在，2.0 产品时代逐步到来，市场要求不再是简单的有无，而是好坏、优劣、美丑。性价比曲线进一步上移，万金油（全才）建筑师的路越来越窄。2.0 时代，有两类建筑师会被认可，一是全才型的大师，不过数量少之又少（一万个人里出一个），二是各类专家。这时的好公司是由一群专家组成的，他们在矩阵式组织结构支持下，通过横向合作完成高质量产品。

任何社会现象的背后原因都是多元的，其转变、进化也是多元促成的。在 1.0 到 2.0 的转变过程（也许需要十年、二十年）中，大多数设计师个体和企业组织会采取“跟随策略”，常问的问题是“别人是这样吗？”也有个别设计师采取激进方式，专业化程度很高，导致短期的市场空间不足。我想，合适的方式应该是“适度”，适度专门化、适度专业化。至于这个“度”如何定义，大致是略超出客户需求吧。步伐太小，可能被淘汰；步伐太大，容易摔跤。

WATG 是全球领先的旅游休闲度假建筑顾问公司，他们有一句话值得借鉴：若你想在一个地方工作，全面化；若你想在任何地方工作，专业化。企业如此，个人亦如此。对于大多数人来说，我们不能成为大师，但应该都有机会成为专业人士。

体能、经验、智慧

在智力型企业工作的人，应该问自己一个问题：有什么价值，靠什么吃饭？就是前面意愿、能力、外部需求三角中的“能力”由什么构成？

葛优扮演的黎叔在电影《天下无贼》中有一句经典台词：“二十一世纪什么最贵？人才！”人才之上还有人物、人杰，之下有人手、人口。人杰有智慧，人物有思想、有专长，人才靠技能、经验吃饭，人手卖的是体力，人口啥也不干、只会吃饭。

体能注定是一条开口向下的抛物线，二十多岁是一个人体能的最高值，之后逐渐下降。不同人的区别仅在于峰值的高低、持续的长短、下降的速率。

经验值通常随年龄增长逐渐累积、上升，曲线的趋势是向上的。经验值与人所处的环境、视野、高度、经历相关，但总有一定限制，因为一个人的时间总是有限的，不可能经历所有的事，所以在一个专业领域的聚焦有利于个人经验值达到更高，形成经验优势。经验值也与是否善于思考、总结有关，不同的人经历了同样的事，所得到的经验值是有区别的。不少民营设计公司请国有大院的退休老法师担任顾问总工，看中的就是他们的经验，而不是体能。

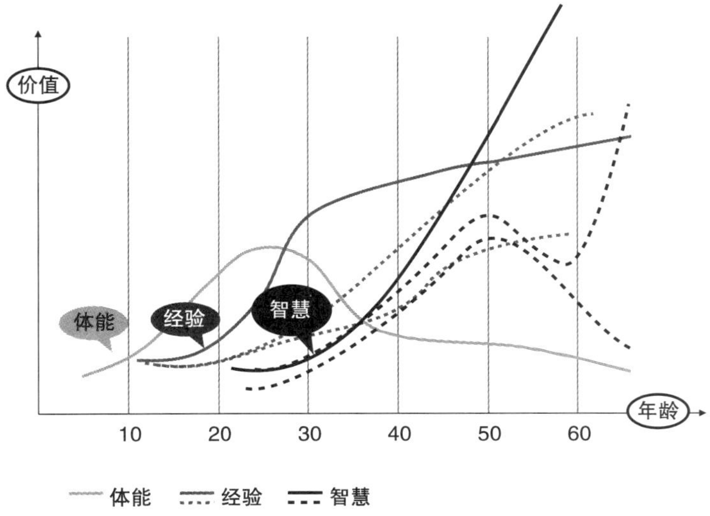

智慧值则是一条因人而异的曲线，完全无规律可循，可上升、可下降（甚至为负值，变得愚蠢）。与体能和经验不同，不是所有人都有智慧的。客观地说，绝大部分人的价值中是没有智慧的，甚至连独立思考能力都没有。体能的峰值大致在二十多岁，经验的峰值大致在人生的中后期，而智慧是否有则不确定，何时出现也不确定，峰值的位置更不确定。智慧也不是等来的，需要大量的积累，但唯有智慧是可能超越时空的。

上述三者的叠加形成一个人的价值。

建筑设计行业过去十几年的黄金增长期，给所有从业人员提供了大量机会，人物、人才、人手都能挣到钱，价值上区别不大。问题是，这样的情形还能持续多久？当行业趋于理性发展的时候，以体力、技能、经验、专长、智慧等不同方式体现价值的人所获得的回报自然会区分开来。但是，十几年的惯性思维使很多人还停留在“画图挣钱”的认识层面，徘徊于人才和人手之间，不知道随着年龄的增长、经验的积累、体力的下降，体现自身价值的方式需要转型，应该更多地靠脑子挣钱。二三十岁的设计师可以熬夜画图，四五十岁的呢？

高端人才的六个特征

高端人才的意愿、能力、外部需求三者是大致匹配的。人才难得，高端人才更难得。但是很多管理者往往以偏概全，不会识别高端人才，也不太会和高端人才打交道，甚至今天把人捧上天，过段时间又觉得他一无是处。

高端人才应该有如下六个特征：

第一，高情商。情商简称EQ，指人在情绪、情感、意志、耐受挫折等方面的品质，是与智商相对应的一个概念。我们可能有一个误解，以为存在高智商、低情商的高端人才，其实不然，智商和情商的关联度很高，特别是高端人才。我所见过的能称得上高端人才的，情商、智商都高。

第二，自我激励。高端人才很清楚自己的意愿，是自我驱动型的，要干自己想干的事，管理者要做的是判断他的发展方向与企业发展方向的吻合度，如果吻合，能为他提供哪些支持；如果不吻合，他可能不适合这个企业。

第三，某领域的专家。高端人才有能力（潜力）在他选择的方向上有所突破，需要注意的是，这个方向是他选择的，而不是你给他定的。

第四，有责任感。任何人都有责任感，但我们又常常觉得有些人没有责任心，这其中的矛盾在哪里呢？其实，“每个人都有责任感”说的是每个人对自己感兴趣的事（意愿）有责任感，不可能指望他对所有的事都有责任感。所以，责任感不是你要他在哪里有责任感，他就有责任感的，而是他对自我激励的领域的责任感。有机组织的特点之一就是提供员工自主选择的空间，从而激发员工的责任感。

第五，能影响他人。高端人才是团队的核心，其努力、成就、责任心、幸福感会极大地感染团队成员，这是一种非组织权力的影响力，在智力型组织中，这种个人魅力比权力更重要。

第六，需要快速信息反馈。高端人才的成长不是闭门造车，信息反馈和交流至关重要，互联网时代更是如此。开放式组织的公司都尽一切可能让员工获得全方位的信息。上一章介绍过谷歌公司的信息分享机制，这种机制对高端人才的成长至关重要。

有些管理者理解的高端人才是勤勤恳恳、任劳任怨，能按照领导的意思表现出责任心，带领团队把活干完，把钱顺利收到，而且还不需要多少信息，真是大错特错了。

自我评价是高端人才的可以参照上述六条验证，尚未达到这六条的可以作为努力方向。

第四节 绩效管理

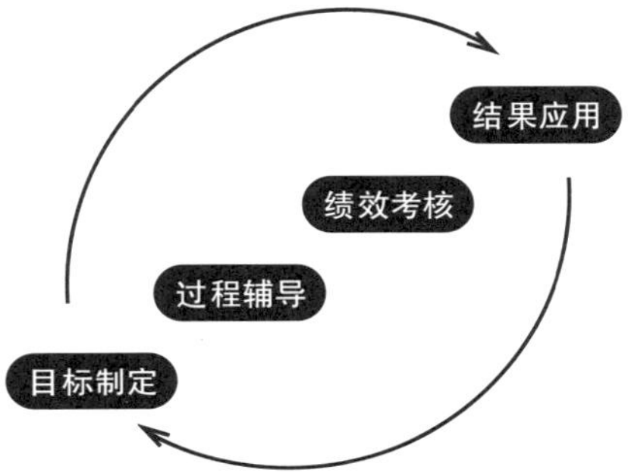

***Do right thing right*！**

提到绩效，很多管理者会再加上“考核”二字，而不是“管理”。实际上，绩效管理包括目标制定、过程辅导、绩效考核、结果应用四个循环往复的步骤，绩效考核只是其中的一个环节。打个比方，大家都上过学，一开学发的教材是目标制定，确定这学期的绩效目标就是掌握教材中涉及到的知识；一学期有四个多月，老师通过授课、练习、小测验等等手段进行绩效辅导，给学生以帮助；学期结束前的期末考试就是绩效考核；根据考试结果，班级、年级排名，考得好进快班，考得差进慢班，考大学更是如此，成绩好进一本大学，成绩一般进二本，考得不好上三本，这就是结果应用。四个步骤半年一个小循环，一学期结束，三年一个中循环（六个小循环组成），分别是初小、高小、初中、高中，十二年一个大循环（四次中循环）后，高中毕业。如果一学期下来，老师既不发教材也不上课，学生们天天放羊，想干嘛就干嘛，学期结束时老师说要考试，而且要根据成绩高低决定学生能上什么大学，不就乱套了吗？

但是大部分公司的绩效管理基本上只有工作量考核，甚至还谈不上绩效考核。上级很少关心下属的职业发展，没有年度职业规划，自然也就没有过程辅导，到年底算算账，做一次产值考核，决定发多少奖金，就完事了。

借用管理大师彼得•德鲁克的名言“Do right thing right!”，目标制定就是与员工探讨个人成长方向——right thing，为此应该培养哪些能力，做什么努力；绩效辅导是帮助员工认识过程中的正确行为和错误行为——do thing right；没有前面这两个步骤，考核与结果应用就失去了团队层面的意义，不仅个人没有目标，团队也同样没有目标。没有目标的一群人连团伙都算不上，更别提团队了。

我女儿在美国读大学，2014 年暑假，她到一家公司实习两个月，这家公司很小，由三个 MIT 的毕业生创办的，是创业期的公司。她告诉我，短短的两个月期间，每周会有一个合伙人跟她谈一次话，谈她的工作情况，哪里做得好、哪里要改进，对公司、对自己有什么期望等等，这是在做绩效辅导。一个创业期的小公司对实习生尚且如此，美国社会的职业化程度有多高可见一斑。

2010 年，我刚到上海的一家设计公司当总经理的时候，我问一名所长：你跟员工年中或年底谈话要谈多久？他想了想回答：五分钟。我说你五分钟谈什么？他说：很简单，告诉员工奖金是多少，同意签字，不同意找总监、财务去，因为奖金也不是我算的，所以只需要五分钟。

我说你能谈得长一点吗？他说我不知道谈什么啊？我说那这样，咱俩聊聊你的成长和发展吧。谈了三个小时，所长说：陈总，我明白了，知道回去怎么跟员工谈了。他和所里的近二十名同事进行了认真的绩效沟通，谈了两个礼拜！聊得最长的一名员工下午两点钟开始谈，谈到六点，还意犹未尽，一起吃晚饭接着谈，最后谈了七八个小时。沟通中，有一名员工跟所长说：我也混过几个设计公司，从来没有一名资源经理跟我进行这样的沟通，试图从我的角度出发帮助我成长，我很感动，这种谈话方式让我相信这是一家真正关注员工成长的公司，至少在这一点上是好公司。

据说在沟通中，对方最多只需要五分钟就会洞察你的出发点和目的。有些管理者误以为自己沟通技巧好，打着关注员工发展的旗号，为的是自己或公司单方面的利益，这种伎俩还是不用为好，不客气地说，员工只是不戳穿你罢了。绩效沟通一定要以员工为中心，而不是公司，管理者根据自己对员工的观察，帮助员工分析优劣势，探究合适的发展方向，调整行为。

有些管理者抱怨：现在的员工只要钱，谈话只能围绕钱来谈，别的都是假的。那么请问，除了谈钱，你会谈什么？公司有定位、愿景、产品、架构吗？员工的特点是什么？他的能力（潜力）与企业发展匹配吗？员工在这里有怎样的发展前景？公司在哪些方面能帮助员工成就自己的梦想？如果这些问题你都没想过，那么你算不上合格的管理者，除了钱，你也谈不了别的。我在设计公司工作时，有不少时间用于招聘，在两个小时的面试时间里，谈薪酬只有 5 分钟，剩下的 1 小时 55 分钟谈的就是上面的话题。高端人才是希望听到这些声音的，只认钱的算不上什么高端人才。薪酬是保障因素，千万不要把保障因素当激励因素去用。

管理≠绩效≠量化

一个小型设计公司的老总告诉我他们的故事：几年前，公司发展到一定规模时，发现管理是个瓶颈，于是下力气抓管理，抓了两三年，公司快死了，干脆重回没有管理的老路，慢慢又活回来了。这里的问题在哪儿呢？抓管理难道错了吗？

搞清这个疑问，首先看看这位老总所抓的管理具体内容是什么。不出所料，他走的路是管理 = 绩效考核 = 量化产值的路子。给这条路冠名的话，可以称之为“绩效主义”。不能说这个管理视角完全错误，但至少不全面，尤其在互联网时代的今天，这样的思路问题颇多。

索尼公司曾经是一个非常伟大的公司，三十多年前，我们对索尼产品的期待，就和我们现在对苹果产品的期待一样。记得我小时候，哪个小伙伴能拥有 SONY 的 WALKMAN 是一件很酷的事。换句话说，索尼是电子时代的苹果公司。但是现在我们对索尼还有期盼吗？可能我们家里有一些索尼的产品，但不会带来什么惊喜。

索尼是怎么从辉煌走到今天的呢？索尼公司的前副总裁土井利忠在其《绩效主义毁了索尼》一文中，给出了他的解读。土井利忠将索尼的衰败归咎于绩效主义。索尼曾经的口号是：如果你有新的点子，来吧；干别人不干的事情。但是从 1995 年开始，在索尼的创始人全部退出索尼后，索尼逐渐实行绩效主义，不仅成立了专门机构，制定非常详细的评价标准，并根据对每个人的评价确定报酬；业务成果和金钱报酬直接挂钩，员工为了拿到更多报酬而努力工作；索尼不仅对每个人进行考核，还对每个业务部门进行经济考核，由此决定整个业务部门的报酬；绩效主义试图把人的能力量化，以此做出客观、公正的评价。

绩效主义试图把索尼打造成一架非常成熟、完美的机器，这大概也是很多公司老总们不约而同的设想，遗憾的是，这是机械时代的典型思维，而现在是互联网时代，机械思维已是过去。虽然在微观层面机械思维仍有相当大作用，至少在宏观层面机械思维正逐步让位于有机思维。

索尼的绩效主义使这家巨型企业在新世纪陷入困局，不仅出现持续的巨额亏损，甚至多次有破产的传闻，尽管公司官方屡屡辟谣，但索尼威名不再已是事实。截至2011年，索尼已连续亏损4年，亏损总额113亿美元，其中仅2011年就亏损了64亿美元。2012年，索尼实现了4.2亿美元的微弱盈利，但2013年再次跌入亏损的泥沼，亏损了约12亿美元。2014年9月，索尼公司宣布，公司预计2014财年将净亏损2300亿日元（约20亿美元），比之前预期亏损500亿日元，扩大了近4倍。同时索尼宣布，公司今年不分红，这是1958年索尼上市以来首次取消分红。

值得注意的是，绩效主义在实施之初，往往能在短期极大地促进业绩增长，这种增长实际上是在透支公司的积累。索尼公司1995年实施绩效主义，2008年才出现首次亏损；有些设计公司搞挂靠，也能谋得短期业绩上的风光；中国三十多年前的改革开放之初，农村的包产到户、国有企业的承包制都曾经风行一时，其中都有绩效主义的痕迹。当然，绩效主义、挂靠和包产到户、承包制虽然措施和短期效果上有些类似，但有本质不同，前者是在市场经济条件下企业内部管理导向的问题，后者是爬出计划经济泥潭、赋予企业应有的自主权的举措。

前通用汽车副总裁鲍勃·卢茨在其《绩效致死——通用汽车的破产启示》一书中所描述的通用汽车也是如此。书中有个案例谈到了电动汽车，特斯拉现在风靡全球，但是如果通用汽车没有实施绩效主义，也许就没有特斯拉什么事了。

这车还是蛮酷的哟！大概没多少人知道这是在差不多二十年前的1996年，通用汽车在洛杉矶等城市推出的租赁版量产电动汽车EV1。对600辆EV1的爱好者来说，EV1已经成为他们生活的一部分，他们喜欢EV1的安静、清洁和独特的样式，有的用户说我已经两三年不知道加油站在哪儿了。

但是，2000年，通用公司宣布出于经济方面的考虑，将停产并不再续租EV1汽车。

通用在该车型上共投入了 3.5 亿美元的开发费，在促销活动中亦花费了很大力气。但是由于 EV1 价格昂贵，而且每行驶 80 英里就要充电数小时，使用起来极不方便，因此销量一直不高。EV1 虽然受到电动汽车爱好者的欢迎，但始终未能得到普通大众的接受。通用公司的发言人劳伦斯说："对于仅仅 600 辆汽车，提供单独的维修和配件服务太不划算了。"他说，如果继续保留这些车，通用还需要提供 10 年的配件服务，而由于很多部件已不再生产，将不得不拆用未租车辆配件。另外，由于专门的 EV1 维修技师很少，维修费用也非常昂贵，光是更换一个镍氢电池就要花费 3 万美元。

通用公司的决定使部分车迷大为失望。甚至有人给通用寄出了定金，希望续租或者能够将车子买下来，但是通用却将定金都退还了他们。还有人游行示威，呼吁通用汽车不要放弃在电动汽车上的发展，但是通用汽车一意孤行。

苹果公司前 CEO 斯卡利也是用绩效主义这套方法整残了苹果公司，如果没有乔帮主的回归，也许商学院会有"苹果公司破产启示"之类的案例吧。

那我们到底应该怎么办呢？难道不抓绩效？也不抓量化？我的意思是绩效只是管理的一部分，而不是全部；同样，量化是绩效的一部分，而不是全部。不能用局部替代全部。前面在谈运营数据系统时还在强调数据化管理的必要性，但不能追求极致的量化，更不能把量化指标凌驾于一切管理系统之上。在约翰•伯恩的《蓝血十杰》一书中，描述了美国"二战"后十位数据天才的管理经历，尤其是越战期间曾担任美国国防部长的罗伯特•麦克纳马拉的经历，可谓成也数据、败也数据。

现实中，大部分设计公司能意识到"管理 = 绩效 = 量化"的思路有问题，所以不少公司方案所的薪酬偏于年薪制（当然，也有可能是没找到合适的量化办法），而施工图所的薪酬则偏于提成制。但仅仅如此还是不够的。

任何企业的基本活动都可以大略分为两种性质：稳定的、重复的和挑战性的、不确定的。一般而言，在设计公司，一线员工工作的挑战性、不确定性高于二线支持员工，方案设计的挑战性高于施工图设计，新产品的方案设计的挑战性又高于成熟产品的方案设计。

量化管理对成熟产品、稳定重复的工作可能是比较有效的，就像卓别林在《摩登时代》中扮演的那个工人，每天的工作就是用扳手去拧螺栓，那样的工作是可以量化的。但是我们不要误以为针对稳定重复工作有效的量化管理方法，能够推广到所有领域和工作。我们寄希望于臭鼬工厂能带来创新，这样的创新来源于激情，来源于内生动力，来源于文化氛围，而不是被绩效指标驱使出来的。如果一切行为都必须围绕绩效指标进行，完不成要受罚，就会逐渐抹煞企业中的任何创新行为，没有人敢去做挑战性的工作，对公司发展有价值的活动将逐渐失去资源支撑。这个过程就是“劣币驱逐良币”。

《南方周末》曾经报道高校的科研经费申报、审批机制存在类似的问题，比如课题申报人要在一个为期四年的项目中写清楚要做几次调研、有几人次去何地出差、参加几次会议等等。研发课题的价值就在于不确定性，谁都不能事先确认过程和结果。当然，教育腐败、科研腐败是另一回事，在教育的行政化结构下，试图以量化方式杜绝腐败根本无济于事，只会扼杀科研。

不同类型的组织，稳定性和挑战性工作的比重不同。比如，相对于制造业，设计行业的挑战性工作比重更大，所以管理学在传统行业可能行之有效的一些管理方法在设计行业未必都适用。更重要的是，在互联网时代，企业内外部条件更迭速度加快，挑战性工作比重大大增加。

听说业内有家一千人规模的设计公司沿着“管理 = 绩效 = 量化”的绩效主义思路，用管理软件把产值量化做到极致。每个人都有自己的产值奖金账户，每干一点活，都能算出钱来，随时可以查询自己账户上有多少奖金。几年下来，公司规模大了（类挂靠的多了而已），但加速了管理、技术、产品、人才水准的矮化。有个数据大致可以说明这个问题，现在这家设计公司的平均合同额（新签合同总额与合同个数之比，该数据能反映企业的经营状况、项目规模或层次）竟然下降到 50 万元左右，很难想象他们的项目档次。这种现象属于前面提到的产品级别与企业规模不匹配，不过多数企业的问题是产品升级不及时，而这家公司的产品级别还是在下降的。

可量化的稳定性、重复性工作让我们活在当下，难以量化的挑战性、不确定性工作让我们面向未来。当下与未来不可偏废。绩效主义貌似注重当下，实则放弃了未来。

如果用第五章谈到的产品组合分析理论来看稳定性工作和挑战性工作的话，前者是金牛业务、明星业务，是核心业务，处于产品生命周期中的成熟期；后者是问题业务，是增长业务，处于产品生命周期的导入期或成长期。

顺便提一句，很多公司都期望能有一个人人满意的“科学”的产值计算办法，最好是一个简单的公式，输入几个变量，奖金就算出来了，没有争议。那样的话，员工干活卖力了，满意度提高了，离职率降低了，似乎大部分内部管理问题都源于奖金计算的不科学。哪有这样的事！天底下根本不存在这样的公式。不论是年薪制还是提成制，提成制中不论是哪种产值计算办法，怎么可能有一种薪酬制度令人人都满意呢？大部分员工没意见就很好了。与其苦苦寻觅想象中的那个神圣的公式，不如下功夫抓产品。

盖洛普的 Q12

盖洛普是全球知名的民意测验和商业调查咨询公司，提供了 Q12 评测和管理工具，让管理者和员工好好地观察自己和团队，找到被疏忽的问题所在：

1. 我知道对我的工作要求吗？
2. 我有做好我的工作所需要的材料和设备吗？
3. 在工作中，我每天都有机会做我最擅长做的事吗？
4. 过去七天中，我因工作出色而受到表扬吗？
5. 我觉得我的主管或同事关心我的个人情况吗？
6. 工作单位有人鼓励我的发展吗？
7. 工作单位中，我觉得我的意见受到重视吗？
8. 公司的使命 / 目标使我觉得我的工作重要吗？
9. 我的同事们致力于高质量的工作吗？
10. 我在单位内有一个最要好的朋友吗？
11. 过去的六个月内，工作单位有人和我谈及我的进步吗？
12. 过去一年里，我在工作中有机会学习和成长吗？

读者可以设想一下，你所在的公司，员工会如何回答上面的问题？有多少 YES，有多少 NO？

遗憾的是，估计大多是 NO 吧。

第九章

转型计划的制订与执行

经过前面的探讨，你也许既看到了机会，也发现了公司的问题，现在需要做的是制订一个转型计划。转型不是一蹴而就的，需要时间和耐心；另一方面，各企业处于不同体制、不同市场、不同发展阶段，入手的角度和方法有差异，没有标准答案。这其中的拿捏很微妙，既苦恼又有意思，甚至可以称为管理的艺术。

有意义的企业战略计划是走向成功的基础，必须是独特的、面向未来的、导向清晰的，能指引行动。

考虑转型计划的七个入手点

1. 寻求价值观共识和驱动。这是力度最猛的转型方法，针对的是几乎所有中国企业都存在的核心竞争力短板，一旦成功，企业所焕发出的生命力将超出预期。但是，这种方法的难度也最大，而且，不少企业领导层自己的价值观尚处于封闭的、机械式的传统金字塔结构中，不可能发起这样的转型。还有国企由于体制所限，企业价值观主导权根本不能自己把握。有趣的是，上述这些企业表面上最偏好价值观驱动的转型，可是除了喊喊口号，也不剩下什么了。

2010 年 5 月至 2012 年 3 月，我曾经在一家设计公司尝试过这种方式的转型，在近两年的时间里，公司发生了很大变化，过程也很有意思。本书第五章在产品分析中提到过一个把文教建筑的设计咨询服务细分为一百多个子项的案例，正是在这家公司发生的。尤其有趣的是，这个产品分解根本就不是一个研发立项课题，起源是有人以群发邮件的方式提出一个关联的经营方面的问题，大家主动参与讨论，引出这个产品分解的话题，之后有人拿出草案，有人提建议，有人提修改稿，再有人提出规划方面的条款，最后有人提议开个会定稿。整个过程大约半个月，没有任何行政指令，没有任何研发经费，没有任何人问干这活能给多少奖金，最终结果超出所有参与者的想象。我本人因为不懂这方面的专业，只发过一次邮件鼓励大家。

判断一个企业能否尝试价值观转型，首先看看领导者是什么样的人。

2. 探讨新的商业模式。几年前，商业模式是最时髦的管理词汇（现在是互联网思维），但是，估计有些人分不清商业模式和盈利模式的区别。简单地说，盈利模式要搞清楚收入、成本结构和利润；商业模式包含盈利模式的内容，另外还要说清楚如何构建组织能力、运作流程以及能为客户带来的价值，也就是资源—流程—产品三轴。

1.0 时代的设计公司商业模式就四个字——画图挣钱。我们的能力——画图；我们的流程——专业间的初级协作；给客户带来的价值——图纸；盈利模式——设计费。

然而，客户对设计公司的需求和需要早已超越图纸层面，会讲故事、会算账已是设计师的标配。也许有人觉得这要求有些过分，我倒觉得是在回归设计师的本质。在 2.0 时代，理解客户的商业模式、懂生活又将是标配。

是到了重新梳理设计公司商业模式的时候了。不过，这事也很难，很多设计公司还处于 50×20 的格局，骨干们的梦想就是成为小诸侯，有自己的一片天空，公司要改革，可以，但不要损害我的利益。难道瓶颈在诸侯们身上？表面上是，实质上并不完全是。别忘了，利润中心模式下，组织的管理能力是矮化的，而要想探讨新的商业模式，必须回归到成本中心模式，这对企业各层次管理者的能力提出了巨大挑战。严格说起来，现在的很多企业领导人是缺乏这个管理意识和能力的。

另外，人才结构的单一也是制约设计公司探讨新的商业模式的瓶颈之一。

3. 强化和发掘新的产品。前两种方法是根本性变革，成效深远，但难度很大，时间相对较长。强化和发掘新的产品对大多数企业来说，是最恰当的入手点。

在这种方法的转型初期，决策层达成一致即可行动，不需要更大范围动员和共识，可以先组建“臭鼬工厂”寻求产品突破。中小型设计公司的管理者往往是集专业技术、客户理解力、沟通表达等多方面能力于一身的高手，可以充当转型初期的产品经理。赵晓钧先生就曾经在 CCDI 体育事业部担任过三年总经理，高栋先生也曾经是三益中国的商业建筑产品代言人。

成功产品的业绩和团队文化会吸引大家的关注，决策层再把握时机，逐步实施调整架构、建立运营系统、产品深化、研究商业模式等等行动。想走好这第二步，软实力（企业文化）是关键，所以企业转型成败终究还是要看企业文化的成功与否。软硬之间呼应得当，转型会顺理成章；呼应不好，会变成夹生饭。

有关产品突破的方法，前面已谈了很多，这里不再赘述。

4. 促进开放式的组织氛围。中国企业大多是金字塔型结构，设计公司也不例外。

维系金字塔型结构的两个要素是严格的权力等级制和竖向关系。这种结构给我们带来稳定感、安全感，而在快速变化的互联网时代，即便是最完美的金字塔型结构也只能给我们带来一点鸵鸟政策下的心理安慰，只要你伸出脑袋看看外面的世界，就会发现危机四伏。

凯文•凯利在《新经济　新规则》一书中，提出"失稳"是有机组织发展的合理状态，而不是传统思维追求的稳定状态。失稳是相对于传统的稳定而言的。在组织内部关系上，失稳就是等级制和竖向关系的弱化，组织氛围是开放式的。谷歌前CEO埃里克•施密特在谈到他第一次参加公司会议时说，在会议开始后很长一段时间里，他无法分辨出谁是领导，谁是下属，而这在其他公司是可以一眼看出来的。

如果你所在的公司等级森严、强调命令——服从竖向关系，不妨尝试就此入手。

5. 调整不合理的运营体系。就时间分配而言，很多中高层管理者不得不把大量工作时间用于日常运营管理，而且主要是用于救火。在这种情况下，谈战略、谈文化、谈产品对他们来说是一种奢侈，如果不能适度缓解这种压力，公司转型是难以得到他们理解和支持的。

运营体系包括很多内容，第七章中有详述。如果你的公司产品大致正确，而运营体系在某些方面存在明显的偏离或滞后，可以以此为变革的突破口，比如实施项目经理制、制订项目管理流程和作业指导书、管道管理等等。

6. 建立和分享数据信息系统。在金字塔型结构中，数据信息就是等级权力的一部分，所以必须受到严格的管制。互联网时代之所以对传统政治、社会和经济结构造成很大冲击，引爆点就在这里。

设计公司的数据系统一般是粗糙不太准确的，及时性、全面性不够，也没有分享机制。建立和分享数据信息系统，可以在不触及公司其他管理模块的情况下，潜移默化地支持管理层和员工的发展，以及文化的转变。

里卡多•塞姆勒，巴西Semco公司的CEO。1982年，在他年仅23岁时，接手这个家族企业。他试图构建一个"乌托邦"式的组织：公司没有商业计划，没有使命愿景，没有长期预算，没有人力资源部，没有IT副总裁，没有首席营运官，没有固定的首席执行官，没有员工着装规范，没有工作说明书，更没人审批费用账目。塞姆勒推崇的是参与式管理，下级聘用并评估他们的上级，员工可以自愿参加公司里的任何会议，自己选择上班时间，自己决定差旅标准，甚至自己设定自己的薪水。这一切的重要前提是：所有数据公开！

这种管理方式使公司内部团结达到了相当的高度，帮助公司实现了连续 14 年年均 27.5% 的业绩增长。1990 年，巴西政府冻结了公民银行存款，没收了他们的财产，将这个国家推向了崩溃的边缘。这迫使 Semco 公司首次考虑裁员。由于之前一直将公司财务情况和董事会议情况向员工们公开，员工们很了解公司所面临的困境，在这种情况下，他们甚至自发地提出“要被裁员”的员工名单。当时许多财务状况比 Semco 好的公司都消失了，Semco 却存活了下来。

我们不必简单模仿 Semco 公司的做法，但其中的信息分享值得借鉴。

7. 对转型中的积极行为及时予以正反馈。如果说上面的六种方式都需要采取程度不同的组织行为的话，第七种方式是个人化的非组织行为。在几乎每一个被定义为积重难返的公司里，总有人在尝试做点什么，其中会有一些措施是有效的。一个有个人魅力的领导者会善于找到这些亮点，予以肯定、鼓励，通过非正式组织行为的扩散去带动观念的转变，进而引发将来的组织行为。这种方法类似传统的“树标杆立典型”，但背后的文化差异颇大。

上面的七种方法力度不同，从一到七，难度逐次降低，杠杆作用力也逐次减弱。七种方式往往是组合使用的，不存在通用的方法，每个公司必须探究自己的路。

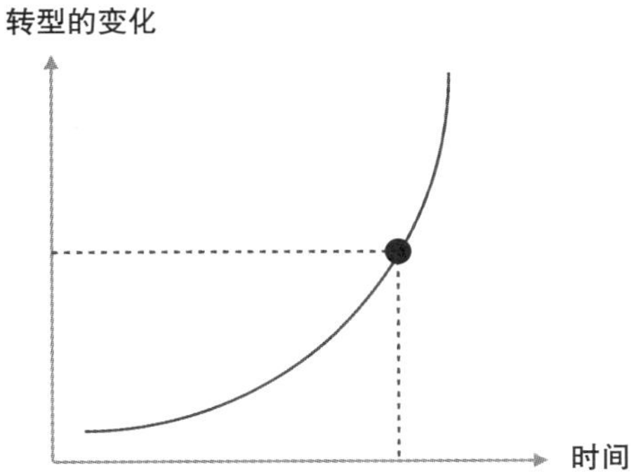

转型的变化和时间的关系如上图，初期是痛苦的，花了时间、心血，但变化缓慢，必须坚持过了一个临界点，才可能发生快速变化。半路夭折的改革大多没能挺过那个临界点。这个神秘的临界点究竟是什么呢？我想应该是文化转变。第二到第七种方法最终都要上升到第一种企业文化层面的转变，否则都将半途而废。

计划的七个误区

在制订计划的过程中，要避免几个误区：

1. 以大众信息为基础。大众信息就是大家都知道的信息，没有自己的信息来源和视角。大众信息能给我们一个大势的感觉，但不能引导我们得出自己的独特战略。仅以大众信息为基础的企业战略实际上就是“随大流”战略。我旁听过一些公司的战略规划会议，会上大家谈的都是行业内的常识，比如市场形势不好、宏观调控又出了哪些新政策、人力成本上升很快等等，这样的泛泛而谈没有什么意义。哪怕是小公司，没有太多的信息来源，也可以用自己的视角看市场、分析大众信息，得出自己的结论。

ADU 选择的设计行业管理咨询这条路，正是基于设计与管理这两个领域跨界点的视角，可能以前没有人站在这个交叉点上看问题。

2. 制订计划的过程不能过于拖沓，也不能过于简单。相对来说，国企改革的计划容易拖沓，民企改革的计划容易简单化，这是体制决定的。拖沓和简单的坏处显而易见，但这两个词都是定性的词语，无法量化。

简单往往和善变相关，简单快速的战略基本上是仓促、草率、考虑不周的，所以过程中不得不频繁更改甚至重新来过。不要被那些五分钟敲定一单大生意、十分钟决定百年基业的传奇商业故事迷惑，即便那些故事是真实的，没有 N 年的积累是不可能有那种判断力的。

拖沓往往与僵化的机制或犹豫不决相关。僵化机制本身是被过去的成功塑造而成的，所以抗拒面向未来的任何变革是一种本能。这种机制批准的变革计划不仅拖沓，也难以带来信心，员工对这样的计划大致就是姑妄听之的态度。犹豫不决造成的拖沓反映了决策层的能力不足，变革的决心不够，对计划的有效性处于摇摆中。不论何种原因导致的计划拖沓都为失败埋下了引子。

3. 缺乏鼓舞。战略计划必须鼓舞团队士气，激发团队热情。听过一些领导讲话，不论是政府的还是企业的，大多没有热情。自己说的事，连自己都兴奋不起来，还指望听众相信？我最长的课程是三天两夜的“战略管理实战训练营”，站着授课，确实很累，但因为相信这套理论方法能帮助大家，所以过程中很兴奋，不觉得累。课后才会身心俱疲。

缺乏鼓舞的另一个重要原因是计划成败仅与股东利益相关，与员工的发展、梦想、成就感、薪酬待遇没什么关系。

还有，在语言表达上，少用（最好不用）乔治•奥威尔在《一九八四》中表述的洗脑式语言，要用有人味、有温度的语言。

4. 缺乏共识。共识是团队向心力、凝聚力的基础，缺乏共识的战略计划是不可能实现的。

小时候，我是个调皮捣蛋的孩子，经常要写检查，算是久经考验的老手。回忆总结一下，容易过关的检查大致是三段式：

首先，回顾事件的过程，尽可能没有疏漏，决不能故意隐瞒，因为旁观者的眼睛是雪亮的。如有故意隐瞒回避，就意味着后面的说法是骗人的。其次，检讨现象背后的思想缘由，这一步是最关键的，越深刻越有可能获得对方的谅解，也越表示将来改进的可能性。最后，下一步行动计划，计划表达了决心，也使对方可以监督，从而重新建立互信关系。

把战略计划与写检查进行类比，听起来不顺耳，但仔细琢磨下，还是有点道理的。阐述战略计划，一定要“总结过去，分析现在，展望未来”，绝不能只有展望未来（创业公司例外）。过去、现在、未来都需要有共识，但往往在总结过去这第一步上，领导者就已经失败了。隐瞒、回避、篡改、伪造，一旦用这些招数来对待过去，那么，无论未来被描述得多么美妙，都不过是空中楼阁而已。因为总结过去是达成共识的基础。未来的事不知道会怎样，但过去的事，大家都经历了，如果连已经发生过的事我们都不能有共识，未来的希望又在哪里呢？画饼是画不出共识的。

总结过去又包括成绩和不足两个部分。国家、企业、个人的过去总会有成绩和不足的两面，总结成绩是为了帮助我们坚定信念、建立信心，而总结不足才能帮我们发现通往未来之路。常见的错误是把这两者的作用错位或混淆了。

过去的亮点总是能找到的，所以总结成绩不是问题。难点在总结不足，多数领导讲话要么是简单带过，要么是大而化之。问题是，如果不知道问题在哪里，企业为什么要变革呢？如果明知道问题在哪儿又刻意回避，企业如何得到员工的信任、理解、支持呢？前文提到过 CCDI 在 2004 年春节后的那次战略研讨会，当时的总经理单增亮先生在会后连夜总结会议文件，其中包括几十条公司存在的问题。

对过去反省有多深，意味着未来可能走多远。

5. 缺乏可衡量的目标、任务。有人说：不能量化就不能管理。这话有些过头，但意思是对的。计划实现与否需要判断的依据，量化的、描述性的都可以。遗憾的是，企业本不是官场，但很多企业也学会了用加强、提高、改进、完善之类的虚词，貌似都是对的，仔细一想啥也没说。当然，用虚词对领导有好处：第一，保证领导讲话永远是正确的；第二，说了就相当于做了，没结果是执行力的问题，怪不得领导；第三，不需要扎实、细致的研究、分析。

在“战略管理实战训练营”中，我要求学员们制订的公司计划必须在半年以上、一年以内。短于半年，计划太短视；长于一年，我们的战略管理能力还不足，而且不完全市场化的宏观环境也不太适合做长远计划。半年到一年的计划大致是我们现在能把握的。

再回溯 CCDI 在 2004 年春节后的那次战略研讨会，会上大伙大着胆子确立了“5 年内，成为中国设计行业领跑者”的愿景，会后总经理单增亮先生整理出一份战略行动计划。今天看这份计划，感觉有些稚嫩，但完成时间、主要责任人、完成要求等一应俱全。顺便说一句，上述文件我保存至今。

6. 资源不足，尤其是人力资源不足。对企业来说，相对于发展需要，资源不足是始终存在的。不会有任何企业说自己的资源是充裕的。这里说的资源不足是指企业如何将有限的资源配置到计划的分项目标、任务上所产生的问题。

四两拨千斤的故事给我们的印象可能太深刻了，总琢磨花小钱办大事的路数。这种赌博式的思维在实践中常犯两种错：一种是战略变革的调门唱得高，目标贪多求全，导致有限的资源只能撒撒胡椒面，没有重点，结局可想而知；另一种是瞻前顾后，患得患失，不敢为变革投入有效资源。

有这么一句话：我们常常高估了短期能发生的变化，同时低估了长期能发生的变化。原因可能在于人的思维是线性结构的，无法适应现在几何级数的变化速度。在认准目标的情况下，敢于投入、敢于坚持是成败的关键，本书提到的很多案例中，领导者的决心和坚定都给我留下了深刻的印象。

7. 企业文化不支持。绕了一圈，又回到了文化。没办法，战略变革与文化如影随形，甚至变革的对象就是文化。就像中国的改革，经济体制改革到一定程度，没有政治体制改革，是无法持续的。

员工的态度

领导激昂慷慨地宣布了变革计划，员工会有什么样的态度呢？

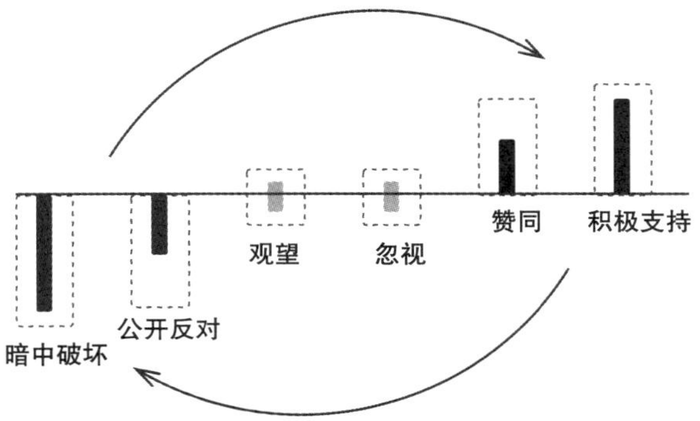

对员工态度的第一反应可能会对右边的赞成和积极支持的人表示欢迎，对左边的暗中破坏和公开反对的人表示反感，对中间的观望和忽视的人积极争取。

再细想想，好像有点问题。赞成和积极支持的人中，可能会有简单附和的人，有的人拍马屁拍习惯了，只要是领导说的，直接举手支持，根本不需要考虑事情的对和错。官场上这类人很多，企业里也不少见，越大的公司越会出现这种人。这种人的支持是没有太大价值的。他们考虑的是跟对人，所以一旦换了主子，翻脸也很快。

公开反对的人中也许会有栋梁之材。敢于公开质疑领导计划的人有些是站在敌对阵营中唱对台戏，本着敌人主张的就是我们要反对的原则，把计划视为政治斗争的手段；还有人是基于自己的分析和视角，提出自己的观点，认为领导的计划有缺陷，这样的人不仅有独立的思考，更勇于站出来表达意见，实为难得。

前文提到 2010 年至 2012 年我曾在一家设计公司工作，上任三周后，我代表公司决策层向全员发布了公司转型计划。员工中，有一个七八年司龄的核心骨干（当时是一位所长）公开表示坚决反对。他比我小几岁，私下里算是不错的朋友，时不时一块吃饭、踢足球，但他就是认为我说的这套方法不适合设计公司，他认为设计公司就应该搞挂靠、搞小山头，越灵活越好。几乎每个月我俩都沟通一次，我找他或者他找我，这样持续了一年。一年后，他提出辞职，因为无法接受企业现状与他的思路背离。大家伙都苦苦挽留，但他去意已决。辞职后，他挂靠一家设计公司自己干。一边干，一边对比思考，他逐渐开始理解了公司的想法。几个月后，他回归了公司，成为转型的坚定支持者。他的回归也极大地鼓舞了公司管理层和我。这是我所理解的不抛弃、不放弃。

中间状态的观望和忽视有区别。观望是明白你在说什么，但无法分辨是否正确，不明白自己在其中的利害关系，也不知道自己该做些什么。观望的人很关心周边人的态度，一般选择随大流，走一步看一步。忽视是什么意思呢？描绘一个场景：你在讲，他在玩手机。公司和这种人是在两条不相交的轨道上，他在这里打一份工，挣一份钱，别的事免谈。这类人可以作为资源使用，但不能当作骨干。

出现六种态度是正常的，反倒是那种一致叫好的计划值得怀疑。伟大的企业家、前美国通用汽车公司董事长兼总裁的阿尔弗雷德•斯隆有一次主持会议，讨论一项重要决策。他在广泛听取了发言后说："在我看来，我们大家都有了完全一致的看法了。"会议出席者都频频点头表示同意。但是，斯隆突然话锋一转，"现在我宣布——休会！这个问题延期到我们听到不同意见时再开会决策。"与会者先是一愣，接着都会心地笑了。斯隆领导通用公司 33 年（1923—1956），帮助通用公司在美国汽车市场的占有率从 12% 提高到 56%。他的成功，首先是决策的成功。沉迷于一致欢呼的领导者往往是缺乏自信的。

一个成熟的管理者会欢迎六种态度的出现，更会慎重对待持不同意见的人。

战略与执行

战略回答的是"两点一线"，我们想成为什么样的公司以及如何成为这样的公司。执行评判的是我们干得怎样。如管理大师彼得•德鲁克所言：DO RIGHT THING RIGHT！第一个 RIGHT 是战略要正确，第二个 RIGHT 是执行要正确。

B 象限的公司当然是最好的，可是中国设计行业几乎没有。

D 象限的公司也很少，本书序言中"设计行业的战略管理现状"一段已经把设计企业战略缺失的现象说清楚了。

A 象限公司的执行之所以打引号，是因为这里的执行与企业战略

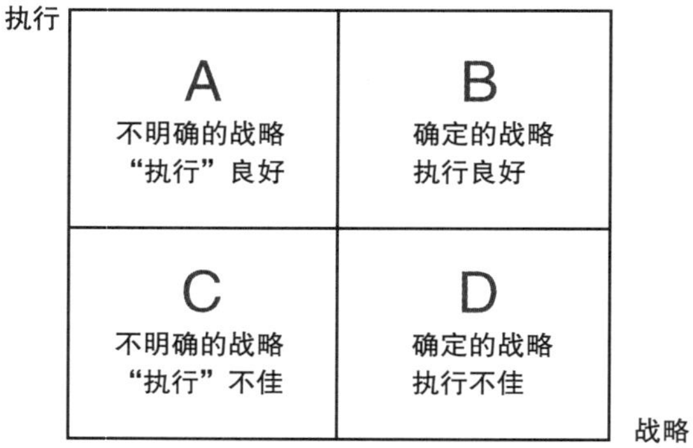

方向无关（因为战略不明确）。所谓执行，指的是社会和行业惯例、职业操守、标准的落实、操作。在即将过去的1.0时代，能做好这一点已属不易了，也确实有些公司因为“执行”层面的相对突出而脱颖而出。

处于C象限的公司最多，所谓“猪站在风口上都能飞起来”指的大概就是这些公司吧。追逐风口是一种高超的能耐，但是这个风口也不是我们自己找的，纯属赶巧了。现在风速要减了，飞起来的猪快要落地了，咋办呢？

有关执行力的培训近十年非常受欢迎，从一定程度上反映了企业管理者们对员工和组织执行力的不满意。不过，我认为战略层面的问题应该更大。这倒不是说执行不成问题，而是在制订战略伊始，就已经为随后的执行情况埋下了伏笔。

高层员工对战略制订的需求是参与。没有参与感就没有执行力。高层员工绝不只是收入高、职级高、权力大、责任大，无论他们是不是股东、董事、合伙人，都有参与公司发展方向决策的愿望和诉求。忽视这一点，仅把他们当作执行层面的人，就算老板提的是好主意也不会有好结果，最后追究责任说高层员工的执行力不够，双方矛盾加大。一般来说，老板之所以是老板，责任感和战略能力应该比高层员工强些，在发展战略上考虑得也较多，提出的想法未必能马上被高层员工理解、认可。这时，着急的老板会要求高层员工先执行再说，结果欲速则不达。成功的老板往往不急于抛出自己的想法，而是提问题，与高层员工一起探究答案。过程中，如果有人的想法与自己不谋而合最好，如果没有，把自己的想法作为提案之一提出来，而且没准儿讨论中会有更好的方案。这样得出的结论既有共识，也保障了执行力。

2010年6月初，我刚到那家设计公司工作的时候，旁听了一个会议。会议主题是关于设立天津分公司。起因是在天津接到了大项目，业主希望公司在那里设点。以我的经验，知道因项目而起的异地拓展如果没有战略性举措的支持，很容易变成鸡肋。会上，我建议分析、讨论一下北京和天津在行业地位、人才、信息、先期投入等方面的优劣，以及对公司发展的战略性作用。与会的十几位同事各抒己见，结论是应该在北京设办公室，辐射包括天津的北方地区。说实话，这个结论我早已有之，但就是不直接说。2010年底，北京公司开张。

2011年初，北京公司的几位老总问我：今年我们的指标是多少？我说我不知道。他们很吃惊：陈总，您是总部总经理，您不给我们下指标，我们怎么干？我说：你们几个三十岁的年轻人到北京不想混日子吧？不想混日子就是想干一番事业，那么这事业具体是什么样呢？我教给你们一个思考的工具——BSC平衡积分卡（包括组织能力、工作流程、客户价值、财务指标等四个方面，与商业模式的四个模块对应）。一般人说计划只是提出第四方面的财务要求，问题就出在没有对前三个方面的认真思考。你们先不要想财务结果，先讨论前三个方面想做什么、怎么做，想清楚这些，财务结果最后自然得出来了，而且这样的指标才有意义。

北京公司的几位兄弟们开了三次讨论会，然后打电话给我：陈总，我们有结论了，请你到北京听汇报。我去了，他们想得很全面，在他们草拟的绩效责任书上，我只改了一个数字——加了 60 万元的成本，大家都很兴奋。实际年终结果是超额完成收入计划，第一年即达到 2000 万元以上。

中层员工对战略的诉求是认同。中层员工承上启下，是执行的关键。再次说明，在设计公司，员工的层级要看职级而不仅是职位。中层员工的能力尚未达到参与战略研究的程度，但若要依靠他们来执行战略，必须获得他们的认可，所以决策层要和中层员工做充分的沟通。领导在全员参加的战略发布会上的演讲是一种正式沟通，但这是单向的，对中层来说是远远不够的，哪怕他已经理解、认同了，仍然不够。沟通的形式有很多种，单独沟通、主题会议、头脑风暴等等，氛围一定要放松。

2011 年春节后，我在那家设计公司召集了一次战略讨论会，二十多名公司中高层参加了为期两天的会议。会议不设主持人，我作为参会一员，仅回答解释大家提问的个别管理概念，并在第二天发言一次，总计占用时间约二十分钟。公司董事长也仅发言十几分钟。因为从未开过这样的会，大家刚开始有些拘谨，之后很快就谈开了，抢着发言。为维持发言秩序，大家选举了一个会议主持（类似“罗伯特议事规则”里主席的角色）。给我印象深刻的一件事是：第二天下午快结束时，一个很少发言的所长站起来说，我终于明白公司想干什么，玩法是什么了，也知道我下一步该做什么了。那一刻，我很开心。

多数设计公司领导在与中层沟通上下的功夫不够，造成颇多遗憾。

基层员工对战略的要求是明确。企业对战略的表述必须正式、具体、明确，这也是领导要向全员宣讲战略的原因之一。普通员工经验、能力还不够，未必能真正理解战略意图，也就谈不上认同。他需要在做事的过程中逐步提升，慢慢理解公司的发展设想，也在过程中寻找自己的位置和成长路径。

对 C 象限的设计公司来说，战略和执行都是问题，先抓战略还是先抓执行，或者战略、执行同时抓？我觉得作为管理者，看问题不能总指向别人，还是先找找自己的问题——战略吧。

战略团队的构成

组建战略团队有三种方法：

1. **管理层内部讨论**。这种方式比较适合那些文化开放、高端资源相对丰富充沛、行业地位相对靠前的公司。但是，这里要避免一个误区，就是依靠一个专项部门——战略发展部（或类似的名头）——来拟定战略。1983 年，通用电气公司当时的 CEO 杰克 • 韦尔奇解散了在公司备受关注的战略规划团队，因为他发现由一群理论家在总部的商务办公楼里设计的所谓战略并没有商业化，他们只关注财务数据和运营细节，而不知道公司的战略地位正在被侵蚀。在快速变化的时代，职业战略规划者的文案工作越来越落后于实际情况，而一线的产品经理、流程经理对市场的敏感性更强。所以，战略发展部可以担任组织、牵头的角色，战略团队的核心成员应该更多是来自一线、有战略视野的高层员工。

我在 CCDI 工作时，公司有一个管理委员会，最早的成员有五人：总经理单增亮先生、董事赵晓钧先生（兼体育事业部总经理）、深圳公司总经理庄葵先生、北京公司总经理李志立先生和我。后来赵晓钧卸任体育事业部总经理，胡晓明先生作为继任的总经理加入管理委员会。管理委员会每月碰头一次，协调日常工作、交流信息，也探讨发展战略。

2. **委托外部顾问全权处理**。这是最糟糕的一种方式，没有高层员工的参与，不论方案是否合理，执行力已经没有保障了。有些财大气粗的大型国企会干这事，也许是因为内部摆不平，找个外来的和尚好说一些。不过，不论这外来的和尚念出什么经，内部摆不平已经决定了这种方式的大多数结果——束之高阁，成为领导办公室书架上的文献。

另外，外部顾问有独立第三方的视角，理论知识可能扎实完整，这是优势；但劣势也很明显：对行业、企业的前世今生没有第一感受，因此拿出的方案也许方向正确，但可行性堪忧。几个月的调研、访谈也不可能让外部顾问补上这个致命的短板，对智力型组织尤其如此。我算是对设计行业已经比较了解，但在我的咨询经历中，有过一些公司希望我能给他们定战略，我从不敢答应。

甚至在一家公司内部，也不能仅从一个视角看问题。2003 年至 2005 年，我在 CCDI 上海公司的三年工作经历中，一直有一个管理委员会，决策上海公司的重大事宜。最早的正式成员有设计董事（设计董事是高级技术职级）王与先生、朱光武先生和我，另外还有一位列席成员——行政人事部经理黄文胜女士。每月的例会中，因为他们俩忙于项目设计，我的管理提案最多。有些提案会遭遇他们的反对，我百般说服也不成，只能作罢。当时我还在心里埋怨过他们不支持我的工作，后来才明白反对也是一种支持。他们从另一个角度接触客户和员工，有不同的感受，所以反对我的提案。我的提案就算出发点、方向是对的，但可行性、时机有问题。

3. 内外结合。聘请外部顾问帮助引导战略过程，自己把想法总结、提炼出来。这是上面两种方式的结合，是最佳的方式，对中小型企业特别合适。我在设计公司的工作经历中，曾经和几家咨询公司合作过，有一些咨询成果，但这不是最重要的。重要的不是答案，而是过程。说实话，那些咨询成果后来都被改得面目全非，甚至重新来过。好顾问的价值是在过程中，帮助客户学习一种思考方法，授之以鱼不如授之以渔。

有人说旁观者清，指的是旁观者能看出一些问题、指出一些道，但具体解决方案旁观者是搞不定的。就像大公司的董事会都需要聘请独立董事，期待的是新视角、新思维，而不是解决方案。一个企业在战略上的成功必须依靠不断成长的核心团队，而不是高明的外部顾问，外因只能通过刺激内因才能发挥作用。

第十章

三轴视角解读战略

本章主要内容是我基于三轴理论对于目前较为热门的一些战略词汇的思考，并不成体系，也不尽完善，期望抛砖引玉，能激发大家对于设计公司战略的深度探讨。

经过了前九章，大家对资源—流程—产品的组织三轴已经比较熟悉了，本章用三轴视角来解读一些耳熟能详的热门战略词汇。

平台型公司

2014 年 9 月 2 日，我发了一条微信：一些设计公司号称要打造平台型组织，不过大多说不清平台的含义，总不好意思说实质就是挂靠吧。

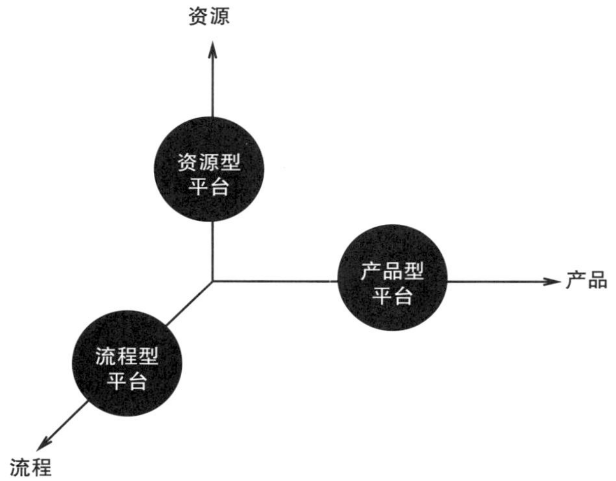

按照三轴理论，平台型组织可以有三种：资源型平台公司、流程型平台公司、产品型平台公司。

资源型平台公司

2006 年，亚马逊公司推出 AWS，即面向企业的 IT 基础设施服务，将原来仅为亚马逊自己的电子商务提供服务的设施对外开放，使众多创业期的小微型企业不必花大价钱进行硬件投资，租用亚马逊的设施即可。此举大大降低了 IT 业的创业资金需求，是典型的资源型平台公司，它能为创业期或成长期的组织提供发展过程中不可或缺的必要资源条件，降低各种形式的准入门槛，如资金、时间、渠道、品牌、人才等等。很多对外开放的实验室也是一种资源型平台公司。

商业化平台是收费的，也有不收费的平台，比如美国的斯科特•哈桑，这个 30 多岁的 IT 牛人把多次创业的获利投资于 PR2，一个机器人研究与开发的实验平台，供机器人迷们开发、共享创新技术。

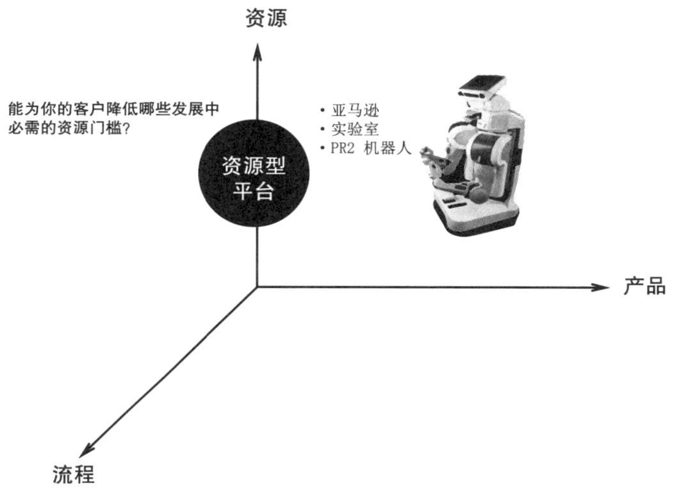

资源型平台公司必须回答一个问题：能为你的客户降低哪些发展中必需的资源门槛？遗憾的是，这个问题在设计行业很难找到答案。设计行业不是重资产行业，所以资本不是第一位的资源；也不是“赢者通吃”的行业，所以品牌的作用力、作用范围比其他行业小、窄。之所以被列为智力型行业，就是因为其核心资源是智力，而智力是没法借来的。不过，行政管制下的中国设计行业把资质变成了一种稀缺资源，所以很多号称平台型的公司本质上就是在卖资质。严格说起来，卖资质挂靠还算不上资源型平台，因为在品牌上，资源型平台是在帮助创业者树立自己的品牌，成就他人；而挂靠是做不到这一点的。

陈威如、余卓轩所著《平台战略：正在席卷全球的商业模式革命》一书中的大多数案例属于此类平台型公司。在一定的政治、社会和技术条件下，任何产业都会逐步构建出一个基础平台，相关产业间的基础平台也相互影响、互为条件。平台的软件部分包括文化、价值取向、观念、意识、产业链构成、利益分配方式、法律、行规等等；平台的硬件部分是软件的载体，在中国表现为政府主管部门、行业协会、掌握产业基础资源的主流企业等等。构成资源型平台的各类组织总是有垄断产业基础资源的冲动，因为垄断将带来极大的利益。理解这一点，就可以明白中国经济中的很多不合理现象。互联网技术对这种传统观念的平台发起了重大挑战，很多产业的基础平台必然重构，这个过程中的商机确实很大，风险也很大。在商业上，资源型平台公司的最终竞争结果往往是一家独大，所以在很多互联网领域，第一名和第二名的市场份额差距极大。除了市场风险，在中国民营组织构建大规模平台还有相当的政治风险。

流程型平台公司

2014 年 9 月 1 日，CCDI 苏州公司（苏州市政）完成了与 CCDI 集团总部的计算机并网工作，在基础网络和信息系统及资源共享上实现了无缝对接，整个并网工作共分为 3 个阶段：①按 CCDI 整体规划修改苏州公司的 IP 地址段，打通基础网络连接；②新增 10 台虚拟服务器，实现 AD、邮箱的分布式部署；③完成服务器及所有客户机的迁域工作，最终实现了苏州公司与 CCDI 在用户名、邮箱、RTX、CCIP、CCBM 等系统的无缝衔接，可更好地使用和利用 CCDI 的各类资源。同时，并网后 CCDI 也可以使用苏州公司的综合管理信息系统等多种资源，实现了资源共享。整个并网工作在面对网络环境复杂、技术难度大、涉及面广泛、影响程度高的情况下，通过全面规划、认真计划、仔细实施的方法，最终顺利完成并网达到了预期的效果。成功并网方便了 CCDI 苏州公司（苏州市政）与 CCDI 集团各部门的业务沟通、资源共享，从长远来看，进一步促进苏州公司（苏州市政）与 CCDI 在管理、文化、业务等方面的全面融合。

上面这段话是 CCDI 发布的一则新闻，文中描述的事情是典型的流程型平台公司的组织行为。相对于资源型平台，流程型平台是更高段位的平台型组织，也涵盖了资源型平台的一般内容。流程型平台公司不是凭空臆想出来的，往往是这类公司在商业实践中的成功运作造成同行们对其高效流程的认可。

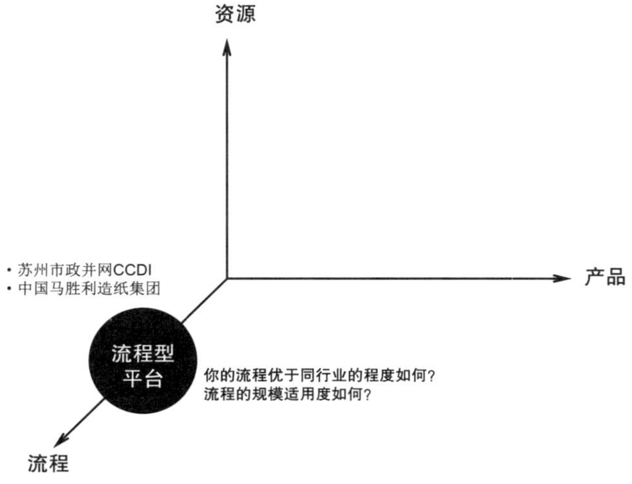

流程型平台公司必须回答的两个问题是：你的流程优于同行业的程度如何？流程的规模适用度如何？

1984 年，时任业务科长的马胜利承包了石家庄造纸厂，大获成功。随后在政府的主导和支持下，一口气承包了 20 个省的 100 家造纸厂，组建了“中国马胜利造纸集团”。然而，在很短的时间里，集团即分崩离析，连大本营石家庄造纸厂也很快陷入亏损，并于 1995 年申请破产。之所以从辉煌到沦落如此之快，原因之一是马胜利的一时成功靠的是“人治”而没有“体系”。据说，在大规模承包的时候，干部严重不足，从石家庄造纸厂派出的干部从副厂长到车间主任，再降到班组长，生产骨干几乎都派出去了，结果老厂、新厂都深陷危机。没有流程支持的快速规模扩张是非常危险的。

国内的设计公司基本还处于资源竞争的初级阶段，还谈不上流程层面的竞争，自然更谈不上流程型平台公司了。过去几年，很多设计公司在扩张中遇到的困难和瓶颈，就是流程能力不足造成的。

产品型平台公司

硅谷可以被视为一种产品型平台组织，在这里，IT 业的相关人士共同演绎着互联网时代的神话故事（虽然实际上失败的故事多得多），他们以不同的背景、身份（投资客、企业家、CXO 们、硬件、软件、湿件工程师、律师等等）怀有共同的梦想、操着共同的语言、遵循共同的行为准则，最重要的是有着共同的价值认同感。各种资源都可能发现同道中人，他们既遵循一些既定的流程，也不断创建新的流程。这是一种有机组织。

1958 年离开杜邦公司的比尔 • 戈尔，在创立戈尔公司的时候就试图发展成为这样的组织，以谷歌为代表的众智模式的公司都可以被视作产品型平台公司。

CCDI 的“规划森林，让树木自由成长”，应该意味着产品型平台公司的未来发展期望吧。

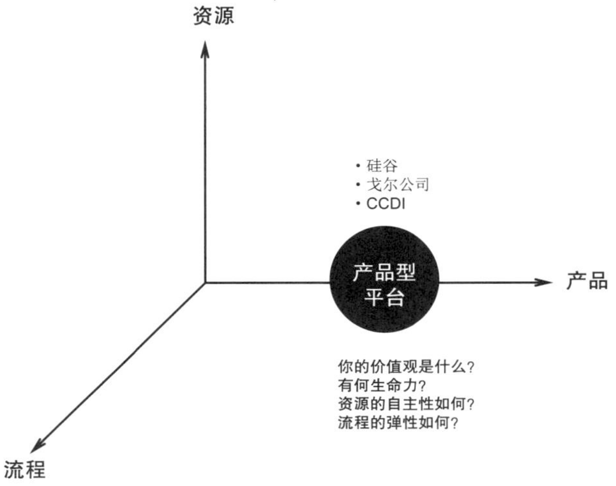

产品型平台组织更不是凭空臆想出来的，其生命力来源于价值观，产品是共同价值诉求的产物。一个产品型平台组织的确立至少需要多次产品（设想）→资源（重

组）→流程（再造）的成功循环。显然，产品型平台公司涵盖了资源型、流程型平台公司的基本内容。

产品型平台公司必须回答的问题是：你的价值观是什么？有何生命力？资源的自主性如何？流程的弹性如何？能把上述问题说清楚并得到大众认可的国内设计公司眼下应该还没有吧。

如果你同意上述观点，下回再碰上设计圈里有人忽悠平台型公司，你就直接问他除了资质，还有啥料。

资源整合

资源整合一直是个热门的经济和管理话题，在我的印象中，过去二十多年，每隔几年就会换个马甲出来溜溜。现在正如火如荼进行着的是打着互联网思维（时代）旗号忽悠的资源整合，比如设计联盟、产业联盟、平台型组织、生态型组织等等。

我们看看创业于2010年的小米科技公司核心团队的发展轨迹：

2011年7月，小米的创始团队正式亮相：雷军是董事长兼CEO，林斌是总裁，黎万强负责小米的营销，周光平负责小米的硬件，刘德负责小米手机的工业设计和供应链，洪锋负责MIUI，黄江吉负责米聊。七位合伙人分别来自金山、谷歌、微软、摩托罗拉和北京科技大学。同时小米宣布旗下三款产品：MIUI、米聊和小米手机。同年8月推出第一款手机。

2012年11月，小米科技发布电视机顶盒产品小米盒子，同时宣布全资收购开发小米盒子的多看科技。王川成为小米第八位联合创始人，负责小米电视和小米盒子。

2013年8月29日，小米宣布谷歌全球副总裁雨果·巴拉（Hugo Barra)将从谷歌离职，加盟小米，出任全球副总裁，将负责小米国际业务拓展事务，以及与谷歌Android的战略合作。

2014年11月4日，雷军宣布新浪网前总编辑陈彤加入小米，陈彤团队将负责小米电视与小米盒子的内容运营。

这里似乎有一个重要的同步轨迹：人才与产品之间的关联。实际上，产品构想是先于人才需求的，也就是说，需要什么样的人才取决于要发展什么产品。大家可以设想一下，如果小米率先发展电视和盒子，而不是手机，那么最早的七位创始合伙人会不会发生变化？

我本人是建筑学本科出身，二十多年的工作经历与设计行业密切相关；同时，我的人脉关系也大多是设计师。按道理，我如果创业的话，最自然的选择是办一家设计公司。但始于2008年的ADU是管理咨询公司，所以公司里没有一位是设计师。这就是产品选择与资源需求之间的关系。

2014年，在网上看到深圳一家景观设计公司——奥雅的招聘广告，内容如下：

> 面向全球招募城镇化综合团队：
>
> （1）城镇产业与经济发展分析师
>
> （2）旅游策划与规划师
>
> （3）城市规划设计师
>
> （4）城市生态与绿色基础设施规划师
>
> （5）商业项目投资分析师

上述人才显然并不是一般意义上景观设计公司需要的设计师，看到这儿，我当时就在想奥雅是计划发展什么新产品吗？果然，奥雅分析了客户需求：

> 随着景观都市、生态城市、绿色基础设施等现代城市规划理念的深入人心，城镇化建设越来越要求以景观、生态的专业视角全面参与。

接着提出了自己的产品方向和人才需求：

> 面对各地政府、开发企业的迫切需求，急需大力发展城镇化综合团队的服务内容和规模，以满足不断加速的城镇化建设。

大概是出于商业保密，奥雅没有把全部设想公之于众，但如果读者把上面三段话琢磨一下，应该能揣摩出点端倪吧。

我不会做菜，但我想应该有两种厨师是高手：一种是在资源匮乏时期，能把仅有的一点食材做成拿得出手的几道菜；另一种是在原材料相对丰富的时候，根据客户的需求或需要，选择合理的食材并烹饪出美味佳肴。前者是1.0时代，有什么（材料）做什么（产品）；后者是2.0时代，做什么（产品）买什么（材料）。

下页左图是资源决定产品的思维，是资源长期处于紧缺状态时的唯一选择；下页右图是产品构想决定资源需求，是资源相对充裕后，产品选择多样化状态下的商业逻辑。

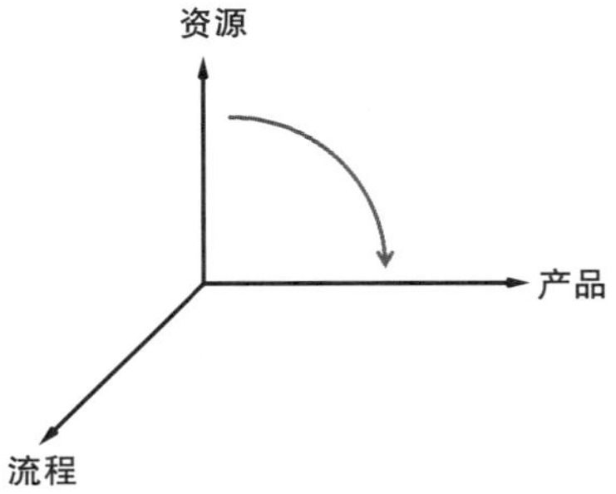

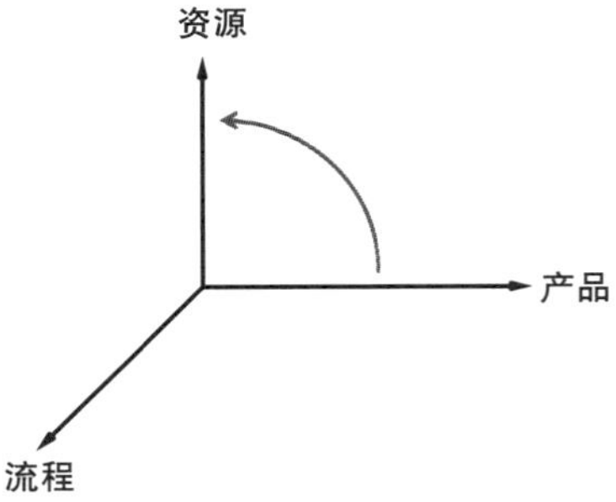

如果你想扮演整合资源者的角色，那么请问：你拿什么整合资源？

大多数号称资源整合的人是没有产品构想的，他们所谓的资源整合就是用一种（或几种）资源去整合另一种（或几种）资源，或者用体量大的资源去整合体量小的同类资源。这是非常初级的资源视角，与郭德纲相声里说的“等我有钱了，买豆浆，喝一碗倒一碗”的思维如出一辙。好公司是用产品去整合资源，不是用资源去整合资源。搞航空母舰，要整合新的资源，而不是凑一堆驱逐舰。

那些白手起家的硅谷创业英雄们之所以取得成功，不是手握多么雄厚的资源，更不是富二代或官二代，而是首先有伟大的产品构想。在他们眼里，资源是为产品服务的，好的产品构想自然会吸引资源，资源的聚集也证明了产品构想的成功。另一方面，好产品也并不以资源的足够充裕为必要条件，否则的话，商业史上就没有“臭鼬工厂”式的创新传奇了。

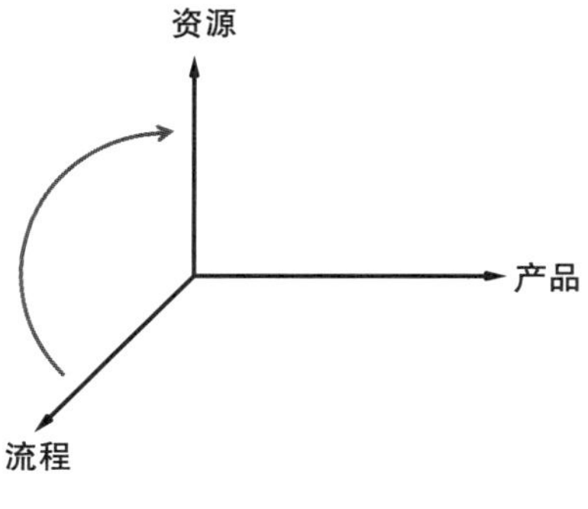

上面之所以一直强调用产品去整合资源是正道，是因为在 2.0 时代的初期，用产品的眼光看市场，机会很多，处处是蓝海。在未来的 2.0 时代中晚期，将会有流程整合资源的机会。

产品整合资源、流程整合资源是两种资源整合的方式，适用于产品生命周期的不同阶段：在产品的导入期和成长期，产品整合资源的机会相对多、市场效益明显；在成长期中后段和成熟期，流程整合资源的机会相对多、成本控制更合理。

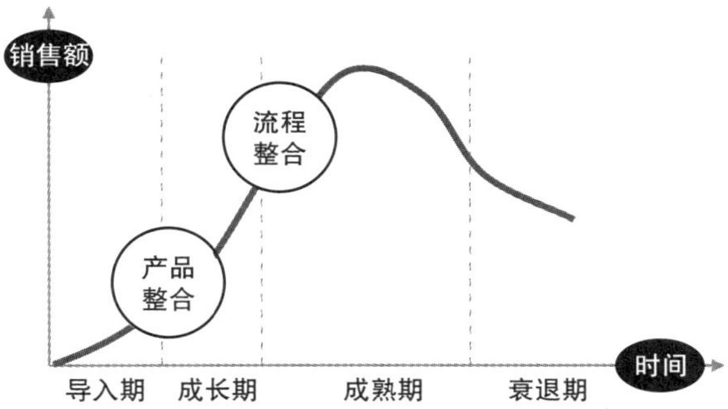

这里再次提醒那些打算从生产型转型为产业型的公司，在产业型产品的选择上，一定要注意多种资源的权重关系。设计公司与产业链上的其他环节相比，一般是偏重智力资本的。从这个点出发，在转型过程中，应该开发智力资本占主导地位的产品。

过去十几年，设计与资本之间是分离的，近几年，随着资本的相对充裕和上市设计公司的出现，资本与设计间的对接变成热门话题。设计圈开始感觉到“资本的力量”，有人感叹设计的那点事在资本面前是多么的微不足道。当然，资本的力量是强大的，更是残酷的。如果你的智力资本处于中低端，那么资本对你来说是残酷的；如果你的智力资本处于中高端，那么资本可以是你的朋友，帮助你变得更强大。

如果你想转行去玩资本，祝你好运；如果你想借设计之名玩资本，祝你走好；如果你想以设计整合资本，请开发智力主导的产品。

组织规模

大多数企业在做年度计划时会有一个内容——人员规模。这事挺纠结：自己规模不增吧， 眼看别的公司都在上规模，虽然规模不一定意味着什么，却也有点害怕不进则退；扩大规模吧，又怕解决不了由此引发的管理问题，更何况万一经济形势不好，接不到活，人多反而是个负担。这样考虑问题是没有答案的。

按照三轴理论，企业规模是由产品、人力资源、流程这三方面的匹配度决定。

1. 产品。任何企业总是通过产品与外部实现价值交换的，所以产品是决定企业规模的第一因素，其中包含市场总量和占有率、生产需求、产品成熟度以及规模经济性等方面的考虑。

市场总量和占有率显然是企业（以及二级业务单元）在考虑规模时必须要掂量的，这个市场总量不是笼统的勘察设计行业的总量，而是细分市场的总量。中国体育建筑的建设总量在北京奥运会前后有过一次波峰，之后逐渐下降，CCDI 体育事业部的规模也经历了从无到有，再从高峰期的两百多人到四五十人规模的合理缩减。据 CCDI 统计，2014 年 CCDI 在中国体育建筑市场的份额为 20%；风语筑之所以有上千人的规模，是因为他们在城市规划展览馆领域的市场份额高达 80%，而且是产业型产品。

一类产品的生产需要一个合理规模的保障，比如用私房菜招待几位朋友吃顿饭，一位厨师就可以了，但要用满汉全席招待几十位客人，就必须有个厨师团队才能应付。设计类产品也类似，笼统地说，住宅建筑设计全过程需要几十人的团队；大型民用公建设计需要几百人的团队。这里的人数不是指一个项目组的人数，而是产品从研发—推广—运营—升级的循环业务流程，以及相关技术、财务、HR、行政、IT 等产品支撑系统所需要的合理规模。反过来看同样如此，规模也需要产品的支持，比如一般而言，50 人结构专业团队的技术实力要高于 10 人的团队，前者所在公司的产品在结构专业上的技术难度应高于后者，否则维持这个规模的产品理由不充分。

产品的成熟度对规模也有很大影响。这个成熟度不是指产品生命周期中，宏观层面的成熟度，指的是本企业在这类产品上的成熟度，体现在技术、品牌、流程等方面。两者间的错位恰恰反映了不同企业在同类产品竞争中资源投入的差异，对成熟度领先于行业基准水平的公司来说，这个产品可能是金牛产品或明星产品；对成熟度落后于行业基准水平的公司来说，这个产品可能是问题产品，若想分一杯羹，得先高投入。显然，在同样的产出条件下，前者规模小，后者规模大。

规模经济性对企业规模也有很大影响。智力型行业的规模经济性与传统制造业的规模经济性虽然有很大区别，但也有同类项目边际成本递减的规律，比如有十几个商业综合体设计经验的公司，在项目成本上应该低于第一次设计商业综合体的公司。产品的规模经济性支持几十人的住宅设计公司扩大到几百人、几百人的公建设计公司扩大到上千人。

2. 资源 。产品逻辑成立的话，会推着企业走向合理规模，这时第二个问题就来了：你能整合到需要的资源吗？有人说，小米亦步亦趋地学苹果，雷军亦步亦趋地学苹果的 CEO。这话有些抹杀小米创造性模仿的创新能力，也说明了一个问题，就是雷军和乔布斯在产业环境上的巨大区别。乔布斯说他自己主要做的是产品创新，而不是技术创新，但要想让这样的创新产品落地，乔布斯还必须进行资源创新和流程创新。第一部小米手机比第一部苹果手机晚了四年，事情就相对简单了，智能手机的行业游戏规则已经初步建立，雷军要做的是赋予小米手机新体验，为此进行资源整合就可以了。如果把苹果和小米的做法前后顺序反过来，小米先于苹果，可能吗？

当然，设计公司的产品创新远远达不到苹果公司的层次，我们更多的是微创新。但即便如此，我们的人力资源视野过于狭窄也是很大的瓶颈，能否认识、发现、组织到核心高端人才，是决定组织规模的第二个问题。

3. 流程。产品、资源之后，还要解决流程问题。搞不定流程，抓一手好牌反而可能变成累赘，身价最高的球队未必能拿世界冠军。这方面前文已有论述，这里不再赘述。

据说万科的王石对开公司有这么一段话：作为领导者，办公司要干三件事——确定一个方向、组建管理团队、制订游戏规则。这意思对应的应该就是产品、资源、流程三个方面吧。

企业联盟

以产品或流程来整合资源，可能涉及到多个企业间以联盟方式构建新的实体的问题。一百多年来，为获得竞争优势，经济史上曾有四种主要的企业联盟形式——卡特尔、辛迪加、康采恩、托拉斯。

卡特尔（法语 Cartel），联盟成员在销售环节（主要是价格和销量）达成一致意见，以维持共同利益。比如石油输出国组织——欧佩克（OPEC），就是一个卡特尔。这些年来，设计界有些朋友看到设计费报价出现恶性竞争的现象，呼吁主要设计企业间是否可以就价格进行约定，这也是类似的思维，但这条路是行不通的。石油产品的供应有自然垄断的特性，而设计产品没有这种特性。行政垄断能约束价格，但与市场规律是背道而驰的。

辛迪加（法语 Syndicat），是比卡特尔更紧密的企业联盟，联盟不仅对销售环节有全面的约定，对原材料采购也有约定，因此联盟成员的进入和退出就不像卡特尔那么容易了。NBA 就是一个辛迪加，既组织比赛（销售），也管球员选秀和球员交易（原材料采购）。CBA 曾经有一支篮球队——北京奥神，因故在 2005 年退出 CBA，加盟美国 ABA，损失巨大，每况愈下，去年年底宣布解散。连锁经营方式也可以算是一种辛迪加。

康采恩（德语 Konzern），是一种以金融资本为纽带的联盟方式，成员间可以是跨行业的，也可以是同行业上下游关系，甚至可能是竞争对手。这种方式既是稳定的（资本受法律保护，不能轻易进入和退出），也是松散的（投资方的诉求主要是投资回报，不刻意追求成员之间的合作）。日本的财阀、美国的投行、中国的很多央企都是这种形式。设计行业中存在的挂靠勉强也归于这种形式，区别是其投入的不是资本，而是凭借行政管制的设计资质。

托拉斯（英语 Trust），是最紧密的一种企业“联盟”，最初的发起成员企业合并为一个企业，在采购、生产、销售等环节完全统一运作，如 1908 年成立的通用汽车，就是由几家当时的小型汽车公司联合发起的。在前三种联盟形式里，联盟成员在法律上仍保持自己的独立性，是自负盈亏的利润中心。而在托拉斯里，已没有成员企业这一说法了，发起成员企业最多算是二级业务单元，是成本中心，大家的利益完全捆绑在一起。随着业务重组，二级业务单元逐渐变化，乃至消失。也正因为如此，运营良好的托拉斯是非常强大的，进而形成垄断，阻碍自由市场竞争，所以反垄断主要就是反托拉斯。设计行业的 AECOM 采用的以兼并、收购的方式迅速扩大规模就是这种模式。

上述四种联盟形式有不同的市场先决条件，各有利弊，适合发起方和加入方的不同诉求。百年来，还有在此基础上变种的企业联盟，但大致万变不离其宗吧。

也有一些号称联盟的组织实际上只是企业间的战略合作关系，或项目合作关系，本质上缺乏长期紧密的约束，并不属于真正的联盟。

核心竞争力的三个层次

不论具体内容或表现形式如何，企业的核心竞争力来源于三个方面：资源、流程、价值观，这和资源、流程、产品三轴相吻合。价值观是企业的一种准则，在商业上通过产品来体现，正如俗话说的，什么样的人干什么样的事，什么样的人是指价值观，什么样的事是指产品。

资源中既有组织能力，如品牌、资产等等，也有只能以个体为载体、难以组织化的能力，如经验、感觉、智慧等。显然，越是有形的、资本化、流程化、理性的资源越有可能组织化，反之则只能个人化。流程和产品是组织层面特有的能力，然

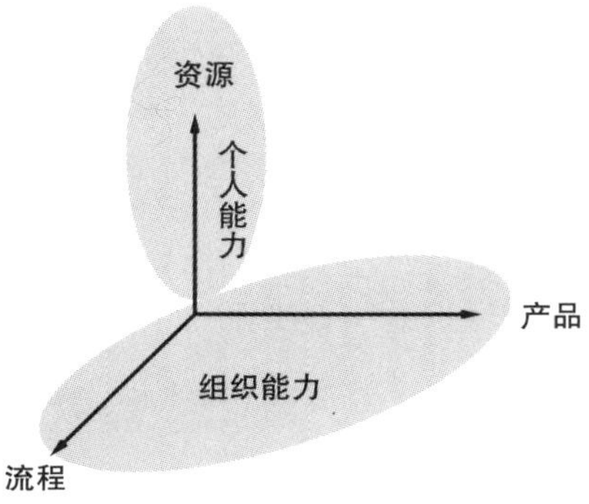

而中国设计公司过去二十年走的是单资源轴增长模式，在流程和产品这两方面基本都是缺失的，从而也就丧失了这两个比资源能力更高层次的竞争力。

近些年，一些中国公司有机会收购了发达国家（地区）的设计机构，如中国院收购新加坡 CPG、金螳螂收购美国 HBA、现代集团收购美国威尔逊、CCDI 收购澳大利亚 PTW，这是一种逆向收购。正常的收购是具有价值观或流程优势的企业（高段位选手）兼并那些资源没有得到充分利用的企业（低段位选手），而合并是两个高段位选手间的强强联合。逆向收购很少见，因为低段位选手很难给高段位选手带来什么价值。这种情况下，建议收购方不要轻易干涉被收购方从战略到日常运营等方面的管理，可以尝试通过各层次的合作，学习、借鉴对方的流程和产品能力。

单资源轴增长格局下的所谓企业，组织能力低下，更像个团伙，靠的是个人能力，类似 5+95。

组织能力强的企业类似 95+5 的状态，我问过一个世界五百强企业中国区的 HR 总监：

“你们中国区总裁牛吗？”

“挺厉害的。”

“如果总裁辞职，公司能运转吗？”

“当然能运转。”

“如果那职位一直空缺，公司能运转吗？”

“不知道，应该能吧，也许效率会略有降低。”

企业最佳状态应该是 95+95，组织能力与个人能力相得益彰。

不同层级的员工对资源、流程、价值观三个层次的企业核心能力的贡献是有区别的。一般而言，基层员工靠技能吃饭，贡献的是资源能力；中层员工靠职业化能力，组建团队，完成任务，贡献的是流程能力；高层员工通过价值观影响力，发展公司的产品。但是，在很多公司，不少身居高职位或高职级的员工，没有为公司提供价值观层面的贡献，反倒是有一些中基层员工，在团队中挺有影响力。这种普遍存在的错位现象是问题吗？如果是问题，你从中发现了组织变革的机遇吗？

曾经有一位人力资源总监问我：按三轴模型，人力资源部门应该贡献哪个层面的能力呢？我说这取决于你自己，如果你是积极的、更愿意贡献价值观层面的影响力，人力资源部门有很多事情可以去做；如果你从职业人的角度看问题，你的行为一定是中规中矩的，符合传统理解的人力资源角色；如果你把工作理解为被动式的，别的部门或同事找我办什么事，我能提供一些帮助就可以了，这种思路就麻烦了。为什么同样的部门名称，在不同的公司会有不同的作用权重？除了组织架构中的预设职能，部门团队的心态在组织运作中会有很大影响。

四种组织形态与文化

2013年初，拙作《白话设计公司管理》出版后，有读者告诉我，最后一章“企业文化”最重要，感触也最深。听闻此言，我既高兴也很惭愧。高兴的是有同道中人，惭愧的是自己在这方面功底太弱，要补的课实在太多。此后的两年间，在与同行们的各种交流和咨询实践中，愈加认识到良性的企业文化是智力型组织发展的必要条件和催化剂。但越补课越觉得自己经历少、功夫浅，对智力型组织的文化还没有系统性的认识，这里仅谈点自己的思考，不成体系。

如果用道、法、术来界定一个组织的三个层次的话，道是形而上的、无形的、相对精神的；法是一种结构和系统，介乎于无形与有形之间；术是有形的、相对物质的。往宏观上看，信仰、价值观是一个国家的道，社会结构（包括政治、法律结构等）是法，经济是术。往微观里看，理念、价值取向是一个企业的道，流程、制度、体系是法，所依靠和创造的各类资源是术。这样看来，产品—流程—资源三轴似乎与道、法、术有些呼应。

现实中，道、法、术三者相互交织，并不能割裂开来。道是法、术的根源，术是道、法的表达和载体。比如，本书所谈的企业管理是“法”层面的事，列举的案例是属于“术”层面的，而细心的读者可能会发现字里行间好像一直在谈文化。

物质的“术”和精神的“道”关系如何？究竟谁决定谁？这是哲学的重大命题，无数大师给出自己的解答，但尚未有完全共识。认为术决定道的，是唯物主义（生产力决定生产关系、经济基础决定上层建筑，这两句话大概是我这个年龄段的人最熟悉的中学政治课语句了）；认为道决定术的，是唯心主义，其中的一个极端是禁欲主义。好在这世界的术和道似乎是相生相伴的，既不是纯唯物，也不是纯唯心；

看活生生的个体，有的唯物，有的唯心，唯物的拜不同的物，唯心的认不同的理，很是有趣。

哈佛大学教授约翰•罗尔斯在 1971 年出版的《正义论》中，提出了“无知之幕”的假设，即在人们商议给予持各种不同观点（或地位）成员的正当待遇时，最理想的方式是把大家聚集到一个幕布下，先约定好每一个人都不知道自己将会在幕布撤去后扮演什么样的角色，然后大家讨论应该如何对待某一观点，这样可以避免“屁股决定脑袋”的情况。可想而知，不论持哪种观点，大概我们唯一一致反对的是：任何人（或群体）以任何理由、用任何方式禁止（或消灭）其他人（或群体）的思想（或肉体）的行为。

文化是人类群体活动的现象，也就是说，文化以组织为载体。组织是一些资源按照一定方式相互联系起来的系统，政府组织、社会组织、经济组织是三大类组织形式。组织一词本来是中性的，但在中国一度被异化，至今尚未完全复原。

企业是经济组织，在资源—流程—产品（价值观）的三轴中，流程和产品（价值观）构成了主要的组织能力，也可以以此分析组织形态和企业文化特征。

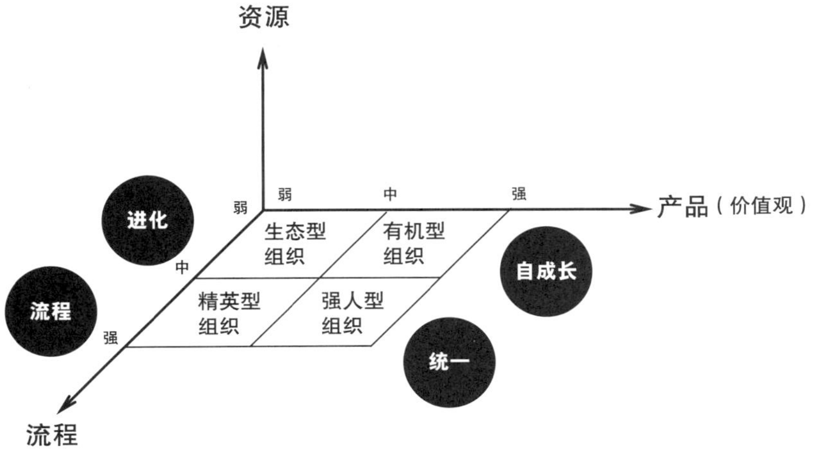

如果从自上而下（或从中心到外围）的视角把组织价值观和流程进行强弱之分的话,可以划分出四种组织形态:强人型组织、精英型组织、有机型组织和生态型组织。

1. 强人型组织。这是我们最熟悉的组织形式，其组织架构往往是金字塔型的封闭式结构，对这类组织最经典的描述莫过于英国作家乔治•奥威尔的《一九八四》。

显然，这样的组织有一个明确的强人作为组织领袖，领袖可以是在世的，也可以是故去的，甚至可以是虚拟的，但必须是完美的，如果不完美就包装成完美的。因此，不惜一切代价维持领袖的完美形象是组织的绝对使命。2014 年年底，网传朝鲜黑客攻击索尼娱乐公司，攻击对象就是该公司出品的讽刺其最高领导人的电影 *The Interview*；2015 年初，发生在法国巴黎《查理周刊》的恐怖事件，起因也是该周刊发表影射伊斯兰教先知穆罕默德的讽刺漫画。现代社会讲究人性化，所以可以适当给领袖增添点无关痛痒的小瑕疵，以显示其亲切感。前几年热播的电视剧《康熙大帝》、《汉武大帝》对领袖的描写大致如此。

强人型组织的主题词是“统一”， 常用词汇要么是强调核心的，如统一思想、贯彻执行、紧密团结；要么是排斥异己的，如横扫一切、坚决斗争。整个组织以领袖的意志和指令为思想和行动的原则，在价值观和流程这两个维度都实施强有力的统一。也就是说，组织和成员的价值观必须与领袖的意志保持一致，组织流程必须依照领袖的指令或者按照领袖的意愿来设计、执行。在教育上，强人型组织培养的是工具，能执行领袖意志的工具，不需要有独立思考能力的个体，那样的个体是威胁而不是惊喜。“统一”的诉求使强人型组织都有“洁癖”，眼睛里容不得沙子，非黑即白，没有中间地带。

很多组织在发展初期是强人型的，这也许是合理的。尤其是对企业这一经济组织来说，在发起人的能力超过其他成员、竞争激烈、组织规模不大的情况下，强人型结构的成本最低、执行效率最高。在人类社会的早期，政府组织和社会组织也经历过强人型阶段，历史教科书上传颂的那些伟人、英雄就是这样的强人（当然，真实与否是另一回事）。按照德鲁克“DO RIGHT THING RIGHT”的名言，强人型组织可能会在 DO THING RIGHT 上有些优势，即能“集中力量办大事”，但办的这事是不是 RIGHT THING 则完全依赖领袖的个人判断。所以，强人型组织最期盼的是“明君”，明君的必要条件是有远超常人的英明神武。

问题在于，强人型组织无法保证明君的世代传承。中国的历代王朝都有过明君，之后也都由盛而衰，最后被更替，无一例外。企业也一样，所谓富不过三代，道理就在这里。

强人型的企业不可持续性倒也不是什么问题，但政府组织如果是不可持续的，对民众就是迟早会降临的灾难。可以用经济学术语“垄断”解释两者的区别：政府组织对其内部成员和外部民众本来有一定垄断性强制力，强人型政府更是如此，在这种垄断控制之下，成员和民众既没有用手投票的权利，也无法用脚投票；而强人型企业的员工和消费者虽然没有用手投票的权利，但用脚投票的权利总是有的，如果企业主不英明，大家可以跑。经济上之所以要反垄断，就是要保留我们用脚投票的权利。再换个角度看这个问题，各个时代都需要天才、英雄，他们的远见卓识是推动进步的重要力量，但是，天才和英雄人物需要的空间恰恰是有限的（与臭鼬工厂类似吧），那种无制约条件的垄断空间反而会毁了他们（无论是显现的还是潜在的天才）。于是，没有真英雄的强人组织不得不包装假英雄。这几年反腐，见诸媒体的假英雄故事倒也不少。

五种类型的设计公司里，产品型公司——大多是大师或明星的事务所、工作室——具有强人型组织的很多特征。好在产品型公司重在思想和理念的传承，并不追求组织实体的可持续性。2014 年年底，我在美国洛杉矶拜访了 2005 年普利茨克奖得主汤姆•梅恩的事务所，在谈到 1944 年出生的梅恩先生如何考虑企业延续的问题时，接待人员表示，公司在这方面并没有刻意安排。而其他四种类型的公司——技术型、生产型、产业型、客户型，都会考虑组织传承问题，尤其是那些上市成为公众企业的产业型和客户型公司，必须考虑这个问题。要传承，就要摆脱创业阶段的强人文化。这，很难。因此，想做成百年老店的多，能做成的少之又少。

2. 精英型组织。“精英”一词最早出现在十七世纪的法国，指的是在智力、性格、能力、财产等方面超出大多数普通人的优秀人物。现实中，人与人之间确实存在这样的先天和后天差异。这样，组织就至少存在两个阶层——精英层和基层。

精英型组织的主题词是“流程”，所以在组织行为上重流程，轻价值观。简而言之，对事不对人。

对占大多数的基层成员来说，只要按规定做事就可以了，至于你对组织的使命、愿景、价值观是否认同不重要。组织需要的是基层成员的手（体能）而不是脑。比如，为生产苹果公司的 iPhone、iPad，富士康在中国大陆雇佣了 23 万名工人和 8700 名监管生产的工程师。对这些员工，富士康只需要进行简单的技能培训，而不会有企业史、富士康人之类的精神方面的灌输。在这样的组织里谈价值观是挺可笑的事，不过，也有一些精英型组织喜欢拿价值观来打扮自己，以显示其合理性。

管理学早期的研究对象就是流程。被誉为“现代科学管理之父”的费雷德里克•泰勒（1856—1915）所做的三次实验（铁锹实验、搬运实验、金属切削实验），关注的是流程。弗兰克•吉尔布雷斯（1868—1924）和莉莲•吉尔布雷斯（1878—1972）夫妇的研究更进一步延伸到动作层面，比如他们把“手拿工具”分成 17 个基本动作：寻找、选择、抓取、移动、定位、装备、使用、拆卸、检验、预对、放手、运空、延迟（不可避免）、故延（可避免）、休息、计划、夹持等。对流程的理性梳理极大地提高了工作效率。马克斯•韦伯（1864—1920）在《新教伦理与资本主义精神》中认为这种理性体现了资本主义精神，他写道："前资本主义是指一种状态，即长期运转的企业对于资本的理性使用，以及理性的资本主义劳动组织形式，尚未成为决定经济活动的支配力量的状态。而这种态度正是人们在适应有秩序的资产阶级资本主义经济环境的时候，所遇到的最大的内在障碍之一。"他指出，资本主义精神和前资本主义精神的差异并不在于某种赚钱动力的发展程度，对于金钱的贪婪古已有之。

基层成员遵循的理性化流程是哪儿来的呢？当然是精英层成员制订的。既然精英们各方面比其他人都强，游戏规则就应该由他们来定，否则天下就乱套了。

精英层内部存在相当程度的民主、自由，或者说，在统治阶级内部有民主。这一点与强人型组织有很大区别。强人型组织中的上级对下级有绝对权力，位于金字塔塔尖上的领袖拥有一切权力，而精英型组织中并没有固定的核心人物，精英们有大致平等的权利。比如，美国南北内战前，平等、民主、自由是白人而非黑人的权利，结束种族隔离政策前的南非也同样如此。本书第三章"顶层设计"中谈到的合伙人，是企业中的精英。

规模大的精英型组织可以细化为多个等级，如：古罗马的贵族、平民、解放奴隶、奴隶，古印度的种姓制度——婆罗门、刹帝利、吠舍、首陀罗四个等级，本书第八章谈到的职级体系是企业中的一种等级制。不论哪种形式的等级制，各等级之间的权利、责任、义务有清晰的界定。

绝大多数的组织都有精英型组织的痕迹，契合现实中存在的人与人的差异。我们可以看到好的精英型组织，也能看到坏的精英型组织，那么，其中的区别在哪儿呢？我想，在制度设计上，有两个关键区别：划分等级的依据、等级间的责权利差异是否被大众认可。

历史上常见的划分等级依据有血缘、种族、信仰、肤色、地域、国籍等等，这些依据都有一个共同点：固化。固化的等级制使底层民众失去了希望，而上层人士身为既得利益者，自然想固化其地位，这种上下的冲突是社会动荡的根源之一。中国历史上的科举制在一定程度上给当时的读书人留有进入官场的通路，算是阶层间的流动途径之一（还有一个途径大概就是造反了）。二十世纪五十年代的若干次运动中，被打倒的都是按某种身份标签被定义的底层民众。所谓美国梦的核心就是英雄不问出处，无数的商业、文化、政治、军事精英靠白手起家，而不是依附于天生的某种身份。

所有权与管理权的分离是企业管理上的重大突破，它使固化的、依血缘关系传承的财产与动态的、按能力高低配置的企业管理权能够分开，避免了强人型组织在可持续发展上无法摆脱的困局。设计公司职级体系的背后是能力模型，就是为了保证个人能力成长（而不是某种身份、关系）是在企业中晋升的主要因素。顶层设计中动态的合伙人机制同样源于此。总之，等级制不可怕，可怕的是等级固化。

既然存在等级，等级间在责权利上的差异就自然存在，问题在于这种差异能否被大众基本认可。如果答案是否定的，那么麻烦就来了。比如腐败，表面上官僚们为彰显廉洁，阳光收入不高，与实际上的“统治阶层”地位不符，于是他们就通过灰色收入与民众拉开差距。问题是他们搞过头了，通过规避责任、扩大权力，个别人把利益差距拉大到无法想象的地步。不过，出现这样的状况也不奇怪，精英型组织（尤其是固化等级制的精英型组织）的结局大致如此，早晚而已。

3. 有机型组织。下面一段话是里卡多•塞姆勒在《塞氏企业传奇》中描述的一家“标准的”公司，糅合了强人型组织和精英型组织的特点。

> 有这样一个加工优质英国毛料的纺织公司。它的200名员工在一个塞满机器的工厂里工作，工厂设在一个可能叫作远郊工业园的地方。公司的大老板兢兢业业，以身作则；他每天早来晚走，制定所有重要决策。工厂被划分成各个专门的生产区，每个生产区都有自己的老板。依此类推，每个老板都有一批工头来监管工人。处于中间的会计和销售人员向各自的部门领导汇报。一切都遵循严格的等级制和金字塔结构。

闭上眼睛，这样的工作场景不难想象吧。你所在的设计公司没准也大致类似。如果不是，或许你希望能把公司打造成这样吧？但是，塞姆勒说这家纺织厂存在于1633年。这个故事告诉我们的是：我们在技术上的进步远远超过了我们在精神领域的进步。

显然，强人型和精英型的传统组织越来越难适应互联网时代了。那么未来的方向在哪里？答案也许是有机组织。其实，有机组织就在我们身边，比如活生生的人。

根据分形理论，自然界中的局部与整体之间存在某种方式的相似性，例如在空中拍摄的100公里长的海岸线与放大了的10公里长海岸线的两张照片，看上去会十分相似。还有，连绵的山川、飘浮的云朵、岩石的断裂口、粒子的布朗运动、树冠等等。在人类社会中，分形现象也普遍存在，成语中的见微知著、一叶知秋、管中窥豹可见一斑，所说的也是这个意思。对设计公司来说，最宝贵的资源是人，那么，身为有机组织的人与强人型或精英型的传统企业组织之间是否违背了分形原理？很多管理问题的根源是否也在此？

本书第四章的“组织架构”试图用二维、二级、三维等矩阵式结构来解析有机组织的各种模式和适用规模，也介绍了有机组织的特征。有兴趣的读者可以重读第四章，可能会有新的发现。

有机型组织的主题词是“自成长”，重价值观，轻流程。

但是，有机型组织的重价值观与强人型组织有本质区别。强人型组织的价值观来源于领袖的思想，要以宣贯、教育的方式进行强制性洗脑，以达到统一思想的目的。而有机型组织没有领袖，寻求的是价值观认同，以成员认可、接受的最大公约数作为组织价值观，不认同、不接受的人可以选择离开，加入其他组织。有机组织的价值观约束力来源于成员的认同而不是强权，因此，规模（即外延）越小的有机组织，价值观公约数（即内涵）越多越丰富；反之，规模（即外延）越大的有机组织，价值观公约数（即内涵）越少越普世，以吸纳、包容更多的成员。比如，中国的一些公司曾经标榜自己是民族工业，但发展壮大、走出国门后，发现这个标签无法激励外籍员工。小米科技就没有给自己贴这样的标签，否则的话，我们很难想象雷军如何说服谷歌前全球副总裁雨果•巴拉不远万里来到中国，为振兴中国民族产业而奋斗。

有机型组织也有流程，但制订流程的目的与精英型组织有根本区别。精英型组织的流程是精英们制订的，必须自上而下严格遵守执行的，出现任何例外情况必须上报，员工无权处置；而有机组织的流程是群策群力的结果（例如上一章中，那个文教建筑设计咨询服务的解析过程），用于辅助、指导员工工作的，如果你有更好的办法，允许尝试，如果碰上例外情况，一线员工可以按照组织的价值准则自行处置。

管理学界流传着这样一则故事：在一个风雨交加的晚上，一家快递公司要送一个重要的包裹给客户。送包裹的员工快到客户家时才发现，这个客户住在山顶上，大雪封山已经无法通行，而约定的送货时间就要到了。这个员工当机立断，在没有请示公司的情况下，刷信用卡雇佣直升飞机和飞行员，把包裹准时送达客户。这家快递公司是 FedEx（联邦快递），其宗旨是“使命必达”。在这个事件中，这个员工践行了公司的价值观。

去过“海底捞”的消费者大概都会留下深刻印象，也许背后的成功要诀就是“把人当人对待”。

4. 生态型组织。生态型组织的主题词是“进化”，进化是随着时间推移而递增的有序变化。显然，大自然是生态组织，是一个有序的王国，这个“序”是适者生存的原则，而不是人为的秩序。与有序变化相反的是无序变化，是人类或某些人自以为是的产物。无序变化的极端是“革命”——这是一种人所特有的激烈、间断式的变化。自然界中不存在革命。

生态型组织在流程和价值观两个维度上都没有人为约束力。在互联网思维的热潮中，有些企业宣称自己是生态型组织，对此我有些质疑。企业作为经济组织，有盈利的必然诉求，所以或严或松，在流程或价值观上总会有所要求，不可能无欲无求。反过来看，有所追求也是强人型、精英型、有机型企业的价值所在，否则就没有存在的必要了。

社会、国家、城市应该接近于生态组织。不过，在中国，本该是生态型的组织大多是强人型或精英型的，连有机型都达不到。

凯文•凯利在《失控》中，把生态型组织的分布式结构称为“包容架构”，因为更高层级的行为希望起主导作用时，需要包容较低层次的行为。

> 如果把国家看成一台机器，你可以用包容架构来这么建造：
>
> 你从乡镇开始。先解决乡镇的后勤：基本内容包括整修街道、敷设水电管道、提供照明，还要制定律法。当你有了一些运转良好的乡镇时，就可以设立郡县。在保证乡镇正常运作的基础上，你在郡县的范围内设立法院、监狱和学校，在乡镇的层级之上增加一层复杂度。就算郡县的机构消失了，也不会影响乡镇照常运转。郡县数量多了，就可以添加州的层级。州负责收税，同时允许郡县继续行使其绝大部分的职权。没有州，乡镇也能维持下去，虽然可能不再那么有效率或那么复杂。当州的数量多了，就可以添加联邦政府。通过对州的行为做出限制并承载其层面之上的组织工作，联邦层级包容了州的一些活动。即使联邦政府消失了，千百个乡镇仍会继续做自己的地方工作——整修街道、敷设水电管道、提供照明。但是当乡镇工作被州所包容，并最终被联邦所包容时，这些乡镇工作就会显示出更强大的功效。被整套包容架构所组织起来的乡镇不但能够建造楼房，还可以设立教育体系，制定规则，而且会比原来更繁荣。美国政府的联邦结构就是一个包容架构。

凯文•凯利认为分布式结构有四个突出特点：没有强制性的中心控制；次级单位具有自治的特质；次级单位之间彼此高度连接；点对点间的影响通过网络形成了非线性因果关系。

虽然企业不是生态型组织，但可以借鉴、模仿生态型组织的一些思路和方法。MIT人工智能实验室主任罗德尼•布鲁克斯提出了一套分布式组织结构的控制方法：

（1）先做简单的事；

（2）学会准确无误地做简单的事；

（3）在简单任务的成果上添加新的活动层级；

（4）不要改变简单事物；

（5）让新层级像简单层级那样准确无误地工作；

（6）重复以上步骤，无限类推。

凯文•凯利认为，进化方式特别适合三件事：

（1）如何到达你想去却又找不到路的领域；

（2）如何到达你无法想象的领域；

（3）如何开辟全新领域。

一个现实中的企业可能同时具有两三种组织形态的特征，这是很正常的。可以设想的理想企业应该是接近生态型的有机组织。不过，那大概是比较遥远的事，中国的设计公司还有很长很长的路要走。

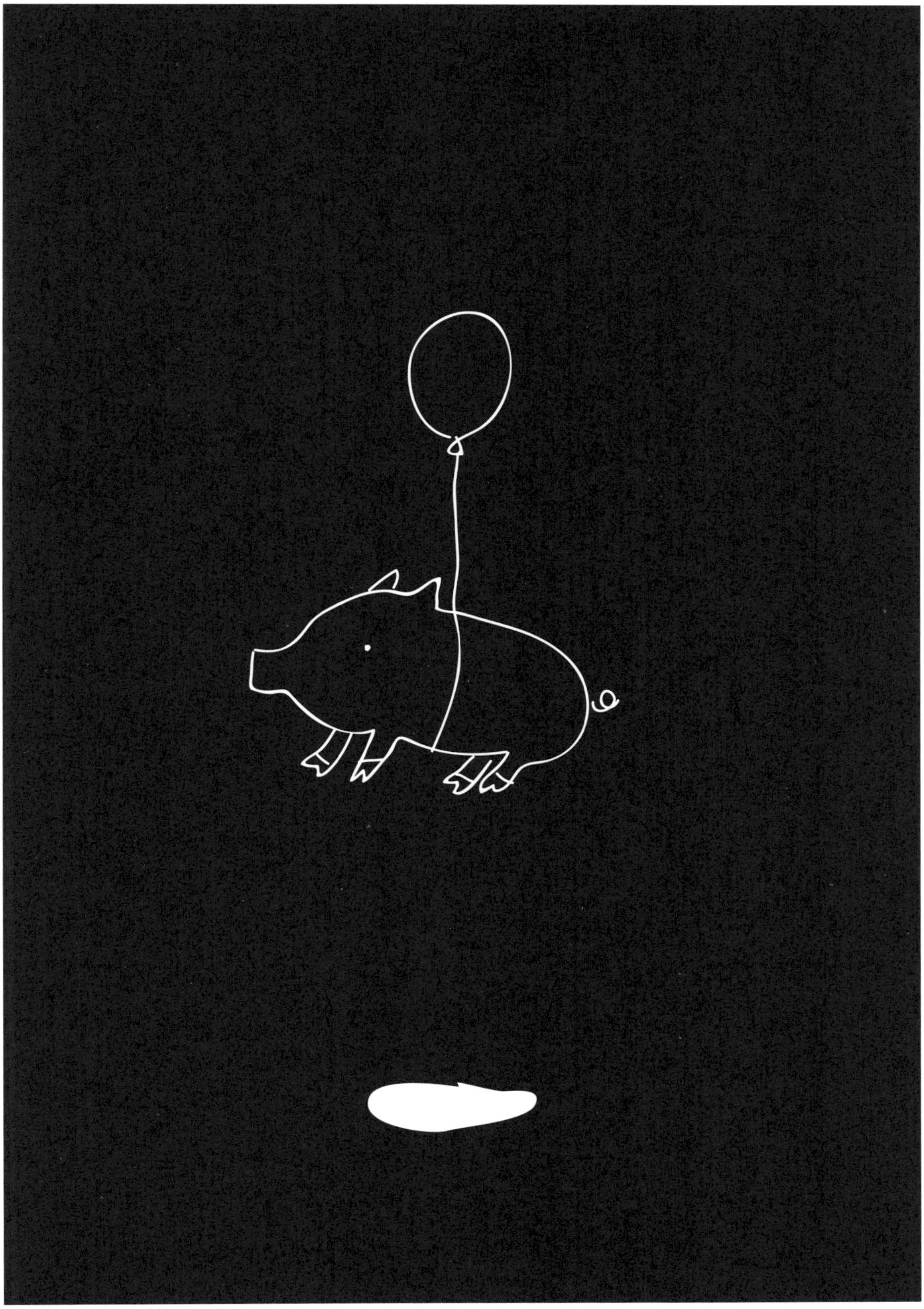

后记

相对于这十几年业务量的超高速增长，设计企业对管理，尤其是对战略管理的认识是比较粗浅的。在绝大多数技术出身的管理者看来，战略无关紧要，因为市场增长极快，每个参与者都满载而归，正如小米科技公司创始人雷军的一句话：站在风口上，猪也能飞。

确实，勘察设计行业的增长率太高了。根据住建部发布的年度《中国建筑业改革与发展研究报告》，2013 年全行业营业额 21409 亿元，是 1995 年 205 亿元的 104 倍，18 年间年复合增长率 29%，而同期 GDP 的年复合增长率仅为 9.3%。这应该算是雷军所说的风口吧，赶上这阵千载难逢的大风，怎么干都能挣钱。2008 年金融危机的时候，设计市场行情晃悠了一小段时间，很快被 4 万亿元拉回到快速上升的轨道。然而好景不长，出来混迟早是要还的，这两年行情起伏不定，大家的心境也跟坐过山车似的。

有人说，既然猪在风口上都能飞起来，那我们去寻找第二个风口就行了。你还真把自己当猪了？这一招对搞投资的人也许适用，对做实业的就不那么适用了，转行不容易，还是踏踏实实做好这一行吧。

过去的市场就像一台上行的自动扶梯，只要站在扶梯上，不动也能向上移动，大多数公司的运作套路适合的正是这种快速增长的经济。现在大家都认为行业形势逆转了，自动扶梯减速了，甚至停止了，没准还要转为下行。这样的话，有多少公司敢说还能靠过去十几年的那套经验生存和发展下去？因此，我想没有一家设计公司敢说自己已经找到了成功之道。成功的企业至少要完整地经历一次经济周期，才会知道波峰、波谷的滋味。

中欧管理学院经济学教授许小年在 2014 年的一次论坛上说，企业不必过于关注宏观政策，还是要把自己的事情做好。我想，许教授的意思并不是要大家忽视外部形势，而是感叹中国企业自己本分的事做得太差。

在行业形势转变的情况下，如何做好许小年教授所说的自己该做的事呢？显然，转变是必然的，而且这种转变不仅是战术层次的，还必须达到战略高度。

本书结合笔者在设计行业从业、授课、咨询的经历，试图探究设计公司的战略转型路径。这两年，给我支持和帮助最大的是 ADU 的客户和 13 期“设计公司战略管理实战训练营”的 242 名学员，可以说，他们是本书的共同作者，在此表示感谢！

客户

深圳市城市规划设计研究院有限公司

深圳市建筑设计研究总院有限公司建筑创作院

山东同圆设计集团有限公司

北京市住宅建筑设计研究院有限公司

北京筑福抗震集团

华阳国际设计集团

天津华汇工程建筑设计有限公司

德国 FTA 建筑设计有限公司

北京维思平建筑设计咨询有限公司

上海霍普建筑设计事务所有限公司

重庆蓝调城市景观规划设计有限公司

广州汉森伯盛国际设计集团

东莞市维美建筑设计有限公司

学员

2013 年 8 月　上海

彭世伟、王辰、栾凌、郝家勇、龙赟、林慕坚、孙宁、丁化冬、付强、成艳平、荣朝晖、王颖伟、陈侠、罗敬萍、张勇、任刚、敖翔

2013 年 9 月　上海

艾维涛、林娜、李慧芬、刘纲、王莹、唐作剑、郝萌、刘大鹏、李楠、徐娟、史延莹、王锡波、张根朗、竺芸芸、王叶霞、沈哲瑛、虞优辉、翟音、邓建军

2013 年 10 月　苏州

于建明、张丽伟、张津奕、黄欣、王一心、佟武、张东升、孙潜、程智鹏、张绪松、杨旭、苗亮、谭仁宏、蒲环发、田景海、吴顺荣、周雄、王宽如、张卿福

2013 年 11 月第四期　上海

杜宏涛、周风海、孙朋飞、梁华、谭劲松、马晋喜、李淑芬、周姗姗、邹大佟、田丽琴、李燕颜、覃思、陈合金、左晔、殷文军、王正

上述四期与 *Archina* 合作，下面九期与 *CBC* 合作

2013 年 12 月　北京

赵鹏程、余映辉、柳青、江澎、王沙南、沈锋、付安平、李东林、石铁军、贾濛、徐元卿、吴斌、蔡明、唐大为、陈徐芳、吴亮、樊海莉、孙湛辉、艾青、慎重波

2014 年 3 月　北京

王宏海、赵庆东、田薇、孙大雨、邹裕波、周星宇、魏明、卞东超、张存、曲世娇、王大乐、马健、褚俊民、张白石、梁寸草、廖江华、刘洋、徐翔飞、张军、涂彬

2014 年 4 月　深圳

林开、黄跃武、杨帆、尹明、陈一川、陈晖、徐昀超、邢立华、罗兴、黄小燕、罗强、陈朝婕、方环

2014 年 5 月　天津

陈雍、田超兵、崔凯、胡永林、刘延松、胡志忠、马松、赵博阳、邵悦、左进、李越、赵晓明、邱健、孔梅、宋清华、李力、王少青、王宝志、卫超、李启江

2014 年 6 月　北京

邹丽姝、朱钰、郑昊、张洪强、于树立、许曙东、翁萍、王昊昱、汤潇潇、刘涛、刘利、刘飞、李向北、郭文波、顾从笙、付艳清、冯潇、方飞、杜孝民、初颖、陈曦、陈鹏

2014 年 7 月　北京

王钱英、李斌、雷振虎、李卉、曾庆华、王冬明、秦川、刘志生、程英男、杨耀东、杨雪、樊斌、夏陶静、洪东涛、尹弘光、吕邵苍、马树新、朱雪峰、高静华

2014 年 8 月　北京

陈凌、吴钢、莫春霞、李岩、董利琴、张胜利、于相国、王振宇、宋兆伟、宋崴、任晓琳、李炜、金龙、翟明伟、王洪伟、刘学

2014 年 9 月　广州

孙树娟、林少斌、吴钊、程兴东、韦杰、谢英涛、利征、范文峰、朱诺怡、叶劲枫、杨杨、彭涛、陈宏良、冯禄佳、何伟球、郑宜、王小锋、张云锋、贾涛、张萍、傅毅舟

2014 年 10 月　广州

李信言、王正暖、耿波、朴龙虎、魏敏、王珉、袁颖、汪奋强、梁文缨、颜家国、孙虎、梁学文、欧燕媚、陈碧妍、谢英凯、罗卓毅、于玲、赖艺超、许涛

本书的部分基础概念在《白话设计公司管理》中已有阐述，这些概念在新的理论框架下被重组，与近两年的研究成果相得益彰，再辅以大量实践案例，使理论的系统性、完整性、逻辑性、可操作性大大增强。可以说，这两本书的最大区别是：《白话设计公司管理》关注的是战术层次，《白话设计公司战略》关注的是战略层面。老读者们会从本书中得到新的启发。

本书前六章论述了设计公司战略管理的四大模块——战略定位、顶层设计、组织架构和产品战略，第七、八章概述了战略落地的关键要点，第九章是关于制订转型计划的注意点，第十章用本书的组织三轴（资源—流程—产品）理论解读一些行业现象。

在此也对公司的几位同事特别是任雪琦、陈榕争表示感谢，谢谢大家在本书写作和出版过程中给予的支持。另外，因为本书大部分是在工作之余见缝插针写作的，感谢家人承受了我在各种压力下的坏脾气，家人的支持也是我不断提高的动力！

虽然在这两年 ADU 的咨询实践中，我对设计公司的管理有了进一步的理解，但是对于智力型企业的管理，特别是设计公司的管理依然处于探索阶段，书中所述很多也只是个人的思考，难免有不完善之处，希望大家一如既往地包容理解，并通过各种方式来进行探讨，共同促进设计行业的管理进步。